München
1. Auflage 2012
ISBN 978-3-89883-333-2

Gesamtidee »Lafer! Lichter! Lecker!«	Markus Heidemanns
Grafische Gestaltung	Georg Feigl
Rezeptfotos	Andrea Kramp und Bernd Gölling
Foodstyling	Hermann Rottmann
Cover- und Porträtfotos	Dirk Schmidt
Illustrationen	Frank Duffek
Redaktion	ZS-Redaktionsteam
Texte	Christian Löwendorf
Herstellung	Karin Mayer, Peter Karg-Cordes
Lithografie	Christine Rühmer
Druck & Bindung	Mohn Media Mohndruck GmbH, Gütersloh

Beim Druck dieses Buchs wurde durch den innovativen Einsatz der Kraft-Wärme-Kopplung im Vergleich zum herkömmlichen Energieeinsatz bis zu 52% weniger CO_2 emittiert. *Dr. Schorb, ifeu.Institut*

Die Kochshow »Lafer! Lichter! Lecker!« ist eine Produktion der »Fernsehmacher« für das Zweite Deutsche Fernsehen. ZDF-Logo lizenziert von ZDF Enterprise GmbH

Eintrittskarten für die Sendung unter Tel.: 040/80 81 61 400,
E-Mail: karten@fernsehmacher.de

Besuchen Sie uns auch im Internet unter www.zsverlag.de

LAFER! LICHTER! LECKER!

Unsere besten Rezepte

ZABERT SANDMANN

Inhalt

Vorwort

Horst: Och Mann, Johann, ich hab echt Tränen in den Augen.

Johann: Horst, mein Lieber, was ist denn? So hab ich dich ja selten erlebt?!

Horst: Das stimmt, ich fühl mich gerade wie ein guter Bond-Martini: gerührt und nicht geschüttelt.

Johann: Du kommst mir eher wie ein Soufflé in einer Sturmbö vor – aber woran liegt's denn?

Horst: Keine Sprüche über meine Soufflés!

Johann: Die sind ja manchmal flacher als deine Witze! Woran liegt's, dass du so emotional drauf bist?

Horst: Ach, ich bin so gerührt, weil es uns beide jetzt als »Gold-Edition« gibt.

Johann: Ja aber, das ist doch wunderschön, Gold ist doch eines der wertvollsten Metalle überhaupt! Denk doch nur mal: Seit wir Ende 2006 im ZDF zum ersten Mal mit »Lafer!Lichter!Lecker!« auf Sendung gegangen sind, hat sich der Goldpreis verdreifacht!

Horst: Ach, ich dachte, der Goldpreis sei so in die Höhe geschossen, weil ihr Sterneköche ja gern alles Mögliche mit Blattgold verschnörkelt: (macht auf französischen Sternekoch) Madames, Monsieurs, ´eute servieren wir ihnen eine feine Rehconsommé mit in Blattgold gewickelte´ Caviarcroûtons, dann eine feine Variation Blatt- und Blattgoldsalate mit Filets der echten Massiv-Goldbrasse und zum Dessert eine ganz formidable Goldene Grütze.

Johann: Hör auf, das hat's nie gegeben. Aber du solltest beim nächsten Einkauf mal drauf achten, dass auf einer Packung unter den Inhaltsstoffen der Lebensmittelzusatz E175 steht, das ist nämlich nichts anderes als Gold! Und dann zugreifen, vielleicht kannst du reich werden, denn Gold ist einfach »in«. In guten, wie in schlechten Tagen!

Horst: »In guten, wie in schlechten Tagen« – ne, nun lass uns beide mal nicht von unseren Beziehungsproblemchen reden, nur, weil ich dir kürzlich das Kekseknabbern im gemeinsamen Hotelbett verbieten wollte!

Johann: Horst, nun fang nicht wieder davon an! Du scheinst mir aber auch besonders sensible Nerven zu haben, dass du die paar Krümelchen bemerkst.

Horst: Paar Krümelchen? Neulich hab ich dich aus dem Augenwinkel aus dem Badezimmer beobachtet, wie du bei uns im Bett aus alten Brötchen die Schnitzelpanade für den nächsten Tag gerieben hast!

Johann: Hör schon auf, ich verrate doch auch niemandem, dass du eine Kuhherde auf unserem Hotelbalkon hältst.

Horst: Dass du aber auch nicht aufhören kannst, mich auf Sahne zu reduzieren!

Johann: Stimmt nicht: Auf Sahne und Butter!! Ich hab vor ein paar Tagen in Wikipedia gelesen, dass der sogenannte Butterberg in der EU, der viele Jahre immer wieder Schlagzeilen machte, weg ist! Ich zitiere: »2007 wurde berichtet, dass die Lagerbestände (von Butter) aufgrund einer erhöhten Nachfrage vollständig abgebaut werden konnten.« Ich behaupte: All die Gerichte, die du im ersten Jahr bei »Lafer!Lichter!Lecker!« zubereitet hast, haben den Butterberg zum Schmelzen gebracht.

Horst: Und du? Frag doch mal die Requisite, die haben für dich einen direkten Draht zum Diplomatischen Corps und deren Dolmetscher-Stab...

Johann: Wovon redest du?

Horst: Na, wer sonst versteht das schon, wenn du mal wieder Chi Chi vom Tü Tü aus der Wah Wah-Provinz von Schu Schu bestellst...

Johann: Chi Chi vom Tü Tü aus der Wah Wah-Provinz von Schu Schu hab ich nur ein einziges Mal gebraucht, ansonsten liebe ich ja die regionale Küche.

Horst: Nur dass für dich als weitgereister Koch deine Region in der Steiermark beginnt und auf den Fidschi-Inseln aufhört! Bei mir kommt das Salz halt immer noch aus'm Streuer. Nicht aus der Kalahari...

Johann: Die besten Produkte aus der ganzen Welt sind mir gerade gut genug für meine Gäste, und somit auch unsere Leser und Zuschauer. Und das kann dann halt auch mal ein wenig Blattgold sein... also fühl dich geehrt, dass der Verleger uns beide jetzt sogar in Gold einpackt!

Horst: Ja, das macht mich auch ganz verlegen, dass der Verleger das gemacht hat... Deswegen bin ich ja so gerührt, aber weißt du: Mir hätte es schon gereicht, wenn man unser gemeinsames Lesenswerk in Alufolie verpackt hätte... so wie eine leckere Grillkartoffel, die man dann hinterher mit nem halben Pfund Butter und nem Eimer Schmand zum Nackenkotelett verschlingt...

Johann: Du schon wieder...

Johann Lafer

H. L.

Lichter's

Vorspeisen

Möhren-Kokos-Mousse

auf Mango-Zuckerschoten-Salat

Zutaten für 4 Personen:

400 g Möhren
100 ml Gemüsebrühe
150 ml Kokosmilch
1 Limette
Salz · Pfeffer aus der Mühle
Chili aus der Gewürzmühle
4 Blatt Gelatine
3 EL Milch
200 g Sahne
2 Mangos
150 g Zuckerschoten
½ rote Chilischote
2 EL Weißweinessig
2 EL Sesamöl
1 EL Ahornsirup
1 Knoblauchzehe
20 g Ingwer
½ Bund Koriander
Zucker

1 Für die Möhren-Kokos-Mousse die Möhren putzen, schälen und klein schneiden. Die Brühe in einem Topf aufkochen, die Möhren dazugeben und weich garen. Die Möhren in ein Sieb abgießen, im Küchenmixer fein pürieren und die Möhrenmasse durch ein Sieb streichen.

2 Das Möhrenpüree mit der Kokosmilch in einer Schüssel verrühren. Die Limette halbieren und den Saft auspressen. Das Möhrenpüree mit Salz, Pfeffer, Chili und dem Limettensaft pikant abschmecken.

3 Die Gelatine in kaltem Wasser einweichen, ausdrücken und in der erwärmten Milch auflösen. Die Gelatine unter die Möhrenmasse rühren. Die Sahne steif schlagen und vorsichtig unterheben.

4 Eine flache Form (ca. 15 x 20 cm) mit Frischhaltefolie auslegen und die Möhrenmousse hineinfüllen. Glatt streichen und etwa 2 Stunden kühl stellen.

5 Für den Mango-Zuckerschoten-Salat die Mangos schälen, das Fruchtfleisch auf den flachen Seiten vom Stein schneiden und in Scheiben schneiden. Die Zuckerschoten putzen, waschen und schräg in Stücke schneiden. In kochendem Salzwasser etwa 2 Minuten blanchieren. In ein Sieb abgießen, kalt abschrecken und gut abtropfen lassen.

6 Die Chilischote entkernen, waschen und in feine Würfel schneiden. Mit dem Essig, dem Sesamöl und dem Ahornsirup zu einer Vinaigrette verrühren. Den Knoblauch und den Ingwer schälen. Den Knoblauch in feine Würfel schneiden, den Ingwer fein reiben. Den Koriander waschen, trocken schütteln, die Blätter abzupfen und hacken. Alles unter die Vinaigrette rühren. Die Mango und die Zuckerschoten mit der Vinaigrette vermischen und den Salat mit Salz, Pfeffer und 1 Prise Zucker abschmecken.

7 Die Mousse mithilfe eines Löffels zu Nocken formen und mit dem Mango-Zuckerschoten-Salat auf Tellern anrichten.

Bunter Herbstteller

mit Äpfeln und Zucchini

Zutaten für 4 Personen:
1 Bund Frühlingszwiebeln
400 g Zucchini
400 g gelbe Paprikaschoten
2 große säuerliche Äpfel (z. B. Boskop)
400 g Cocktailtomaten
2 EL Olivenöl
je 2 TL gemahlene Kurkuma und gemahlener Kardamom
400 ml Gemüsebrühe
100 ml Apfelsaft
150 g Crème double (ersatzweise Frischkäse)
Salz · Pfeffer aus der Mühle
einige Stiele Koriander

1 Die Frühlingszwiebeln putzen, waschen und in feine Ringe schneiden. Die Zucchini putzen, waschen und schräg in Stücke schneiden. Die Paprikaschoten längs halbieren, entkernen, waschen und ebenfalls schräg in Stücke schneiden. Die Äpfel waschen, mit einem Apfelausstecher die Kerngehäuse entfernen und das Fruchtfleisch in Ringe schneiden. Die Cocktailtomaten waschen und halbieren.

2 Das Olivenöl in einer Pfanne erhitzen und die Apfelringe darin etwa 2 Minuten anbraten, dabei auf beiden Seiten mit Kurkuma und Kardamom bestäuben. Mit der Brühe und dem Apfelsaft ablöschen, die Frühlingszwiebeln, die Zucchini, die Paprikaschoten und die Cocktailtomaten hinzufügen und alles bei schwacher Hitze etwa 5 Minuten dünsten. Zuletzt die Crème double unterheben und alles mit Salz und Pfeffer würzen.

3 Den Koriander waschen und trocken schütteln. Den bunten Obst-Gemüse-Mix auf einer großen Platte anrichten und mit dem Koriander garnieren. Als Beilage dazu passt frisches Baguette.

Mein Tipp

Wer keine gemahlene Kurkuma und keinen Kardamom zur Hand hat, würzt die Äpfel in der Pfanne einfach mit etwas mildem Currypulver.

Tomaten-Burger

mit Honig-Ingwer-Dressing

Zutaten für 4 Personen:

300 g reife große Fleischtomaten
150 g Mozzarella
1 reife Avocado
1 rote Zwiebel
2 Stiele Koriander
2 EL Öl
2 EL Zitronensaft
½ TL Honig
Salz
½ TL geschroteter Pfeffer
½ TL Ingwerpulver

1 Die Tomaten waschen und in 24 Scheiben schneiden, dabei die Stielansätze entfernen. Den Mozzarella in 16 Scheiben schneiden.

2 Die Avocado halbieren und den Stein entfernen. Die Avocadohälften schälen und in dünne Spalten schneiden. Die Zwiebel schälen und in feine Ringe schneiden.

3 Acht Tomatenscheiben jeweils mit 1 Mozzarellascheibe, einigen Avocadospalten und Zwiebelringen belegen, mit 1 Tomatenscheibe bedecken und den Vorgang wiederholen. Die Burger mit den restlichen Tomatenscheiben abschließen.

4 Für das Dressing den Koriander waschen und trocken schütteln. Die Blätter abzupfen und grob hacken. Das Öl, den Zitronensaft, den Honig und den Koriander verrühren und mit Salz, Pfeffer und Ingwerpulver würzen. Den Koriander unterrühren.

5 Die Tomaten-Burger mit dem Honig-Ingwer-Dressing beträufeln und nach Belieben mit warmem Knoblauchbrot servieren.

Mein Tipp

Statt Ingwerpulver können Sie natürlich auch frisch geriebenen Ingwer verwenden. Wer auf Fleisch oder Geflügel partout nicht verzichten möchte, lässt einfach die mittlere Schicht weg und ersetzt diese durch gebratenes Hähnchenbrustfilet oder Beefsteak.

Rote-Bete-Kartoffel-Carpaccio

mit gebratenem Zander

Zutaten für 4 Personen:

2 Rote Beten
300 g festkochende Kartoffeln
Salz · Pfeffer aus der Mühle
8 Zanderfilets
(à ca. 60 g; mit Haut)
2 EL Olivenöl mit Limone
1 Schalotte
2 Knoblauchzehen
2 Zweige Thymian
1 Zweig Rosmarin
120 g Butter (in Stücken;
davon 50 g kalt)
2 Limetten
(davon 1 unbehandelt)
2 EL Sahne
¼ Bund Petersilie
2 EL trockener Weißwein
4 EL Fischfond
60 g Speckwürfel

1 Den Backofen auf 175 °C vorheizen. Die Roten Beten gründlich waschen, in Alufolie wickeln und im Backofen etwa 1½ Stunden garen.

2 Inzwischen die Kartoffeln waschen und in Salzwasser als Pellkartoffeln garen. Die Kartoffeln abgießen, kurz abdampfen lassen und pellen. Die Roten Beten (mit Handschuhen!) schälen. Beides abkühlen lassen, in dünne Scheiben schneiden oder hobeln und abwechselnd fächerförmig auf Tellern anrichten. Mit Salz und Pfeffer würzen.

3 Die Zanderfilets waschen und trocken tupfen. Das Öl in einer Pfanne erhitzen und die Filets darin zuerst auf der Fleischseite etwa 1 Minute braten, dann wenden und auf der Hautseite weiterbraten. Die Fischfilets mit Salz und Pfeffer würzen.

4 Die Schalotte schälen und halbieren, die Knoblauchzehen ungeschält andrücken. Die Kräuterzweige waschen und trocken schütteln. Schalottenhälften, Knoblauchzehen, Thymian- und Rosmarinzweige zu den Filets geben und alles weitere 4 bis 6 Minuten braten. Schalotte, Knoblauch und Kräuter herausnehmen, 50 g Butter in der Pfanne zerlassen und die Zanderfilets damit glasieren. Die Fischfilets herausnehmen und zugedeckt warm stellen.

5 Für die Limettensauce die unbehandelte Limette heiß waschen, trocken reiben und die Schale abreiben. Beide Limetten auspressen. Die Sahne steif schlagen. Die Petersilie waschen und trocken schütteln, die Blätter abzupfen und fein hacken. Weißwein, Fischfond, Limettenschale und -saft in einem Topf aufkochen und bei mittlerer Hitze etwas einkochen lassen. Mit Salz und Pfeffer würzen und mit der kalten Butter aufmixen. Die Petersilic und die Sahne unterheben.

6 Die restliche Butter in einer Pfanne zerlassen und die Speckwürfel darin kross braten. Das Carpaccio mit der Limettensauce beträufeln und den Zander darauf anrichten. Die Speckwürfel auf dem Zander verteilen und nach Belieben mit Dill garnieren.

Knusperspargel

mit zweierlei Dips

Zutaten für 4 Personen:

24 Stangen weißer Spargel
1 unbehandelte Zitrone
50 g Butter
Salz · 1 EL Zucker
50 g Mehl
50 g Kürbiskerne
50 g Semmelbrösel
50 g Panko (asiat. Paniermehl; aus dem Asienladen)
30 g Kokosflocken
4 Eier
50 g geschlagene Sahne
Pfeffer aus der Mühle
Butterschmalz zum Ausbacken
1 unbehandelte Orange
100 g Orangen-Curry-Senf (Fruchtsenf; z. B. von Johann Lafer)
1 EL Honig
4 Bärlauchblätter
Chili aus der Gewürzmühle
1 Limette
½ Bund Schnittlauch
30 g Ingwer
200 g Crème fraîche
5 EL Kürbiskernöl
4 Kopfsalatherzen

1 Den Spargel schälen und die holzigen Enden abschneiden. Die Zitrone heiß waschen, trocken reiben und in Scheiben schneiden. In einem Dampfgarer oder Topf mit passendem Dämpfeinsatz Wasser mit der Butter, 1 TL Salz, dem Zucker und den Zitronenscheiben erhitzen. Den Spargel in den Dämpfeinsatz legen und zugedeckt bei mittlerer Hitze 15 Minuten bissfest dämpfen. Den Spargel aus dem Einsatz nehmen und abkühlen lassen. Die Spargelstangen quer halbieren und auf Küchenpapier gut abtropfen lassen.

2 Das Mehl in einen tiefen Teller geben. Die Kürbiskerne im Küchenmixer fein mahlen und mit den Semmelbröseln in einem tiefen Teller mischen. Panko und Kokosflocken ebenfalls in einem tiefen Teller mischen. In einem weiteren tiefen Teller 3 Eier verquirlen, die Sahne unterheben und mit Salz und Pfeffer würzen.

3 Die halbierten Spargelstangen zuerst im Mehl wenden, dann durch die Eier-Sahne-Mischung ziehen und die Hälfte der Stangen mit den Kürbiskernbröseln, die andere Hälfte mit der Kokosmischung panieren. Das Butterschmalz in einer Pfanne erhitzen und die panierten Spargelstangen darin nach und nach goldbraun ausbacken. Herausnehmen, auf Küchenpapier abtropfen lassen und mit Salz würzen.

4 Die Orange heiß waschen, trocken reiben und die Schale abreiben. Die Orange halbieren und den Saft auspressen. Die Orangenschale und den -saft mit dem Fruchtsenf und dem Honig mischen. Den Bärlauch waschen und trocken tupfen, fein schneiden und untermischen. Den Dip mit Salz, Pfeffer und Chili aus der Mühle würzen und, falls nötig, mit einigen Panko-Bröseln andicken.

5 Das restliche Ei hart kochen, pellen und in kleine Würfel schneiden. Die Limette halbieren und auspressen. Den Schnittlauch waschen, trocken schütteln und in feine Röllchen schneiden. Den Ingwer schälen und fein reiben. Die Crème fraîche mit dem Limettensaft, den Schnittlauchröllchen, dem Ingwer, dem Kürbiskernöl und dem Ei mischen und den Dip mit Salz und Pfeffer würzen.

6 Die Kopfsalatherzen vierteln, den Strunk und die äußeren Blätter entfernen. Die Spargelstangen mit den Salatherzen auf einer Platte anrichten und die beiden Dips dazu servieren.

Kasseler-Mousse

mit Blattspinatsalat

Zutaten ür 4 Personen:

200 g Kasseler
2 EL Sahne
100 g Kräuterfrischkäse
Salz · Pfeffer aus der Mühle
frisch geriebene Muskatnuss
1 Msp. Paprikapulver (rosenscharf)
2–3 EL trockener Sherry (Fino)
2 Frühlingszwiebeln
80 g Blattspinat
2 EL Sherryessig
3 EL Öl

1 Das Kasseler grob zerkleinern und mit der Sahne in einer Schüssel mit dem Stabmixer fein pürieren. Den Frischkäse unterrühren und die Masse mit Salz, Pfeffer, Muskatnuss und Paprikapulver würzen. So viel Sherry unterrühren, bis eine cremige Mousse entsteht.

2 Die Frühlingszwiebeln putzen und waschen. Das Frühlingszwiebelgrün in sehr feine Streifen schneiden und unter die Mousse heben, das Weiße der Frühlingszwiebeln beiseitelegen. Die Mousse nochmals abschmecken und kühl stellen.

3 Den Blattspinat waschen, trocken schleudern und die Stiele entfernen. Das Weiße der Frühlingszwiebeln in feine Ringe schneiden und mit den Spinatblättern vermischen.

4 Den Essig und das Öl mit Salz und Pfeffer zu einer Marinade verrühren und gut mit dem Spinat vermischen.

5 Von der Kasseler-Mousse mit einem Löffel Nocken abstechen und auf Teller verteilen. Den Spinatsalat daneben anrichten. Dazu nach Belieben frisches Bauernbrot oder geröstetes Toastbrot servieren.

Lauchröllchen

mit Frischkäse

Zutaten für 4 Personen:

1 Stange Lauch
1 Bund Schnittlauch
6 Eier
200 g Mehl
250 g Sahne
Öl zum Backen
Salz
200 g Frischkäse
150 g Parmesan (am Stück)

1 Den Lauch putzen, waschen und in feine Ringe schneiden. Den Schnittlauch waschen, trocken schütteln und in feine Röllchen schneiden. Eier, Mehl und Sahne zu einem Teig verrühren.

2 Den Backofen auf 120 °C vorheizen. Ein Backblech mit Backpapier auslegen. Wenig Öl in einer kleinen Pfanne erhitzen und jeweils etwas Lauch und Schnittlauch darin andünsten. Mit Teig bedecken und leicht mit Salz würzen. Wenn der Pfannkuchen unten leicht gebräunt und oben fast gestockt ist, vorsichtig wenden und nochmals kurz backen, bis auch die zweite Seite leicht gebräunt ist.

3 Den Pfannkuchen auf einen Teller geben und auf dieselbe Weise aus den restlichen Zutaten weitere Pfannkuchen backen (der Teig ergibt etwa 6 Pfannkuchen).

4 Die Pfannkuchen mit dem Frischkäse bestreichen, aufrollen und auf das Backblech legen. Den Parmesan fein reiben und auf den Pfannkuchen verteilen. Die Lauchröllchen im Backofen auf der mittleren Schiene 5 Minuten überbacken.

5 Die Lauchröllchen zum Servieren in breite Stücke schneiden und auf Tellern anrichten.

Mein Tipp

In der Regel verwende ich Weizenmehl für den Pfannkuchenteig, man kann aber auch Buchweizenmehl verwenden, das ist vollwertiger. Und ein Schuss Mineralwasser im Teig macht die Pfannekuchen schön locker und luftig.

Marinierte Artischocken

mit Maishähnchenbrust

Zutaten für 4 Personen:

2 Maishähnchenbrustfilets
(à ca. 200 g; ohne Haut)
4 EL Olivenöl
50 g Walnusskerne
2 EL Sweet-Chili-Sauce
8 junge Artischocken
1 Zitrone
3 Schalotten
4 Knoblauchzehen
6 sehr reife Tomaten
4 Stiele Basilikum
3 TL Zucker
5 EL Balsamico bianco
Salz · weißer Pfeffer
aus der Mühle
10 Cocktailtomaten
2 EL Olivenöl mit Limone

1 Den Backofen auf 120 °C vorheizen. Die Maishähnchenbrustfilets waschen und trocken tupfen. 2 EL Olivenöl in einer ofenfesten Pfanne erhitzen und das Fleisch darin auf beiden Seiten anbraten. Die Walnüsse und die Chilisauce dazugeben und die Maishähnchenbrüste im Backofen auf der mittleren Schiene 15 bis 20 Minuten garen.

2 Von den Artischocken die äußeren, harten Blätter und die Spitzen entfernen, die Stiele abschneiden und die Artischocken halbieren. Die Zitrone auspressen und die Artischocken mit dem Zitronensaft einreiben.

3 Je 1 Schalotte und Knoblauchzehe schälen und in feine Würfel schneiden. Das restliche Olivenöl in einer Pfanne erhitzen und die Artischockenhälften darin rundum anbraten. Die Schalotten- und Knoblauchwürfel dazugeben und die Artischocken bei schwacher Hitze 10 bis 12 Minuten weich garen.

4 Die Tomaten waschen und vierteln, dabei die Stielansätze entfernen. Das Basilikum waschen, trocken tupfen und die Blätter abzupfen. 1 Knoblauchzehe schälen und mit den Tomatenvierteln, der Hälfte der Basilikumblätter, 2 TL Zucker, 3 EL Essig, Salz und Pfeffer im Küchenmixer kurz pürieren. Die Masse in ein mit einem Passiertuch ausgelegtes Sieb geben und den klaren Tomatenfond auffangen.

5 Die Cocktailtomaten waschen und vierteln. Die restlichen Schalotten und Knoblauchzehen schälen und in feine Würfel schneiden. Tomaten, Schalotten und Knoblauch in eine Schüssel geben, den abgetropften Tomatenfond dazugießen und alles mischen. Mit Salz, Pfeffer, dem restlichen Zucker und dem übrigen Essig kräftig abschmecken. Das Olivenöl mit Limone unterrühren. Die restlichen Basilikumblätter in Streifen schneiden und zuletzt dazugeben.

6 Die Artischocken auf eine Platte geben, die Maishähnchenbrüste in Scheiben schneiden und auf den Artischocken anrichten. Den Tomatensalat darüber verteilen.

Gurkenschiffchen
mit Gemüsequark

Zutaten für 4 Personen:
2 Mini-Salatgurken
Salz · Pfeffer aus der Mühle
500 g Magerquark (10 % Fett)
4 EL Sahne
2 kleine Schalotten
1 Knoblauchzehe
je 1 kleine rote und grüne Paprikaschote
2 kleine Möhren
2 Kästchen Gartenkresse
2 Msp. Estragonsenf

1 Die Gurken waschen und mit dem Sparschäler die Schale in Streifen abschälen, sodass immer wieder ein grüner Streifen stehen bleibt. Die Gurken halbieren, die Kerne mit einem Teelöffel entfernen und die Gurkenhälften leicht mit Salz und Pfeffer würzen.

2 Den Quark mit der Sahne cremig rühren. Die Schalotten und den Knoblauch schälen und in feine Würfel schneiden. Die Paprikaschoten der Länge nach halbieren, entkernen, waschen und in sehr kleine Würfel schneiden. Die Möhren putzen, schälen und auf der Gemüsereibe fein raspeln.

3 Die Kresse vom Beet schneiden, in einem Sieb waschen und trocken tupfen. Die Hälfte der Kresse hacken und mit den Schalotten-, Knoblauch- und Paprikawürfeln sowie den Möhrenraspeln unter den Sahnequark mischen.

4 Den Gemüsequark mit Senf, Salz und Pfeffer würzen, in einen Spritzbeutel mit großer Lochtülle füllen und in die ausgehöhlten Gurkenhälften spritzen. Die Gurkenschiffchen mit der restlichen Kresse garnieren und nach Belieben Bauernbrot dazu servieren.

Mein Tipp

Wer es scharf liebt, gibt dem Gemüsequark noch einige Chiliflocken hinzu. Verfeinern kann man die Vorspeise mit gekochten oder gebratenen Shrimps, die man zuvor in Zitronensaft, Salz, Pfeffer und Öl mariniert hat.

Hausgebeizter Orangenlachs

mit Kartoffelblinis und Salat

Zutaten für 4 Personen:

Für den Orangenlachs:
3 unbehandelte Orangen
180 g Meersalz · 90 g Zucker
je 90 ml Olivenöl und
Olivenöl mit Limone
3 EL Orangensaft
6 EL Dillspitzen (fein gehackt)
1 Msp. gemahlener Koriander
1 Seite Wildlachsfilet (ca. 1 kg)

Für die Kartoffelblinis:
75 ml Milch · 20 g Hefe
120 g Mehl
200 g mehligkochende
Kartoffeln (gegart) · 3 Eier
Salz · Pfeffer aus der Mühle
frisch geriebene Muskatnuss
50 g Butterschmalz

Für den Salat:
je 100 g Friséesalat und Rucola
1 EL Aceto balsamico
2 EL Olivenöl
Salz · Pfeffer aus der Mühle

Für die Garnitur:
Fliegenfisch- oder
Saiblingskaviar
Filets von 2 Orangen

1 Am Vortag für den Orangenlachs die Orangen heiß waschen, trocken reiben und die Schale abreiben. Die Orangen in Scheiben schneiden. Das Meersalz mit dem Zucker, den beiden Ölsorten, dem Orangensaft, der Orangenschale und dem Dill zu einer Beize verrühren. Mit dem Koriander abschmecken.

2 Das Lachsfilet waschen, trocken tupfen und rundum mit der Beize bestreichen. In eine passende Form geben, mit den Orangenscheiben belegen und im Kühlschrank etwa 24 Stunden marinieren.

3 Am nächsten Tag für die Kartoffelblinis die Milch lauwarm erhitzen, die Hefe hineinbröckeln und darin auflösen. Die Hefemilch in einer Schüssel mit dem Mehl vermischen.

4 Die Kartoffeln pellen und durch die Kartoffelpresse zum Hefemehl drücken. Die Eier trennen und die Eigelbe mit dem Schneebesen unter die Kartoffelmasse mischen. Die Masse mit Salz, Pfeffer und Muskatnuss kräftig würzen.

5 Die Eiweiße steif schlagen und vorsichtig unter die Masse heben. Den Bliniteig zugedeckt etwa 30 Minuten gehen lassen.

6 Inzwischen für den Salat den Friséesalat und den Rucola putzen, waschen und trocken schleudern, den Frisée in mundgerechte Stücke zupfen. Den Essig und das Öl verrühren und mit Salz und Pfeffer würzen. Die Vinaigrette mit den Blattsalaten vermischen.

7 Das Lachsfilet aus der Marinade nehmen, trocken tupfen und in dünne Scheiben schneiden. Aus jeweils 5 Lachsscheiben eine Rose formen.

8 Das Butterschmalz portionsweise in einer Pfanne erhitzen. Von dem Teig mit einem Esslöffel kleine Portionen abnehmen und zu Blinis backen. Den gemischten Blattsalat auf Teller verteilen und die Kartoffelblinis mit den Lachsrosen darauf anrichten. Mit dem Kaviar und den Orangenfilets garnieren.

Apfel-Avocado-Tatar

mit lauwarm mariniertem Forellenfilet

Zutaten für 4 Personen:
2 Äpfel (z. B. Granny Smith)
1 Avocado
2 Limetten
2 Schalotten
1 TL Korianderkörner
2 EL Zucker
Salz · Pfeffer aus der Mühle
2 Tomaten
3 EL Olivenöl
3 Forellenfilets
Chili aus der Gewürzmühle
3 Bete Shizo-Kresse
(japanische Kresse,
aus dem Asienladen;
ersatzweise Gartenkresse)

1 Die Äpfel waschen, vierteln, entkernen und in kleine Würfel schneiden. Die Avocado halbieren und den Stein entfernen. Die Avocadohälften schälen und das Fruchtfleisch in kleine Würfel schneiden. Beides in eine Schüssel geben. Den Saft von ½ Limette auspressen und mit den Apfel- und Avocadowürfeln mischen, damit sie nicht braun werden. Die restliche Hälfte der Limette sowie die zweite Limette auspressen.

2 Die Schalotten schälen und in feine Würfel schneiden. Die Korianderkörner in einem Mörser zerstoßen. Den Zucker in einer Pfanne goldbraun karamellisieren, dann die Schalotten und den Koriander dazugeben. Mit dem Limettensaft ablöschen. Mit Salz und Pfeffer abschmecken und 2 bis 3 Minuten köcheln lassen.

3 Die Tomaten kreuzweise einritzen, überbrühen, kalt abschrecken und häuten. Die Tomaten vierteln, entkernen und in kleine Würfel schneiden. Mit in die Pfanne geben und kurz darin schwenken. Vom Herd nehmen und in einer Schüssel mit dem Olivenöl vermischen.

4 Die Forellenfilets waschen und trocken tupfen. Das Fleisch in dünnen Scheiben von der Haut schneiden und flach auf Tellern auslegen. Die noch heiße Vinaigrette über dem Fisch verteilen und mit etwas Salz und Pfeffer würzen.

5 Die Apfel- und Avocadostücke mit Salz, Pfeffer und Chili abschmecken. Das Tatar mithilfe eines Metallrings auf den vorbereiteten Fisch setzen. Die Kresse vom Beet schneiden, waschen und trocken tupfen. Über das Tatar streuen und servieren.

Blumenkohlschnitzel

mit Tomatenremoulade und Kopfsalat

Zutaten für 4 Personen:
1 Zwiebel
1 Zitrone
4 getrocknete Tomaten (in Öl)
1 EL Kapern
½ Bund Petersilie
½ Bund Kerbel
150 g Mayonnaise
150 g griechischer Joghurt
Salz · Cayennepfeffer
1 kleiner Blumenkohl
4 Kümmelstangen (vom Vortag; ersatzweise 4 Laugenbrötchen vom Vortag und 1 TL ganzer Kümmel)
2 Eier · 50 g Mehl
Butterschmalz zum Ausbacken
1 Kopfsalat
1 TL Zucker
2 EL Öl

1 Für die Remoulade die Zwiebel schälen und in feine Würfel schneiden. Die Zitrone halbieren und den Saft einer Hälfte auspressen. Die Tomaten und die Kapern abtropfen lassen und fein hacken. Die Petersilie und den Kerbel waschen, trocken schütteln, die Blätter abzupfen. Die Blätter fein hacken und mit der Mayonnaise und dem Joghurt verrühren. Die Remoulade mit Salz, Cayennepfeffer und dem Zitronensaft abschmecken.

2 Den Blumenkohl putzen, waschen und im Ganzen in kochendem Salzwasser etwa 20 Minuten garen. Herausnehmen und kalt abschrecken. Den gekochten Blumenkohl in 1 cm dicke Scheiben schneiden.

3 Die Kümmelstangen in Würfel schneiden, im Küchenmixer fein mahlen und in einen tiefen Teller füllen. Die Eier in einem tiefen Teller verquirlen und das Mehl ebenfalls in einen tiefen Teller geben. Die Blumenkohlscheiben zuerst in Mehl wenden, dann durch die verquirlten Eier ziehen und mit den Kümmelstangenbröseln panieren.

4 Das Butterschmalz in einer tiefen Pfanne erhitzen und den Blumenkohl darin von beiden Seiten goldbraun braten. Herausnehmen, auf Küchenpapier abtropfen lassen und mit Salz würzen.

5 Den Kopfsalat putzen, waschen und trocken schleudern. Für das Dressing die restliche Zitronenhälfte auspressen. Zitronensaft, Zucker, 1 Prise Salz und das Öl verrühren und den Salat damit marinieren.

6 Den Kopfsalat mit den Blumenkohlschnitzeln auf Tellern anrichten. Mit der Remoulade beträufeln und servieren.

Antipasti im Glas

mit Zwiebeln, Tomaten und Pilzen

Zutaten für 4 Personen:

Für die süßsauren Zwiebelchen:

400 g Perlzwiebeln
2 EL Olivenöl · 1 EL Zucker
1 EL Tomatenmark
50 ml Rotweinessig
2 EL Aceto balsamico
250 ml Geflügelfond
je 1 Zweig Rosmarin und Thymian
2 Lorbeerblätter
Salz · Pfeffer aus der Mühle

Für die Tomaten:

150 g gemischte Cocktailtomaten (gelb und rot)
200 g Baby-Mozzarellakugeln
1 Schalotte · 2 Knoblauchzehen
Saft von 1 Zitrone
150 ml Olivenöl
3 EL Balsamico bianco
½ Bund Basilikum
Salz · Pfeffer aus der Mühle

Für die Steinchampignons:

3–4 Schalotten
200 g kleine Steinchampignons
100 ml Olivenöl
Salz · Pfeffer aus der Mühle
2 kleine Tomaten
3 EL Geflügelfond
3 EL Weißweinessig
1 EL Zitronenthymianblätter

1 Für die süßsauren Zwiebelchen die Perlzwiebeln schälen. Das Öl in einer Pfanne erhitzen und die Zwiebeln darin andünsten. Den Zucker darüberstreuen und die Zwiebeln leicht karamellisieren.

2 Das Tomatenmark unter die Zwiebeln rühren, kurz mitdünsten, mit den beiden Essigsorten ablöschen und den Geflügelfond dazugießen. Die Kräuterzweige waschen, trocken schütteln und mit den Lorbeerblättern dazugeben.

3 Die Zwiebelchen bei mittlerer Hitze köcheln lassen, bis die Sauce sämig einkocht. Mit Salz und Pfeffer würzen, in Weckgläser füllen, verschließen und 1 bis 2 Tage ziehen lassen.

4 Für die Tomaten die Kirschtomaten waschen, trocken tupfen und mit den Mozzarellakugeln in einer Schüssel vermischen.

5 Die Schalotte und den Knoblauch schälen und in feine Würfel schneiden. Beides mit dem Zitronensaft, dem Öl und dem Essig verrühren. Das Basilikum waschen und trocken schütteln, die Blätter abzupfen, in feine Streifen schneiden und in die Marinade geben.

6 Die Marinade mit den Tomaten und dem Mozzarella vorsichtig vermischen. Mit Salz und Pfeffer würzen, in kleine Weckgläser füllen, verschließen und 24 Stunden marinieren. Zum Servieren die Tomaten nach Belieben noch mit Balsamico bianco beträufeln.

7 Für die Steinchampignons die Schalotten schälen und in feine Würfel schneiden. Die Champignons putzen und trocken abreiben. In einer Pfanne 1 EL Öl erhitzen, die Schalottenwürfel darin andünsten und wieder herausnehmen. Dann 3 EL Öl erhitzen, die Champignons darin anbraten, mit Salz und Pfeffer würzen und in eine Schüssel geben.

8 Die Tomaten waschen und vierteln, dabei Stielansätze entfernen. Die Tomatenviertel entkernen und in kleine Würfel schneiden. Den Geflügelfond, das restliche Öl und den Essig zu einer Vinaigrette verrühren und mit Salz und Pfeffer würzen. Den Zitronenthymian waschen, trocken tupfen und mit den Schalotten zur Vinaigrette geben. Zuletzt die Tomatenwürfel untermischen. Die Steinchampignons mit der Vinaigrette vermischen, in Weckgläser füllen, verschließen und 24 Stunden ziehen lassen.

Mangold-Quiche

mit Gruyère

Zutaten für 1 Tarteform (28 cm Ø):

Für den Mürbeteig:

250 g Mehl
Salz
125 g kalte Butter (in Stücken)
1 Ei
Fett für die Form

Für den Belag:

1 Mangold (ca. 300 g)
1 Zwiebel
2 Knoblauchzehen
2 EL Olivenöl
Salz · Pfeffer aus der Mühle
frisch geriebene Muskatnuss
abgeriebene Schale von 1 unbehandelten Zitrone
80 g Gruyère (Schweizer Hartkäse)
200 g Sahne
100 ml Milch
4 Eier

1 Für den Mürbeteig das Mehl mit 1 Prise Salz auf die Arbeitsfläche häufen und in die Mitte eine Mulde drücken. Die Butter um die Mulde herum verteilen, das Ei und 50 ml lauwarmes Wasser in die Mulde geben. Alles mit kalten Händen zu einem Mürbeteig verarbeiten. Den Teig in Frischhaltefolie wickeln, 1 Stunde kühl stellen.

2 Für den Belag den Mangold in die einzelnen Blätter teilen, die Stiele abschneiden und beides waschen. Die Stiele in kleine Würfel, die Blätter in feine Streifen schneiden.

3 Die Zwiebel und den Knoblauch schälen und in feine Würfel schneiden. Das Öl in einer Pfanne erhitzen, die Zwiebel- und Knoblauchwürfel sowie die Mangoldstiele darin 4 Minuten dünsten. Dann die Mangoldstreifen untermischen und zugedeckt bei mittlerer Hitze 5 Minuten zusammenfallen lassen. Mit Salz, Pfeffer, Muskatnuss und Zitronenschale würzen.

4 Den Gruyère fein reiben. Die Sahne mit der Milch und den Eiern verrühren, zwei Drittel des Käses untermischen und die Eier-Käse-Masse mit Salz, Pfeffer und Muskatnuss würzen.

5 Den Backofen auf 200 °C vorheizen und eine Tarteform leicht einfetten. Den Mürbeteig zwischen zwei Lagen Backpapier ausrollen. Die Tarteform mit dem Teig auskleiden und den Teig mehrmals mit einer Gabel einstechen.

6 Die Mangoldmischung auf dem Teig verteilen, die Eier-Käse-Masse darübergeben und mit dem restlichen Käse bestreuen. Die Mangold-Quiche im Backofen auf der mittleren Schiene 35 bis 40 Minuten goldbraun backen. Zum Servieren in Tortenstücke schneiden.

Wirsingröllchen
mit Pilzfüllung

Zutaten für 4 Personen:

4 große Wirsingblätter
250 g gemischte Waldpilze
2 Schalotten
2 EL Öl
50 g Emmentaler (am Stück)
2 Stiele Petersilie
200 g Frischkäse
Salz · Pfeffer aus der Mühle
Butter für die Form
4 EL Kalbsfond
2 EL Crème fraîche

1 Den Backofen auf 225 °C vorheizen. Die Wirsingblätter in einem Topf mit kochendem Wasser kurz blanchieren und herausnehmen. Die Pilze putzen und trocken abreiben. Die Schalotten schälen und in feine Würfel schneiden.

2 Das Öl in einer Pfanne erhitzen und die Schalotten darin andünsten. Die Pilze dazugeben, etwa 2 Minuten in der Pfanne schwenken und etwas abkühlen lassen.

3 Den Emmentaler fein reiben. Die Petersilie waschen und trocken tupfen, die Blätter abzupfen und fein hacken. Mit dem Frischkäse und 2 EL geriebenem Emmentaler verrühren. Die Schalotten und Pilze hinzufügen und mit Salz und Pfeffer würzen.

4 Die Wirsingblätter auf der Arbeitsfläche auslegen und mit der Pilzmasse bestreichen. Die Längsseiten einschlagen, die Wirsingblätter aufrollen und nebeneinander in eine gefettete Auflaufform legen. Mit dem Fond beträufeln.

5 Die Crème fraîche und den restlichen Emmentaler verrühren und die Wirsingröllchen damit bestreichen. Zugedeckt im Backofen auf der mittleren Schiene etwa 10 Minuten garen. Den Deckel entfernen, den Backofen auf Oberhitze umstellen und die Wirsingröllchen 5 Minuten überbacken. Nach Belieben mit gehackter Petersilie garnieren.

Mein Tipp

Beim Andünsten der Pilze können Sie noch ein Stückchen Kräuterbutter dazugeben, das bringt zusätzlich Geschmack.

Zucchini-Frittata

mit Sonnenblumenkernen

Zutaten für 4 Personen:
400 g möglichst kleine Zucchini
1 Zwiebel
2 Knoblauchzehen
4 EL Olivenöl
2 EL Sonnenblumenkerne
Salz · Pfeffer aus der Mühle
4 Eier

1 Die Zucchini putzen, waschen und in feine Streifen schneiden. Die Zwiebel und den Knoblauch schälen, die Zwiebel in feine Würfel, den Knoblauch in feine Scheiben schneiden.

2 In einer Pfanne 2 EL Öl erhitzen und die Sonnenblumenkerne darin kurz anrösten. Die Zucchinistreifen, die Zwiebelwürfel und die Knoblauchscheiben dazugeben und etwa 5 Minuten dünsten. Mit Salz und Pfeffer würzen und etwas abkühlen lassen.

3 Die Eier in einer Schüssel mit der Gabel verquirlen und das gedünstete Gemüse unterheben. Das restliche Öl in einer hohen beschichteten Pfanne erhitzen und die Eier-Gemüse-Mischung darin bei mittlerer Hitze stocken lassen. Dabei darauf achten, dass die Masse nicht an der Pfanne haftet.

4 Die Frittata mithilfe eines Tellers wenden und von der anderen Seite etwa 5 Minuten fertig braten. Die Zucchini-Frittata auf eine große Platte gleiten lassen, in Achtel schneiden und servieren.

Mein Tipp

Mit der Zugabe von Tomatenwürfeln, frischen gehackten Kräutern und klein geschnittenem Camembert können Sie das Gericht noch zusätzlich etwas aufpeppen.

Kartoffelteigtaschen
mit Tomatensauce

Zutaten für 4 Personen:
½ kg mehligkochende Kartoffeln
Salz
2 Eier
4 EL Butter
70 g Mehl
2 EL Speisestärke
Pfeffer aus der Mühle
frisch geriebene Muskatnuss
2 EL Grieß
150 g Blattspinat
1 unbehandelte Zitrone
2 Zwiebeln
2 Knoblauchzehen
120 g Frischkäse
250 g Tomaten
1 EL Olivenöl
Zucker
50 g Sahne
30 g Parmesan (am Stück)
2 EL Schnittlauchröllchen

1 Die Kartoffeln schälen, waschen und in reichlich Salzwasser gar kochen. Die Kartoffeln abgießen, kurz ausdampfen lassen und zweimal durch die Kartoffelpresse drücken. Die Eier trennen. Die Eigelbe und 1 EL Butter unter die Kartoffeln mischen. 50 g Mehl und die Stärke hinzufügen und mit Salz, Pfeffer und Muskatnuss würzen. Den Teig gut verkneten. Sollte er zu weich sein, noch etwas Stärke unterkneten.

2 Den Teig halbieren, mithilfe des restlichen Mehls und des Nudelholzes etwa 3 mm dick ausrollen. Mit einem Ausstecher (7 cm Durchmesser) 12 Kreise ausstechen und auf ein mit etwas Grieß bestreutes Backblech legen. Den restlichen Teig genauso verarbeiten.

3 Für die Füllung den Spinat verlesen und waschen, grobe Stiele entfernen. Die Zitrone heiß waschen, trocken reiben und die Schale abreiben. Die Zwiebeln und den Knoblauch schälen und in feine Würfel schneiden. In einem Topf 1 EL Butter erhitzen und die Hälfte des Zwiebel-Knoblauch-Gemischs darin andünsten. Den Spinat hinzufügen und mit Salz, Pfeffer und Muskatnuss würzen. Unter Rühren etwa 3 Minuten garen. Auf einem Sieb gut abtropfen lassen, fest ausdrücken und fein hacken. Den Spinat mit dem Frischkäse mischen und mit Zitronenschale, Salz und Pfeffer abschmecken.

4 Die Eiweiße verqirlen und die Teigränder damit bestreichen. Je 1 TL Spinatmasse mittig auf die Kreise geben, die restlichen Teigkreise darauflegen und die Seiten mit einer Gabel festdrücken. Kühl stellen.

5 Die Tomaten waschen und in Würfel schneiden, dabei die Stielansätze entfernen. Das Olivenöl in einer Pfanne erhitzen und das restliche Zwiebel-Knoblauch-Gemisch darin andünsten. Die Tomaten dazugeben und mit Salz, Pfeffer und Zucker würzen. Etwa 10 Minuten köcheln lassen, mit der Sahne verfeinern und mit dem Stabmixer fein pürieren.

6 Salzwasser in einem Topf zum Kochen bringen, die Kartoffelteigtaschen hineingeben und etwa 4 Minuten leicht köcheln lassen. In einer Pfanne die restliche Butter zerlassen und leicht anbräunen.

7 Die Tomatensauce auf Tellern verteilen. Die Kartoffelteigtaschen mit dem Schaumlöffel herausheben, abtropfen lassen und darauf anrichten. Mit frisch geriebenem Parmesan und Schnittlauchröllchen garnieren, die heiße braune Butter darüberträufeln und sofort servieren.

Käsehörnchen
mit Schinken

Zutaten für 4 Personen:
300 g Blätterteig (tiefgekühlt)
100 g gekochter Schinken (in Scheiben)
150 g Parmesan (am Stück)
1 Bund Petersilie
150 g Frischkäse
100 g Sahne
1 TL Zitronensaft
Salz · Pfeffer aus der Mühle
frisch geriebene Muskatnuss
Mehl für die Arbeitsfläche
1 Eigelb
Feldsalat und Sprossen für die Garnitur
Aceto balsamico zum Besprühen

1 Die Blätterteigplatten nebeneinander auslegen und auftauen lassen. Den Backofen auf 225 °C vorheizen.

2 Den Schinken in feine Streifen schneiden. Den Parmesan fein reiben. Die Petersilie waschen und trocken schütteln, die Blätter abzupfen und fein hacken.

3 Den Frischkäse mit dem Parmesan, der Sahne, der Petersilie und dem Zitronensaft mischen. Die Schinkenstreifen unterheben und die Käsemasse mit Salz, Pfeffer und Muskatnuss würzen.

4 Die Blätterteigplatten aufeinanderlegen, auf der bemehlten Arbeitsfläche zu einem dünnen Rechteck ausrollen und in kleine Dreiecke schneiden. Auf jedes Dreieck am unteren Teigrand 1 EL Käsefüllung setzen und den Teig zu einem Hörnchen aufrollen.

5 Die Hörnchen auf ein mit Backpapier ausgelegtes Backblech legen und mit dem verquirlten Eigelb bestreichen. Im Backofen auf der mittleren Schiene etwa 20 Minuten goldbraun backen.

6 Zum Servieren den Feldsalat und die Sprossen verlesen, waschen und trocken schütteln. Auf Teller verteilen und mit etwas Essig besprühen. Die Käsehörnchen darauf anrichten.

Möhrenflammkuchen

mit gebratener Maispoulardenbrust

Zutaten für 4 Personen:

15 g Hefe · 250 g Mehl
Zucker · Salz
400 g junge Möhren
150 g durchwachsener Speck
Mehl für die Arbeitsfläche
Fett für die Backbleche
200 g Crème fraîche
Pfeffer aus der Mühle
70 ml Olivenöl
2 Maispoulardenbrustfilets (à ca. 200 g)
1 unbehandelte Zitrone
1 Zweig Thymian
½ Knoblauchknolle
3 EL Butter
je 2 Stiele Estragon und Koriander
3 Stiele Petersilie

1 Die Hefe in eine Schüssel mit 125 ml lauwarmem Wasser bröckeln und darin auflösen. Das Mehl und je 1 Prise Zucker und Salz hinzufügen und alles zu einem glatten Teig verkneten. Den Teig zugedeckt an einem warmen Ort etwa 30 Minuten gehen lassen.

2 Die Möhren putzen, schälen und in sehr dünne Scheiben schneiden oder hobeln. Den Speck in Streifen schneiden.

3 Den Backofen auf 250 °C vorheizen. Den Flammkuchenteig in vier Portionen teilen und auf der bemehlten Arbeitsfläche zu dünnen runden Fladen ausrollen. Die Teigfladen auf ein gefettetes Backblech oder in runde Pizzableche legen.

4 Die Teigböden mit der Crème fraîche bestreichen und die Möhrenscheiben und Speckstreifen darauf verteilen. Mit Salz und Pfeffer würzen und mit 4 EL Öl beträufeln. Die Flammkuchen im Backofen auf der mittleren Schiene 10 bis 12 Minuten goldbraun backen.

5 Die Poulardenbrustfilets waschen, trocken tupfen und mit Salz und Pfeffer würzen. Die Zitrone heiß waschen, trocken reiben und die Schale mit dem Zestenreißer (oder Sparschäler) abziehen.

6 Das restliche Öl in einer Pfanne erhitzen und die Poulardenbrustfilets darin von beiden Seiten anbraten. Den Thymian waschen und trocken schütteln, mit der Zitronenschale und dem ungeschälten Knoblauch dazugeben. Die Butter hinzufügen und zerlassen. Die Maispoulardenbrüste bei schwacher Hitze fertig garen, dabei öfters mit der Würzbutter beträufeln. Vor dem Anschneiden kurz ruhen lassen.

7 Die Kräuter waschen, trocken schütteln und die Blätter abzupfen. Die gebackenen Möhrenflammkuchen mit den Kräutern bestreuen. Die Maispoulardenbrüste in Scheiben schneiden und auf den Möhrenflammkuchen anrichten.

Taleggio-Kartoffeln

aus dem Ofen mit Kräuterquark

Zutaten für 4 Personen:

8 große festkochende Kartoffeln
Salz
Fett für das Blech
200 g Taleggio (ital. Weichkäse)
4 getrocknete Tomaten
1 Frühlingszwiebel
Pfeffer aus der Mühle
100 g Gruyère (Schweizer Hartkäse)
2 Zitronen (davon 1 unbehandelt)
1 Schalotte
1 Knoblauchzehe
1 Bund Schnittlauch
1 Bund Kerbel
1 Zweig Zitronenthymian
250 g Magerquark
100 ml Mineralwasser
Zucker
150 g gemischte Salatblätter (z. B. Frisée, Rucola, Radicchio)
1 EL Balsamico bianco
1 EL Arganöl
essbare Blüten zum Garnieren (z. B. Kapuzinerkresse)

1 Die Kartoffeln waschen und in Salzwasser etwa 25 Minuten garen. Abgießen, ausdampfen lassen und noch heiß pellen. Anschließend auskühlen lassen, der Länge nach halbieren und vorsichtig aushöhlen. Die Kartoffelmasse in eine Schüssel geben und gegebenenfalls noch etwas zerdrücken.

2 Den Backofen auf 200 °C vorheizen und ein Backblech einfetten. Den Taleggio in kleine Würfel schneiden und mit der Kartoffelmasse mischen. Die getrockneten Tomaten in feine Würfel schneiden und untermischen. Die Frühlingszwiebel putzen, waschen, in feine Ringe schneiden und ebenfalls untermischen. Die Masse mit Salz und Pfeffer kräftig würzen und in die ausgehöhlten Kartoffelhälften geben. Den Gruyère fein reiben, die gefüllten Kartoffelhälften damit bestreuen und auf das Backblech setzen. Im Backofen auf der mittleren Schiene 8 bis 10 Minuten goldbraun backen.

3 Inzwischen die unbehandelte Zitrone heiß waschen, trocken reiben und die Schale abreiben. Die zweite Zitrone auspressen. Die Schalotte und den Knoblauch schälen und in feine Würfel schneiden. Den Schnittlauch waschen, trocken schütteln und in Röllchen schneiden. Den Kerbel und den Zitronenthymian waschen und trocken schütteln, die Blätter abzupfen und fein hacken.

4 Den Magerquark mit dem Mineralwasser cremig rühren. Zitronenschale und -saft, Schalotten- und Knoblauchwürfel, Schnittlauch, Kerbel und Zitronenthymian untermischen. Den Kräuterquark mit Salz, Pfeffer und Zucker würzen.

5 Die Salatblätter unter fließendem kaltem Wasser waschen, trocken schleudern und in mundgerechte Stücke zupfen. Essig mit Öl, Salz und Pfeffer verrühren und den Salat damit marinieren. Den Salat auf Teller verteilen, die Kartoffelhälften darauf verteilen und mit den Blüten garnieren. Den Kräuterquark dazu servieren.

Kräuter-Gnocchi

mit Gazpacho-Dressing

Zutaten für 4 Personen:

je 1 gelbe und rote Paprikaschote
½ Salatgurke
1 rote Zwiebel
1 Knoblauchzehe
150 ml Tomatensaft
3 EL Rotweinessig
60 ml Olivenöl
Salz · Pfeffer aus der Mühle
100 g gemischte Kräuter (z. B. Petersilie, Estragon, Majoran, Bärlauch)
80 g Parmesan (am Stück)
150 g Mehl
400 g Ricotta · 3 Eigelb
Mehl für die Arbeitsfläche
50 g Butter

1 Die Paprikaschoten längs halbieren, entkernen, waschen und in kleine Würfel schneiden. Die Gurke schälen, längs halbieren, die Kerne mit einem Teelöffel entfernen und die Gurkenhälften ebenfalls in kleine Würfel schneiden. Die Zwiebel schälen und in feine Würfel schneiden.

2 Den Knoblauch schälen, in feine Würfel schneiden und mit Tomatensaft, Essig und Öl verquirlen. Die Gemüsewürfel unterrühren und das Gazpacho-Dressing mit Salz und Pfeffer würzen.

3 Die Kräuter waschen und trocken schütteln, die Blätter abzupfen und fein hacken. Den Parmesan fein reiben. Das Mehl mit dem Ricotta, den Eigelben, 50 g Parmesan und den Kräutern zu einem glatten Teig verkneten. Den Teig mit Salz und Pfeffer pikant abschmecken.

4 Den Gnocchi-Teig in vier Portionen teilen, diese auf der bemehlten Arbeitsfläche zu Rollen formen und in etwa 2 cm lange Stücke schneiden. Die Kräuter-Gnocchi in reichlich kochendem Salzwasser bei schwacher Hitze etwa 5 Minuten garen. Mit dem Schaumlöffel herausnehmen und gut abtropfen lassen.

5 Die Butter in einer Pfanne zerlassen und die Gnocchi darin rundum goldgelb anbraten. Die Kräuter-Gnocchi mit dem Gazpacho-Dressing auf Tellern anrichten, mit dem restlichen Parmesan und nach Belieben mit Kräuterblättern bestreuen.

Mein Tipp

Dieses leichte Dressing passt sehr gut zu gegrilltem oder gebratenem Fisch. Dafür z. B. Saiblings- oder Rotbarbenfilets mit Salz und Pfeffer würzen, in Olivenöl 1 bis 2 Minuten anbraten und auf eine Platte legen. Das Gazpacho-Dressing großzügig über die noch warmen Filets verteilen und 30 Minuten ziehen lassen.

Pizza

mit Artischocken und Tomaten

Zutaten für 4 Personen:

25 g frische Hefe
400 g Mehl
Salz
Mehl für die Arbeitsfläche
1 Zitrone
8 kleine Artischocken
2 EL Olivenöl
Pfeffer aus der Mühle
2 Schalotten
2 Knoblauchzehen
100 g getrocknete Tomaten (in Öl eingelegt)
1 Zweig Rosmarin
2 Zweige Thymian
1 TL Zucker
1 EL Tomatenmark
200 ml trockener Weißwein
300 ml Tomatensaft
4 Tomaten
150 g schwarze Oliven (entsteint, in Öl eingelegt)
50 g Kapernäpfel
70 g Pecorino (am Stück)
4 Stiele Petersilie

1 Die Hefe zerbröckeln, in einer Schüssel in 250 ml lauwarmem Wasser auflösen und mit 2 EL Mehl verrühren. Den Vorteig zugedeckt 15 Minuten gehen lassen. Das restliche Mehl und 1 TL Salz hinzufügen und alles zu einem glatten, geschmeidigen Teig verkneten. Den Hefeteig vierteln und jeweils zu einer Kugel formen. Die Teigkugeln zugedeckt an einem warmen Ort 30 bis 40 Minuten gehen lassen.

2 Ein Backblech mit Backpapier auslegen. Die Teigkugeln auf der bemehlten Arbeitsfläche zu runden, flachen Fladen ausrollen, auf das Blech legen und nochmals 5 Minuten gehen lassen.

3 Die Zitrone auspressen. Von den Artischocken die harten, grünen Blätter entfernen, die Spitzen abschneiden und den Stiel dünn schälen. Die Artischocken mit Zitronensaft einreiben, längs halbieren und in dünne Scheiben schneiden. Das Olivenöl in einer Pfanne erhitzen und die Artischockenscheiben darin 3 bis 4 Minuten braten. Mit Salz und Pfeffer würzen und auf Küchenpapier abtropfen lassen.

4 Für die Tomatensauce die Schalotten und den Knoblauch schälen und in feine Würfel schneiden. Die getrockneten Tomaten in kleine Würfel schneiden. Die Kräuterzweige waschen und trocken schütteln, die Nadeln bzw. Blättchen abzupfen und fein hacken.

5 Den Zucker in einem Topf hell karamellisieren. Das Tomatenmark und die Schalotten- und Knoblauchwürfel dazugeben und andünsten. Die getrockneten Tomaten hinzufügen, mit dem Wein ablöschen und den Tomatensaft dazugießen. Die Sauce mit Salz und Pfeffer würzen und dickflüssig einkochen lassen. Anschließend etwas abkühlen lassen.

6 Den Backofen auf 210 °C vorheizen. Die Tomaten kreuzweise einritzen, überbrühen, kalt abschrecken, häuten, vierteln, entkernen und in Streifen schneiden. Die Oliven und die Kapernäpfel halbieren. Die Tomatensauce auf den Hefeteigböden verteilen und die Pizzen mit Artischocken, Oliven, Tomatenstreifen und Kapernäpfeln belegen.

7 Den Pecorino reiben und die Pizzen damit bestreuen. Je 2 Pizzen auf ein Backblech geben und im Ofen auf der mittleren Schiene 8 bis 10 Minuten backen. Inzwischen die Petersilie waschen, trocken schütteln und die Blätter abzupfen. Die Pizzen aus dem Ofen nehmen und mit der Petersilie bestreuen.

Rinder-Carpaccio

mit Koriander-Pesto und Ziegenkäsetaschen

Zutaten für 4 Personen:

400 g Rinderfilet
(aus dem Mittelstück)
1 Knoblauchzehe
50 g Macadamianüsse
80 g Korianderstiele
120 ml Olivenöl
30 g Parmesan (am Stück)
Salz
weißer Pfeffer aus der Mühle
100 g gemischter Blattsalat
(z. B. Rucola, Frisée, Radicchio)
½ unbehandelte Zitrone
200 g Ziegenfrischkäse
1 EL Honig
Chili aus der Gewürzmühle
4 Blätter Frühlingsrollenteig
(aus dem Kühlregal)
1 Eiweiß
Butterschmalz zum Ausbacken

1 Das Rinderfilet von Fett und Sehnen befreien. Einen passenden Bogen Frischhaltefolie auf der Arbeitsfläche auslegen, das Rinderfilet fest darin einwickeln und die Enden wie bei einem Bonbon eindrehen. Das Fleisch im Tiefkühlfach etwa 30 Minuten anfrieren lassen.

2 Inzwischen für das Pesto den Knoblauch schälen und in grobe Würfel schneiden. Die Macadamianüsse in einer Pfanne ohne Fett unter Rühren goldbraun rösten. Aus der Pfanne nehmen und abkühlen lassen. Den Koriander waschen, trocken schütteln und die Blätter abzupfen. Den Knoblauch mit Macadamianüssen, Koriander und 100 ml Olivenöl im Küchenmixer pürieren. Den Parmesan fein reiben, untermischen und das Pesto mit Salz und Pfeffer würzen. Den Salat putzen bzw. verlesen, waschen und trocken schleudern.

3 Das Filet aus der Folie wickeln und mit einem scharfen Messer in dünne Scheiben schneiden. Einen Bogen Frischhaltefolie mit 1 EL Olivenöl dünn bestreichen und die Fleischscheiben nebeneinander (in der Größe der Teller) darauf auslegen. Einen zweiten Bogen Frischhaltefolie dünn mit Olivenöl bestreichen und auf das Fleisch legen. Die Fleischscheiben mit dem Plattiereisen flach klopfen. Den Vorgang dreimal wiederholen.

4 Vier flache Teller mit dem restlichen Olivenöl bestreichen. Die obere Folie vom Fleisch abziehen. Einen Teller umgedreht darauflegen und mithilfe eines Holzbretts wenden. Die zweite Folie ebenfalls abziehen. Das Carpaccio mit dem Großteil des Pestos bestreichen, mit Salz und Pfeffer würzen und die Salatblätter darauf verteilen.

5 Die Zitronenhälfte heiß waschen, trocken reiben und die Schale abreiben. Den Saft auspressen. Den Ziegenkäse mit Honig, Zitronenschale und -saft verrühren und mit Salz, Pfeffer und Chili aus der Mühle würzen. Die Frühlingsrollen-Teigblätter auf der Arbeitsfläche auslegen und längs halbieren. Das Eiweiß verquirlen und die Teigränder damit bestreichen. Jeweils 1 TL Ziegenkäsecreme daraufgeben, den Teig zu Dreiecken zusammenklappen und die Ränder gut festdrücken. Das Butterschmalz in der Fritteuse oder einem hohen Topf auf 170 °C erhitzen und die Teigtaschen darin goldbraun ausbacken. Auf Küchenpapier abtropfen lassen. Die Ziegenkäsetaschen mit dem restlichen Pesto beträufeln und zu dem Rinder-Carpaccio servieren.

Rindertatar

mit Wachtelei

Zutaten für 4 Personen:

2 Eier
2 TL Dijon-Senf
2 EL Olivenöl
1 TL Worcestersauce
Salz · Pfeffer aus der Mühle
Paprikapulver (edelsüß)
2 rote Zwiebeln
1 EL Tomatenketchup
2 EL Kapern
Tabasco
600 g Rindertatar
1 EL Butter
4 Wachteleier
½ Bund Petersilie
½ Bund Schnittlauch
8 Scheiben Baguette

1 Die Eier trennen. Die Eigelbe mit dem Senf, dem Olivenöl, der Worcestersauce, Salz, Pfeffer und Paprikapulver in einer Schüssel kräftig verrühren. Die Zwiebeln schälen und in feine Würfel schneiden. Die Kapern abtropfen lassen. Das Rindertatar, die Zwiebeln, den Ketchup und die Kapern zur Eigelbmasse geben und gut vermischen. Nochmal mit Salz, Pfeffer und nach Belieben mit etwas Tabasco abschmecken.

2 Das Tatar in 4 Portionen teilen, jeweils mithilfe eines Metallrings (8–10 cm Durchmesser) zu Kreisen formen und auf Teller setzen. Kurz vor dem Servieren die Metallringe entfernen.

3 Die Butter in einer Pfanne erhitzen, kurz vom Herd nehmen, die Wachteleier vorsichtig aufbrechen und in die Pfanne gleiten lassen. Die Pfanne wieder auf den Herd stellen und die Wachteleier bei mittlerer Hitze braten und mit etwas Salz würzen.

4 Die Petersilie und den Schnittlauch waschen und trocken schütteln. Die Petersilienblätter abzupfen und grob hacken. Den Schnittlauch in feine Röllchen schneiden.

5 Die Wachteleier auf dem Tatar verteilen und mit den Kräutern bestreuen. Nach Belieben etwas Pfeffer grob darübermahlen. Mit den Kapern garnieren und das Baguette dazu reichen.

Gefüllte Perlhuhnbrust

auf Granatapfelsalat mit Himbeer-Vinaigrette

Zutaten für 4 Personen:
2 Schalotten
50 g getrocknete Aprikosen
30 g getrocknete Feigen
2 EL Butter
2 cl Rum
Salz · Pfeffer aus der Mühle
Chili aus der Gewürzmühle
4 Perlhuhnbrustfilets
(à ca. 140 g; mit Haut)
2 EL Butterschmalz
je 1 Zweig Rosmarin
und Thymian
½ Knoblauchknolle
150 g gemischter Blattsalat
(z. B. Frisée, Rucola, Feldsalat)
2 EL Himbeeressig
1 EL roter Portwein
Zucker · 5 EL Olivenöl
50 g Himbeeren
(frisch oder tiefgekühlt)
1 Granatapfel

1 Die Schalotten schälen und in feine Würfel schneiden. Die Aprikosen und die Feigen ebenfalls in kleine Würfel schneiden. Die Butter in einer Pfanne erhitzen und die Schalotten, Aprikosen und Feigen darin andünsten. Mit dem Rum ablöschen und mit Salz, Pfeffer und Chili aus der Mühle würzen. Die Dörrobstmischung abkühlen lassen.

2 Den Backofen auf 120 °C vorheizen. Die Perlhuhnbrustfilets waschen und trocken tupfen. Jeweils eine tiefe Tasche in das Fleisch schneiden, innen mit Salz und Pfeffer würzen und mit der Dörrobstmischung füllen. Die Filets nach Belieben mit kleinen Holzspießen verschließen.

3 Das Butterschmalz in einer ofenfesten Pfanne erhitzen und die Perlhuhnbrustfilets darin auf beiden Seiten anbraten. Die Kräuterzweige waschen, trocken schütteln und mit dem ungeschälten Knoblauch in die Pfanne geben. Die Perlhuhnbrustfilets im Ofen auf der mittleren Schiene 10 bis 12 Minuten fertig garen.

4 Inzwischen den Salat putzen bzw. verlesen, waschen und trocken schleudern. Den Essig mit dem Portwein mischen und mit Salz, Pfeffer und Zucker würzen, dann das Olivenöl unterrühren. Zuletzt die frischen Himbeeren oder die aufgetauten Tiefkühlbeeren dazugeben.

5 Den Granatapfel halbieren und die Kerne mit einer Gabel herauslösen. Den Salat mit der Vinaigrette marinieren, auf Teller verteilen und die Granatapfelkerne darüberstreuen. Die Perlhuhnbrustfilets in Scheiben schneiden und auf dem Salat anrichten.

Mein Tipp

Wenn Kinder mitessen, können Sie statt Rum Apfelsaft verwenden und den Portwein in der Vinaigrette durch 1 EL Himbeersaft ersetzen.

Omas Tatarschnittchen

mit Kapern und Sardellen

Zutaten für 4 Personen:
1 TL eingelegte Kapern
2 eingelegte Sardellenfilets
2 Schalotten
8 kleine Salatherzen
500 g Rinderfilet
1 TL Öl
2 Eigelb
Salz · Pfeffer aus der Mühle
8 Scheiben Weißbrot
Butter zum Bestreichen

1 Die Kapern und die Sardellen abtropfen lassen und mit einem scharfen Messer so fein schneiden, dass fast ein Mus entsteht. Die Schalotten schälen und in feine Würfel schneiden. Die Salatherzen zerpflücken, waschen und trocken schleudern.

2 Das Rinderfilet von Fett und Sehnen befreien und quer halbieren. Eine Filethälfte zunächst in hauchdünne Scheiben schneiden und diese dann grob hacken. Dabei das Fleisch immer wieder zu einem Haufen zusammenschieben – so verliert es seine rote Farbe nicht so schnell. Mit der zweiten Rinderfilethälfte ebenso verfahren.

3 Das Fleisch mit den Kapern, den Sardellen, den Schalotten, dem Öl und den Eigelben in eine Schüssel geben. Mit Salz und Pfeffer würzen und vorsichtig mit einer Gabel mischen.

4 Das Weißbrot toasten, mit etwas Butter bestreichen und mit dem Salat belegen. Das Tatar darauf verteilen und nach Belieben mit Petersilie garniert servieren.

Johann Lafer

Gebackene Mini-Blut- und Leberwurst

mit Apfel-Chutney

Zutaten für 4 Personen:

2 rote Zwiebeln
1 Knoblauchzehe
2 Äpfel
½ rote Chilischote
50 g brauner Zucker
100 ml trockener Weißwein
100 ml Apfelsaft
70 ml Balsamico bianco
1 Lorbeerblatt
1 Sternanis
1 Zimtstange
Salz · Pfeffer aus der Mühle
12 kleine Blutwürste
12 Leberwürste
100 g Mehl
50 g Speisestärke
2 Eigelb
Butterschmalz zum Ausbacken
150 g Feldsalat
2 EL alter Aceto balsamico
2 EL Olivenöl

1 Die Zwiebeln und den Knoblauch schälen und in feine Würfel schneiden. Die Äpfel waschen, vierteln und die Kerngehäuse entfernen. Die Apfelviertel in kleine Würfel schneiden. Die Chilischotenhälfte entkernen und waschen.

2 Den braunen Zucker in einer Pfanne hell karamellisieren und die Zwiebel-, Knoblauch- und Apfelwürfel darin andünsten. Mit dem Wein, dem Apfelsaft und dem Essig ablöschen und das Lorbeerblatt, den Sternanis, die Zimtstange und die Chilischote dazugeben. Das Chutney mit Salz und Pfeffer würzen und sirupartig einkochen lassen. Die ganzen Gewürze wieder entfernen, das Chutney abkühlen lassen.

3 Die Blut- und Leberwürste pellen und in Scheiben schneiden. Die Hälfte des Mehls mit der Speisestärke, den Eigelben und etwas Salz in einer Schüssel mischen und unter Rühren so viel eiskaltes Wasser dazugießen, bis ein glatter Teig entsteht. Das restliche Mehl in einen tiefen Teller geben.

4 Das Butterschmalz in einer Pfanne erhitzen. Die Blut- und Leberwurstscheiben zuerst im Mehl wenden und dann durch den Backteig ziehen. Im Butterschmalz auf beiden Seiten goldbraun ausbacken. Auf Küchenpapier abtropfen lassen und mit Salz würzen.

5 Den Feldsalat verlesen, waschen und trocken schleudern. Den Essig mit etwas Salz, Pfeffer und dem Olivenöl zu einer Vinaigrette verrühren und den Salat damit marinieren.

6 Das Apfel-Chutney auf Teller verteilen, Blut- und Leberwürste darauf anrichten und mit dem Feldsalat garnieren.

Herzhafte Kalbsleber

mit Steinpilzen

Zutaten für 4 Personen:

2 Stiele Salbei
400 g Kalbsleber (küchenfertig)
4 EL Mehl
4 EL Olivenöl
Salz · Pfeffer aus der Mühle
2 Schalotten
200 g Steinpilze
3 ½ EL alter Aceto balsamico
1 Mango
2 EL Butter
1 EL Zucker

1 Den Backofen auf 90 °C vorheizen. Den Salbei waschen, trocken schütteln und die Blätter abzupfen. Die Kalbsleber waschen, trocken tupfen und im Mehl wenden. In einer großen Pfanne 2 EL Olivenöl erhitzen und die Kalbsleber darin auf beiden Seiten scharf anbraten, mit Salz und Pfeffer würzen. Die Leber auf ein Backblech geben, mit den Salbeiblättern belegen und im Ofen 10 Minuten gar ziehen lassen.

2 Inzwischen die Schalotten schälen und in feine Würfel schneiden. Die Steinpilze putzen, trocken abreiben und achteln. Das restliche Olivenöl in einer Pfanne erhitzen und die Steinpilze darin gut anbraten. Die Schalotten hinzufügen und kurz mitbraten. Die Pilze mit Salz und Pfeffer würzen und mit dem Essig ablöschen.

3 Die Mango schälen, das Fruchtfleisch in breiten Spalten vom Stein und dann in Scheiben schneiden. Die Butter in einer Pfanne erhitzen und den Zucker darin karamellisieren. Die Mangospalten hinzufügen und kurz darin schwenken.

4 Die Kalbsleber mit den Steinpilzen und der karamellisierten Mango auf Tellern oder einer großen Platte anrichten.

Pralinen vom Hirschschinken

mit Sellerie und Quitten-Chutney

Zutaten für 4 Personen:

400 g Knollensellerie
1 unbehandelte Zitrone
Salz · Pfeffer aus der Mühle
50 g Walnüsse
100 g saure Sahne
4 EL Walnussöl
200 g dünne Scheiben Hirschschinken
3 Quitten
2 Schalotten
1 Knoblauchzehe
1 rote Chilischote
20 g Ingwer
3 EL Butter
50 g Zucker
50 ml trockener Weißwein
60 ml Weißweinessig
30 g getrocknete Cranberrys
150 g junger Feldsalat

1 Den Sellerie putzen, schälen und in feine Streifen hobeln. Die Zitrone heiß waschen, trocken reiben und die Schale abreiben. Den Saft von ½ Zitrone auspressen. Den Sellerie mit Zitronenschale und -saft mischen und mit Salz und Pfeffer würzen. Die Walnüsse grob hacken und mit der sauren Sahne und 1 EL Walnussöl unter den Sellerie mischen. Alles nochmals mit Salz und Pfeffer würzen.

2 Einen Eisportionierer oder einen kleinen Suppenlöffel mit Frischhaltefolie auskleiden, mit 1 bis 2 Scheiben Schinken auslegen und etwa 1 TL Selleriesalat daraufgeben. Den überstehenden Schinken über der Füllung zusammenklappen und mithilfe der Folie zu einer Kugel formen. Diesen Vorgang wiederholen, bis der Selleriesalat und der Schinken aufgebraucht sind.

3 Die Quitten schälen, vierteln und die Kerngehäuse entfernen, das Fruchtfleisch in kleine Würfel schneiden. Die Schalotten und den Knoblauch schälen und in feine Würfel schneiden. Die Chilischote längs halbieren, entkernen, waschen und in feine Würfel schneiden. Den Ingwer schälen und fein reiben.

4 Die Butter in einer Pfanne erhitzen und die Schalotten, den Knoblauch, die Chili und den Ingwer darin andünsten. Mit dem Zucker bestreuen und goldbraun karamellisieren, dann die Quittenwürfel dazugeben. Alles mit dem Wein und 4 EL Essig ablöschen, einmal aufkochen und bei schwacher Hitze marmeladenartig einkochen lassen. Das Quitten-Chutney mit Salz und Pfeffer würzen und zuletzt die Cranberrys untermischen.

5 Inzwischen den Feldsalat verlesen, waschen und trocken schleudern. Den restlichen Essig mit etwas Salz und Pfeffer verrühren und das übrige Walnussöl unterrühren. Den Feldsalat damit marinieren. Den Salat auf Tellern anrichten, die Pralinen vom Hirschschinken darauf verteilen und das Quitten-Chutney dazu servieren.

Kaninchenrücken

auf Kohlrabi-Salat

Zutaten für 4 Personen:

3 Kohlrabi
2 Schalotten
30 g getrocknete Sauerkirschen
2 EL Weißweinessig
1 EL Akazienhonig
6 EL Olivenöl
Salz · Pfeffer aus der Mühle
1 Ciabatta-Brot
4 Kaninchenrückenfilets à 120 g
4 Scheiben Parmaschinken
1 Knoblauchknolle
2 Zweige Rosmarin
4 Zweige Thymian
1 Bund Schnittlauch

1 Für den Salat die Kohlrabi putzen, schälen und in dünne Scheiben schneiden oder hobeln.

2 Für das Dressing die Schalotten schälen und in feine Würfel schneiden. Mit den Sauerkirschen in einen Topf geben, den Essig angießen und einmal aufkochen. Den Topf beiseitestellen und 10 Minuten ziehen lassen. Den Honig und 2 EL Olivenöl hinzufügen und mit Salz und Pfeffer würzen. Alles vermischen und unter die Kohlrabi mischen. Den Salat gut durchziehen lassen.

3 Das Ciabatta in Scheiben schneiden, mit 2 EL Olivenöl beträufeln und in einer Pfanne goldbraun rösten.

4 Die Kaninchenrückenfilets mit Pfeffer würzen und mit dem Schinken umwickeln. Die Knoblauchknolle waagrecht halbieren. Rosmarin und Thymian waschen und trocken schütteln. Das restliche Olivenöl in einer Pfanne erhitzen und die Filets darin von allen Seiten 1 bis 2 Minuten anbraten. Eine Hälfte der Knoblauchknolle mit den Kräuterzweigen in die Pfanne geben. Die Hitze reduzieren und das Fleisch weitere 2 bis 3 Minuten ziehen lassen.

5 Den Schnittlauch waschen, trocken schütteln und in feine Röllchen schneiden. Unter den Kohlrabisalat mischen. Den Salat auf Tellern anrichten und mit der Vinaigrette beträufeln. Die Kaninchenfilets schräg aufschneiden und darauflegen. Das Ciabatta dazu reichen.

Mein Tipp

Anstelle des Kaninchenrückens können Sie auch Hähnchenbrust- oder Lammfilets verwenden. Die Kirschen können je nach Belieben durch getrocknete Cranberries oder Aprikosen ersetzt werden. Im Winter passt auch gemischtes Dörrobst zum Salat.

Heilbuttsteaks auf Rucola

mit Orangensauce

Zutaten für 4 Personen:

200 g Rucola
3 EL Aceto balsamico
1 TL Puderzucker
Salz · Pfeffer aus der Mühle
2 Orangen
½ Bund Basilikum
4 Heilbuttsteaks
(à 80 g; küchenfertig)
Fleur de Sel
1 EL Olivenöl
10 g kalte Butter

1 Den Rucola verlesen, waschen und trocken schleudern, grobe Stiele entfernen. Den Essig mit dem Puderzucker verrühren und mit Salz und Pfeffer würzen. Die Rucolablätter mit dem Dressing beträufeln und auf Teller verteilen.

2 Eine Orange halbieren und den Saft auspressen. Die andere Orange so großzügig schälen, dass auch die weiße Haut mit entfernt wird. Dann längs halbieren und quer in dünne Scheiben schneiden. Das Basilikum waschen und trocken schütteln, die Blätter abzupfen und einige Blätter für die Deko beiseitelegen, den Rest fein hacken.

3 Den Backofen auf 80 °C vorheizen. Die Heilbuttsteaks waschen und trocken tupfen, mit Fleur de Sel und Pfeffer würzen. Das Olivenöl in einer beschichteten Pfanne erhitzen und den Fisch darin bei schwacher Hitze auf beiden Seiten goldbraun braten. Aus der Pfanne nehmen und im Ofen warm stellen.

4 Den Bratensatz in der Pfanne mit dem Orangensaft ablöschen und etwas einkochen lassen. Die kalte Butter mit dem Schneebesen unterrühren und das Basilikum dazugeben. Die Orangenscheiben in die Sauce geben und kurz darin schwenken.

5 Die Heilbuttsteaks auf dem Rucolasalat anrichten, mit der Sauce beträufeln und die Orangenscheiben danebenlegen. Mit den beiseitegelegten Basilikumblättern garnieren.

Mein Tipp

Den Heilbutt kann man auch einmal durch Rotbarbe, Saibling oder Thunfisch ersetzen – aber auch gebratene Garnelen machen sich gut auf Rucola und Orangenscheiben.

Heilbuttschnittchen

mit Rote Bete und verlorenen Eiern

Zutaten für 4 Personen:

Salz
1 EL Kräuteressig
4 Eier
2 Rote Beten
(vorgegart und vakuumiert)
20 g Meerrettich
½ Bund Rucola
½ Bund Dill
2 Frühlingszwiebeln
300 g schwarzer geräucherter
Heilbutt (küchenfertig;
ohne Gräten)
4 Scheiben Bauernbrot
2 EL Butter
Pfeffer aus der Mühle

1 In einem Topf 1 l Wasser mit je 1 EL Salz und Essig aufkochen. Die Temperatur reduzieren, so dass das Wasser nur noch leicht siedet. Die Eier nun nacheinander direkt in das Wasser aufschlagen und 4 bis 5 Minuten (das Eigelb darf dabei nicht zu weich sein) gar ziehen lassen. Die Eier mit einem Schaumlöffel vorsichtig herausheben und auf Küchenpapier abtropfen lassen.

2 Die Roten Beten in feine Scheiben schneiden. Den Meerrettich schälen und fein reiben. Den Rucola verlesen, waschen und trocken schütteln, grobe Stiele entfernen. Den Dill waschen und trocken schütteln, die Spitzen abschneiden und fein hacken. Die Frühlingszwiebeln putzen, waschen und in Ringe schneiden. Den Heilbutt in 8 Stücke schneiden.

3 Die Brotscheiben toasten, mit der Butter bestreichen und mit einigen Blättern Rucola belegen. Die Roten Beten gleichmäßig darauf verteilen, mit dem frisch geriebenen Meerrettich bestreuen und je 2 Heilbuttscheiben sowie ein pochiertes Ei darauflegen. Die Eier leicht kreuzweise einritzen und mit Salz sowie Pfeffer würzen.

4 Die Heilbuttschnittchen auf Tellern anrichten, mit dem Dill und den Frühlingszwiebeln garnieren und sofort servieren.

Jakobsmuscheln

mit Orangensauce

Zutaten für 4 Personen:

Für die Sauce:

3 Orangen (davon 1 unbehandelt)
10 g Ingwer
4 Eigelb
150 ml trockener Weißwein
Salz
Zucker

Für die Muscheln:

je ½ Bund Kerbel und Estragon
12 Jakobsmuscheln (küchenfertig)
Meersalz
Pfeffer aus der Mühle
50 g Butterschmalz
100 ml trockener Weißwein

1 Für die Sauce die unbehandelte Orange heiß waschen, trocken reiben und die Schale abreiben. Die Orange und 1 weitere Orange auspressen. Die restliche Orange so großzügig schälen, dass auch die weiße Haut mit entfernt wird. Die Fruchtfilets aus den Trennhäuten schneiden. Den Ingwer schälen und fein reiben.

2 Die Eigelbe mit der Orangenschale und dem -saft, dem Ingwer und dem Wein in eine Metallschüssel geben und über dem heißen Wasserbad schaumig aufschlagen. Die Orangensauce mit Salz und 1 Prise Zucker abschmecken.

3 Für die Muscheln die Kräuter waschen und trocken schütteln, die Blätter abzupfen und fein hacken. Dabei einige Stiele für die Deko beiseitelegen. Die Jakobsmuscheln waschen, trocken tupfen und mit Meersalz und Pfeffer würzen.

4 Das Butterschmalz in einer Pfanne erhitzen und die Muscheln darin auf beiden Seiten kurz anbraten. Die Kräuter hinzufügen, alles mit dem Wein ablöschen und die Muscheln zugedeckt bei schwacher Hitze etwa 3 Minuten dünsten.

5 Die Orangensauce und die -filets auf Teller verteilen und je 3 Jakobsmuscheln daraufsetzen. Mit den beiseitegelegten Kräutern garnieren.

Mein Tipp

Frische Jakobsmuscheln sollten beim Kauf schwer und geschlossen sein. Bei der Zubereitung sollte man darauf achten, dass das Muschelfleisch im Inneren noch leicht glasig ist.

Ceviche

mit Avocado und Koriander

Zutaten für 4 Personen:

400 g Loup-de-Mer-Filet (ohne Haut)
3 Limetten
2 Tomaten
½ Salatgurke
2 Schalotten
1 Avocado
Salz · Pfeffer aus der Mühle
Chili aus der Gewürzmühle (ersatzweise Chilipulver)
1 EL Korianderblätter (fein gehackt)
60 ml Olivenöl mit Limone
200 g Kokosfett
8 Wan-Tan-Blätter (ca. 8 x 8 cm)

1 Am Vortag das Fischfilet waschen, trocken tupfen, in sehr dünne Scheiben schneiden und auf einen Teller legen. 2 Limetten auspressen und die Fischscheiben mit dem Saft beträufeln. Mit Frischhaltefolie bedecken und über Nacht im Kühlschrank durchziehen lassen.

2 Die Tomaten kreuzweise einritzen, überbrühen, häuten, entkernen und das Fruchtfleisch in sehr kleine Würfel schneiden. Die Gurke schälen, längs halbieren und die Kerne mit einem Teelöffel entfernen. Die Gurkenhälften ebenfalls in sehr kleine Würfel schneiden. Die Schalotten schälen und in feine Würfel schneiden.

3 Die restliche Limette auspressen. Die Avocado schälen, halbieren und den Stein entfernen. Das Fruchtfleisch in feine Spalten schneiden, in vier Gläsern fächerförmig anrichten, mit Salz und Pfeffer würzen und mit Limettensaft beträufeln.

4 Die Fischscheiben mit Tomaten-, Gurken- und Schalottenwürfeln vorsichtig vermischen und mit Salz, Pfeffer und Chili würzen. Den Koriander und das Öl untermischen.

5 Das Ceviche auf den Avocadospalten anrichten und nach Belieben mit Korianderblättern garnieren. Bis zum Servieren kühl stellen.

6 Das Kokosfett in der Fritteuse oder einem hohen Topf auf 170 °C erhitzen und die Wan-Tan-Blätter darin goldbraun ausbacken. Zu dem Ceviche servieren.

Frische Matjesfilets
mit Speckböhnchen

Zutaten für 4 Personen:
300 g Prinzessbohnen · Salz
120 g durchwachsener Speck (in Scheiben)
½ Bund Bohnenkraut
1 Zitrone
100 g Naturjoghurt
100 g Sahne
100 g Crème fraîche
1 TL Senf
Pfeffer aus der Mühle
2 Äpfel
80 g rote Zwiebeln
½ Bund Dill
8 Matjesfilets

1 Die Bohnen putzen, waschen und in einem Topf in kochendem Salzwasser 6 bis 8 Minuten bissfest garen. Den Speck in dünne Streifen schneiden. Das Bohnenkraut waschen und trocken schütteln, die Blätter abzupfen und fein hacken.

2 Die Zitrone halbieren und auspressen. Den Joghurt in einer Schüssel mit der Sahne, der Crème fraîche, dem Senf und dem Zitronensaft glatt rühren und mit Salz und Pfeffer kräftig würzen.

3 Die Äpfel waschen, vierteln und die Kerngehäuse entfernen, die Apfelviertel in kleine Würfel schneiden. Die Zwiebeln schälen und in feine Würfel schneiden. Den Dill waschen und trocken schütteln, die Spitzen abzupfen und grob hacken. Den Dill mit den Apfel- und Zwiebelwürfeln unter die Joghurt-Senf-Sauce rühren.

4 Den Speck in einer Pfanne ohne Fett knusprig braten. Die Bohnen mit dem Bohnenkraut dazugeben und mit Salz und Pfeffer würzen. Die Matjesfilets mit den Speckbohnen und der Sauce anrichten. Als Beilage dazu passt Schwarzbrot oder Pumpernickel mit Butter.

Gefüllte Thunfischröllchen

mit Thai-Mango und Soja-Ahorn-Dip

Zutaten für 4 Personen:

400 g Thunfischfilet (Sushi-Qualität)
1 Thai-Mango
1 Salatgurke
½ rote Chilischote
1 Limette
6 EL Sojasauce
1 EL Reisessig
100 ml Olivenöl (oder Sesamöl)
3 EL Zucker
1 EL Ahornsirup
Salz · Pfeffer aus der Mühle
2 Kästchen Shizo-Kresse (japanische Kresse, aus dem Asienladen; ersatzweise Gartenkresse)

1 Das Thunfischfilet waschen, trocken tupfen und etwa 1 Stunde in das Tiefkühlfach legen, damit sich der Thunfisch später leichter in dünne Scheiben schneiden lässt.

2 Die Mango schälen, das Fruchtfleisch zuerst vom Stein und dann in 6 bis 8 cm lange Stifte schneiden. Die Gurke waschen und längs vierteln, die Kerne mit einem Teelöffel entfernen. Die Gurkenviertel ebenfalls in 6 bis 8 cm lange Stifte schneiden.

3 Die Chilischote entkernen, waschen und in feine Würfel schneiden. Die Limette auspressen. 3 EL Limettensaft mit der Sojasauce, dem Reisessig, dem Öl, dem Zucker und dem Ahornsirup zu einem Dip verrühren. Die Chiliwürfel untermischen.

4 Das angefrorene Thunfischfilet mit einem sehr scharfen, glatten Messer (oder mit der elektrischen Aufschnittmaschine mit glatter Scheibe) in dünne Scheiben schneiden und auf einer Seite mit dem Soja-Ahorn-Dip bestreichen.

5 Die Mango- und Gurkenstifte auf den bestrichenen Thunfischscheiben verteilen, die Scheiben einrollen und mit Salz und Pfeffer bestreuen. Die Kresse vom Beet schneiden, waschen, trocken schütteln und die Thunfischröllchen damit garnieren.

Marinierte Rotbarben

mit Pinienkernen und Schalotten

Zutaten für 4 Personen:

80 g Rosinen
500 ml trockener Weißwein
50 g Pinienkerne
300 g Schalotten
3 EL brauner Zucker
150 ml Olivenöl
1 Zimtstange
100 ml Balsamico bianco
2 Tomaten
12 Rotbarbenfilets (à ca. 80 g; mit Haut)
Salz · Pfeffer aus der Mühle
Mehl zum Wenden
150 g Rucola
4 Scheiben Ciabatta-Brot

1 Die Rosinen im Wein einweichen. Die Pinienkerne in einer beschichteten Pfanne ohne Fett goldbraun rösten. Die Schalotten schälen und in feine Streifen schneiden. Den Zucker in einem Topf karamellisieren, die Schalotten dazugeben und darin andünsten.

2 Den Wein mit den Rosinen, 80 ml Öl, den Pinienkernen und der Zimtstange zu den Schalotten geben, aufkochen lassen und den Essig dazugießen. Alles bei schwacher Hitze etwa 10 Minuten köcheln lassen, bis die Flüssigkeit leicht dickflüssig wird. Etwas abkühlen lassen.

3 Inzwischen die Tomaten kreuzweise einritzen, überbrühen, häuten, entkernen und das Fruchtfleisch in kleine Würfel schneiden. Die Rotbarbenfilets waschen, trocken tupfen und mit Salz und Pfeffer würzen. Etwas Mehl auf einen Teller geben und die Fischfilets darin wenden, überschüssiges Mehl abklopfen.

4 In einer Pfanne 5 EL Öl erhitzen und die Rotbarbenfilets darin kurz von beiden Seiten anbraten. Herausnehmen und auf Küchenpapier abtropfen lassen.

5 Die Tomatenwürfel unter die Schalottenmarinade mischen. Die Rotbarbenfilets und die Schalottenmarinade abwechselnd in eine Glas- oder Porzellanform schichten, dabei mit der Marinade abschließen. Die Fischfilets zugedeckt im Kühlschrank mindestens 3 Stunden, am besten über Nacht marinieren.

6 Zum Servieren den Rucola putzen, waschen, trocken schleudern und grobe Stiele entfernen. Die Ciabatta-Scheiben mit dem restlichen Öl beträufeln und in einer Grillpfanne von jeder Seite 2 bis 3 Minuten goldbraun braten.

7 Etwas von der Marinade abnehmen und mit dem Rucola vermischen. Mit Salz und Pfeffer würzen und auf Teller verteilen. Die marinierten Rotbarbenfilets mit den Schalotten und etwas Marinade darauf anrichten. Das Ciabatta dazu servieren.

Thunfischtatar

mit Wasabi-Gurke und Kaviarwürfeln

Zutaten für 4 Personen:

300 g Thunfischfilet (Sushi-Qualität)
2 Schalotten
½ rote Chilischote
½ unbehandelte Limette
2 EL helle Sojasauce
1 EL Puderzucker
3 EL Olivenöl mit Limone
Salz · Pfeffer aus der Mühle
Chili aus der Gewürzmühle
1 Salatgurke
1 EL Crème fraîche
Wasabipaste (aus dem Asienladen)
Zucker
2 Blatt weiße Gelatine
150 ml Fischfond
100 ml trockener Weißwein
1 EL Noilly Prat (franz. Wermut)
2 EL Fliegenfischkaviar (ersatzweise Saiblings- oder Forellenkavier)
1 EL gehackter Dill
150 g gemischte Salatblätter (z. B. Frisée, Rucola, Radicchio)
2 EL Balsamico bianco
4 EL Olivenöl
2 EL Korianderblätter

1 Das Thunfischfilet waschen, trocken tupfen und etwa 2 Stunden in das Tiefkühlfach legen. Inzwischen die Schalotten schälen und in feine Würfel schneiden. Die Chilischote entkernen, waschen und ebenfalls in feine Würfel schneiden. Die Limette heiß waschen, trocken reiben und die Schale abreiben. Die Limettenhälfte auspressen.

2 Das angefrorene Thunfischfilet in sehr kleine Würfel schneiden und in eine Schüssel geben. Die Schalotten- und Chiliwürfel dazugeben, Limettenschale und -saft, Sojasauce, Puderzucker und das Olivenöl mit Limone untermischen. Das Thunfischtatar mit Salz, Pfeffer und Chili aus der Gewürzmühle abschmecken und kühl stellen.

3 Die Gurke putzen, schälen und der Länge nach halbieren. Die Kerne mit einem Teelöffel entfernen und die Gurkenhälften in sehr kleine Würfel schneiden. In einer Schüssel mit der Crème fraîche und einer etwa haselnussgroßen Menge Wasabi gut verrühren. Mit Salz, Pfeffer und 1 Prise Zucker abschmecken.

4 Die Gelatine in kaltem Wasser einweichen. Den Fond in einem Topf erwärmen. Die Gelatine gut ausdrücken und unter Rühren in dem Fond auflösen. Den Weißwein und den Noilly Prat dazugeben und den Sud mit Salz würzen.

5 Den Sud in eine Schüssel mit Eiswasser stellen und so lange rühren, bis er zu gelieren beginnt. Den Kaviar und den Dill unterrühren. Den Sud in eine mit Frischhaltefolie ausgelegte flache Form gießen und kühl stellen. Das Gelee, sobald es fest ist, vorsichtig aus der Form lösen, die Folie abziehen und das Gelee in kleine Würfel schneiden.

6 Die Salatblätter unter fließendem kaltem Wasser waschen, trocken schleudern und in mundgerechte Stücke zupfen. Den Essig mit Salz, Pfeffer sowie Zucker verrühren und das Olivenöl nach und nach unterschlagen. Die Blattsalate mit der Vinaigrette mischen.

7 Das Thunfischtatar mithilfe eines Metallrings (10 bis 12 cm Durchmesser) etwa 1 cm hoch auf Teller setzen. Die Wasabi-Gurke großzügig auf dem Tatar verteilen und mit den Kaviarwürfeln bestreuen. Das Thunfischtatar mit Koriander garniert servieren.

Lachs-Rösti-Torte

mit Wodka-Crème-fraîche

Zutaten für 4 Personen:

600 g festkochende Kartoffeln
3 EL Butterschmalz
Salz · Pfeffer aus der Mühle
150 g Crème fraîche
1 Dose Lachskaviar (50 g)
Saft von ½ Limette
2 cl Wodka
1 EL gehackte Petersilie
300 g geräucherter Lachs (in feinen Scheiben)
150 g Feldsalat
30 g Macadamianusskerne
2 EL Balsamico bianco
4 EL Olivenöl
1 TL Dijon-Senf
2 Kästchen Shizo-Kresse (japanische Kresse, aus dem Asienladen; ersatzweise Gartenkresse)

1 Die Kartoffeln schälen, waschen und in sehr feine Streifen schneiden (das geht am besten mit der Kartoffel-Spaghetti-Maschine). 1 EL Butterschmalz in einer beschichteten Pfanne erhitzen. Ein Drittel der Kartoffelstreifen gleichmäßig in der Pfanne verteilen, gut andrücken und goldbraun braten. Die Rösti wenden und auf der zweiten Seite ebenfalls goldbraun braten. Mit Salz und Pfeffer würzen und auf Küchenpapier abtropfen lassen. Aus den restlichen Kartoffelstreifen im übrigen Butterschmalz 2 weitere Rösti braten.

2 Die Crème fraîche mit dem Kaviar, dem Limettensaft, dem Wodka und der Petersilie verrühren. Die Wodka-Crème-fraîche mit Salz und Pfeffer würzen. Etwas Crème fraîche für die Garnitur beiseitestellen.

3 Eine Rösti auf eine Platte legen. Die Hälfte der Lachsscheiben darauflegen und die Hälfte der restlichen Wodka-Crème-fraîche darauf verteilen. Mit einer weiteren Rösti bedecken, den Vorgang wiederholen und mit der letzten Rösti abschließen.

4 Den Feldsalat verlesen, waschen und trocken schleudern. Die Macadamianüsse mit Essig, Olivenöl, Senf, Salz und Pfeffer im Küchenmixer zu einer Vinaigrette verrühren.

5 Etwas Vinaigrette auf die Teller geben und den Feldsalat darauf verteilen. Die Rösti-Torte in Stücke schneiden, je 1 Tortenstück auf dem Salat anrichten und jeweils 1 Klecks Wodka-Crème-fraîche auf die Rösti geben.

6 Die Kresse vom Beet schneiden, kurz abbrausen, trocken schütteln und die Lachs-Rösti-Torte damit garnieren.

Sushi-Sandwiches

mit Lachs und süßsauren Gurken

Zutaten für 4 Personen:

200 g Sushi-Reis
Salz · 1 EL Reisessig
1 EL Zucker
ca. 4 EL Sweet-Chili-Sauce
½ Salatgurke
3 EL Balsamico bianco
1 EL Puderzucker
1 EL Olivenöl mit Limone
½ rote Chilischote
50 g eingelegter Ingwer
Pfeffer aus der Mühle
½ Kopfsalat
2 Nori-Blätter
8 Scheiben geräucherter Lachs
50 g Wasabi-Paste
4 Kästchen Shizo-Kresse (japanische Kresse, aus dem Asienladen; ersatzweise Gartenkresse)
Sojasauce und Sweet-Chili-Sauce zum Servieren

1 Den Sushi-Reis in einem Sieb gründlich mit kaltem Wasser abbrausen und abtropfen lassen. Den Reis in einem Topf mit 300 ml Wasser und etwas Salz bei mittlerer Hitze zum Kochen bringen und offen etwa 1 Minute sprudelnd kochen lassen. Dann zugedeckt bei schwacher Hitze etwa 15 Minuten garen. Den Sushi-Reis mit 1 EL Wasser, dem Reisessig und dem Zucker gut vermischen und mit 2 EL Sweet-Chili-Sauce abschmecken.

2 Die Gurke waschen, trocken tupfen und in feine Scheiben schneiden. Den Essig mit Puderzucker, Öl und etwa 2 EL Sweet-Chili-Sauce in einer Schüssel gut verrühren. Die Chilischote entkernen, waschen und mit 20 g eingelegtem Ingwer fein hacken. Beides unter die Marinade rühren und mit Salz und Pfeffer würzen. Die Gurkenscheiben mit der Marinade vermischen und etwas ziehen lassen.

3 Den Kopfsalat putzen, waschen und trocken schleudern. Aus den Nori-Blättern insgesamt 4 Quadrate mit 7 cm Seitenlänge schneiden. Den Reis darauf verteilen und flach drücken. Je 1 Scheibe Lachs und 2 Salatblätter auf die Reisquadrate schichten und mit etwas Wasabi bestreichen. Erneut mit einer Schicht Reis und 1 Scheibe Lachs bedecken und gut festdrücken.

4 Die Gurkenscheiben aus der Marinade nehmen, die Kresse vom Beet schneiden, waschen und trocken schütteln. Die Sushi-Quadrate diagonal halbieren und mit der Kresse auf Tellern anrichten. Dazu die marinierten Gurkenscheiben, Sojasauce, Sweet-Chili-Sauce, restlichen Wasabi und übrigen Ingwer servieren.

Wan Tans

mit Lachs und Garnelen

Zutaten für 4 Personen:

20 Wan-Tan-Blätter (tiefgekühlt)
200 g Lachsfilet (küchenfertig)
200 g Garnelen (küchenfertig)
50 g Shiitakepilze
1 Schalotte
2 Knoblauchzehen
2 EL Sesamöl
Salz · Pfeffer aus der Mühle
Chili aus der Gewürzmühle
4 EL helle Sojasauce
1 Ei · 1 TL Zucker
1 EL gehackter Koriander
Öl für den Dämpfeinsatz
2 EL geröstete Erdnusskerne
1 EL Sweet-Chili-Sauce
4 EL Olivenöl mit Limone
1 EL gehackte Petersilie
150 g Rucola (feine Blätter)

1 Die Wan-Tan-Blätter nebeneinander auslegen und auftauen lassen. Das Lachsfilet und die Garnelen waschen, trocken tupfen und in kleine Würfel schneiden oder durch die grobe Scheibe des Fleischwolfs drehen. In eine Schüssel geben und auf Eis stellen.

2 Die Shiitakepilze putzen, trocken abreiben und klein schneiden. Die Schalotte und den Knoblauch schälen und in feine Würfel schneiden.

3 Das Sesamöl in einer Pfanne erhitzen. Pilze, Schalotte und Knoblauch darin andünsten. Mit Salz, Pfeffer und Chili würzen. Mit 2 EL Sojasauce ablöschen und etwas abkühlen lassen. Das Ei trennen. Das Eiweiß mit dem Zucker und dem Koriander zu der Fischmasse geben. Die Pilzmischung hinzufügen, alles gut mischen und nochmals mit Salz, Pfeffer und Chili pikant abschmecken.

4 Jeweils etwas Fischmasse auf die Mitte der Teigblätter geben und die Teigränder mit verquirltem Eigelb bestreichen. Die Teigblätter über der Füllung diagonal zu Dreiecken zusammmenklappen und die Ränder gut festdrücken. Die Wan Tans auf einen geölten Dämpfeinsatz legen und im Dampftopf zugedeckt bei schwacher Hitze 8 bis 10 Minuten dämpfen.

5 Inzwischen die Erdnüsse fein hacken und mit der Chilisauce, der restlichen Sojasauce, dem Olivenöl mit Limone und der Petersilie verrühren. Mit Salz und Pfeffer abschmecken.

6 Den Rucola verlesen, waschen, trocken schleudern und mit etwas Dressing marinieren. Den Salat auf Teller verteilen, die gedämpften Wan Tans darauf anrichten und mit dem restlichen Dressing beträufeln.

Lachsküchlein

mit Avocadocreme

Zutaten für 4 Personen:
1 unbehandelte Zitrone
2 reife Avocados
200 g Schmand
Salz · Pfeffer aus der Mühle
1 Bund Dill
150 g Buchweizenmehl
1 Msp. Backpulver
4 EL weiche Butter
125 ml Milch
2 Eier
2 EL Butterschmalz
8 Scheiben Räucherlachs

1 Die Zitrone heiß waschen, trocken reiben und die Schale abreiben. Den Saft auspressen. Eine Avocado halbieren und den Kern entfernen. Die Avocadohälften schälen und mit dem Schmand, der Zitroneschale und 2 EL Zitronensaft mit dem Stabmixer oder im Küchenmixer pürieren. Die Avocadocreme mit Salz und Pfeffer würzen.

2 Die restliche Avocado halbieren und den Kern entfernen. Die Avocadohälften schälen und in Spalten schneiden. Die Avocadospalten sofort mit 2 EL Zitronensaft beträufeln.

3 Den Dill waschen und trocken schütteln, die Spitzen abzupfen und fein hacken. Das Mehl mit dem Backpulver, der Butter, der Milch, 125 ml Wasser, den Eiern und dem Dill zu einem glatten Teig verrühren. Das Butterschmalz in einer Pfanne erhitzen und aus dem Teig nach und nach 8 kleine Küchlein ausbacken, dabei jeweils einmal wenden. Auf Küchenpapier abtropfen lassen.

4 Die Küchlein mit je 1 Scheibe Lachs belegen und die Avocadospalten darauf anrichten. Die Avocadocreme dazu servieren.

Mein Tipp

Lachs und Avocado sind einfach ein Traumpaar! Fans der scharfen Küche können die Avocadocreme gern noch mit einigen Chiliwürfeln »anfeuern«!

Garnelen
auf Avocadocreme

Zutaten für 4 Personen:
2 reife Avocados
Saft von 1 Limette
1 Schalotte
3 Knoblauchzehen
100 g Frischkäse
Meersalz
Pfeffer aus der Mühle
einige rote Salatblätter
(z. B. Lollo rosso)
150 g Eismeergarnelen
(küchenfertig)
1 Kästchen Gartenkresse
1 Baguette
2 EL Olivenöl

1 Die Avocados halbieren, den Kern entfernen und das Fruchtfleisch vorsichtig mit einem Teelöffel herauslösen. Die ausgehöhlten Avocadohälften mit etwas Limettensaft beträufeln und beiseitestellen. Das Avocadofruchtfleisch mit dem restlichen Limettensaft beträufeln und mit dem Stabmixer fein pürieren.

2 Die Schalotte und 2 Knoblauchzehen schälen und in feine Würfel schneiden. Mit dem Frischkäse und dem Avocadopüree verrühren. Die Avocadocreme mit Meersalz und Pfeffer abschmecken.

3 Die Salatblätter waschen und trocken schütteln. Die ausgehöhlten Avocadohälften damit auslegen und die Avocadocreme gleichmäßig daraufgeben. Garnelen waschen, trocken tupfen und auf der Creme verteilen. Die Kresse vom Beet schneiden, abbrausen, auf Küchenpapier abtropfen lassen und die Garnelen damit garnieren.

4 Das Baguette in Scheiben schneiden, die restliche Knoblauchzehe schälen und halbieren. Die Baguettescheiben mit dem Knoblauch einreiben. Das Olivenöl in einer Pfanne erhitzen und die Baguettescheiben darin auf beiden Seiten kurz anrösten. Zu den Garnelen auf Avocadocreme servieren.

Mein Tipp

Avocados sind erst reif, wenn sich die Schale leicht andrücken lässt und sich der Stein beim Schütteln ein wenig bewegt.

Garnelenspieße mit Chorizo

und Auberginen-Salsa

Zutaten für 4 Personen:

2 Auberginen
120 ml Olivenöl
2 Zweige Rosmarin
5 Knoblauchzehen
Salz · Pfeffer aus der Mühle
2 Tomaten
2 Schalotten
4–5 EL Weißweinessig
½ Bund Schnittlauch
2 Chorizos (ca. 12 cm lang; gut abgehangen)
12 Riesengarnelen (küchenfertig)
1 Baguette
200 g gemischter Blattsalat (z. B. Frisée, Feldsalat, grüner Salat)

1 Die Auberginen putzen, waschen, halbieren und mit 3 EL Olivenöl beträufeln. Den Rosmarin waschen, trocken schütteln und grob hacken. 3 Knoblauchzehen schälen und in feine Würfel schneiden. Die Auberginen mit dem Rosmarin und dem Knoblauch bestreuen und mit Salz und Pfeffer würzen. In Alufolie wickeln und auf dem Grill etwa 20 Minuten (oder im auf 160 °C vorgeheizten Backofen 30 bis 40 Minuten) weich garen. Vier lange Holzspieße etwa 10 Minuten in Wasser einweichen.

2 Die Tomaten kreuzweise einritzen, überbrühen, kalt abschrecken, häuten, vierteln, entkernen und in kleine Würfel schneiden. Die Schalotten und den restlichen Knoblauch schälen und in feine Würfel schneiden. Das Fruchtfleisch der Auberginen mit einem Löffel aus den Schalen kratzen und mit den Tomaten-, Schalotten- und Knoblauchwürfeln mischen. Die Salsa kräftig mit Salz, Pfeffer und 2 bis 3 EL Essig abschmecken. Zuletzt 3 EL Olivenöl untermischen. Den Schnittlauch waschen, trocken schütteln und in feine Röllchen schneiden. Die Schnittlauchröllchen unter die Salsa heben.

3 Die Chorizos häuten und längs in dünne Scheiben schneiden. Die Garnelen waschen und trocken tupfen. Je 3 Garnelen mit den Chorizoscheiben wellenförmig auf die Holzspieße stecken. Mit etwas Olivenöl beträufeln und in einer Grillpfanne auf beiden Seiten 1 Minute anbraten. Dann die Hitze reduzieren und die Garnelen weitere 2 bis 3 Minuten gar ziehen lassen.

4 Das Baguette in Scheiben schneiden, mit etwas Olivenöl beträufeln und auf dem Grill oder in einer Grillpfanne goldbraun grillen.

5 Den Salat putzen bzw. verlesen, waschen und trocken schleudern. Auf einer Platte anrichten, mit dem restlichen Olivenöl beträufeln und mit Salz und Pfeffer würzen. Die Garnelen darauflegen und mit der Auberginen-Salsa und den gegrillten Baguettescheiben servieren.

Gratinierte Miesmuscheln

mit Zitrone und Minze

Zutaten für 4 Personen:

Für die Gratiniermasse:

2 Schalotten
1 Knoblauchzehe
½ unbehandelte Orange
100 g Pecorino
2 EL Minzeblätter · 80 g Butter
3 EL Weißbrot (frisch gerieben)
Salz · Pfeffer aus der Mühle
Chili aus der Gewürzmühle (ersatzweise Chilipulver)

Für die Miesmuscheln:

2 Schalotten
40 große Miesmuscheln
2 EL Butter
200 ml trockener Weißwein
1 Zweig Thymian
1 Lorbeerblatt
6 weiße Pfefferkörner
grobes Meersalz für das Backblech

Für die Garnitur:

je 8–12 Kerbelblätter und Zitronenfilets

1 Für die Gratiniermasse die Schalotten und den Knoblauch schälen und in feine Würfel schneiden. Die Orange heiß waschen, trocken reiben und die Schale abreiben. Die Orange auspressen. Den Pecorino reiben. Die Minzeblätter waschen, trocken tupfen und fein hacken.

2 Die Butter in einer Pfanne zerlassen, Schalotten- und Knoblauchwürfel darin andünsten. Den Orangensaft und die -schale dazugeben, aufkochen und leicht abkühlen lassen. Den Käse, das Weißbrot und die Minze untermischen und die Masse mit Salz, Pfeffer und Chili würzen.

3 Für die Miesmuscheln die Schalotten schälen und in feine Würfel schneiden. Die Muscheln unter fließendem kaltem Wasser gründlich abbürsten, die Bärte vorsichtig abziehen und bereits geöffnete Muscheln aussortieren.

4 Die Butter in einem Topf zerlassen, die Schalotten darin andünsten und mit dem Weißwein ablöschen. Den Thymian waschen, trocken schütteln und mit dem Lorbeerblatt und den Pfefferkörnern dazugeben. Alles aufkochen, die Muscheln dazugeben und zugedeckt bei schwacher Hitze 5 bis 7 Minuten garen.

5 Den Backofen auf 200 °C vorheizen. Die Muscheln mit dem Schaumlöffel aus dem Sud nehmen, geschlossene Muscheln aussortieren und wegwerfen. Jeweils die obere Schalenhälfte der Muscheln entfernen. Das Meersalz auf ein Backblech geben und die Muschelhälften mit dem Fleisch nach oben daraufsetzen.

6 Die Gratiniermasse auf den Muscheln verteilen und die Miesmuscheln im Backofen auf der mittleren Schiene goldbraun überbacken.

7 Zum Servieren das Meersalz vom Backblech auf vier Schälchen verteilen und die Muschelhälften darauf anrichten. Die Kerbelblätter waschen und trocken tupfen. Die Muscheln mit den Kräuterblättern und den Zitronenfilets garnieren.

Scharfe Calamaretti

auf gebratenem Pak Choi und Grapefruit

Zutaten für 4 Personen:

1 rote Zwiebel
2 rosa Grapefruits
2 Tomaten
1 Vanilleschote
3 unbehandelte Limetten
2 EL Honig
90 ml Olivenöl
Salz · Pfeffer aus der Mühle
Zucker
12 Calamaretti (küchenfertig)
1 Knoblauchzehe
1 rote Chilischote
30 g Ingwer
1 Bund Thymian
4 Baby-Pak-Choi

1 Die Zwiebel schälen und in feine Würfel schneiden. Die Grapefruits so großzügig schälen, dass auch die weiße Haut mit entfernt wird. Die Fruchtfilets aus den Trennhäuten schneiden und evtl. nochmals halbieren. Die Tomaten kreuzweise einritzen, überbrühen, kalt abschrecken, häuten, vierteln, entkernen und der Länge nach in Streifen schneiden. Tomaten und Grapefruits in einer großen Schüssel mischen.

2 Für das Dressing die Vanilleschote der Länge nach aufschneiden und das Mark herauskratzen. Eine Limette heiß waschen, trocken reiben und die Schale abreiben. Alle Limetten halbieren und den Saft auspressen. Limettenschale und -saft mit Vanillemark und Honig mischen und nach und nach 5 EL Olivenöl unterschlagen. Mit Salz, Pfeffer und etwas Zucker würzen. Die Grapefruits mit dem Dressing marinieren.

3 Die Calamaretti waschen, trocken tupfen und je nach Größe halbieren. Den Knoblauch schälen und in feine Würfel schneiden. Die Chilischote längs halbieren, entkernen, waschen und in feine Würfel schneiden. Den Ingwer schälen und fein reiben. Den Thymian waschen und trocken schütteln, die Blättchen abzupfen und fein hacken. Die Knoblauch- und Chiliwürfel mit dem restlichen Olivenöl, Ingwer und 1½ EL Thymian mischen.

4 Die Tintenfischtuben mit der Marinade in eine heiße Pfanne geben und darin 1 bis 2 Minuten scharf anbraten. Mit Salz und Pfeffer würzen und aus der Pfanne nehmen.

5 Den Pak Choi waschen, trocken schütteln und der Länge nach halbieren. Im verbliebenen Bratfett anbraten und mit Salz und Pfeffer würzen. Den Grapefruitsalat und den gebratenen Pak Choi auf Teller verteilen. Die Calamaretti darauf anrichten und servieren.

Gebratene Jakobsmuscheln

auf Schwarzwurzel-Nuss-Ragout

Zutaten für 4 Personen:
6 Schwarzwurzeln
200 ml Milch
2 Schalotten
4 EL Olivenöl
1 EL Zucker
30 ml weißer Portwein
Salz · Pfeffer aus der Mühle
Chili aus der Gewürzmühle
2 Frühlingszwiebeln
2 EL Macadamianusskerne
8 Jakobsmuscheln (küchenfertig)
1 Zweig Thymian
½ Knoblauchknolle
2 EL Butter
2 Stiele Kerbel

1 Die Schwarzwurzeln unter fließendem kaltem Wasser schälen und sofort in der Milch einlegen, damit sie sich nicht verfärben. Die Stangen schräg in dünne Scheiben schneiden und wieder in die Milch legen. Die Schalotten schälen und in feine Würfel schneiden.

2 In einer Pfanne 1 EL Olivenöl erhitzen und die Schalotten darin andünsten. Die Schwarzwurzeln aus der Milch nehmen, gut abtropfen lassen, dazugeben, kurz mitdünsten und den Zucker darüberstreuen. Mit dem Portwein ablöschen und mit Salz, Pfeffer und Chili würzen.

3 Die Frühlingszwiebeln putzen, waschen und in feine Ringe schneiden. Die Macadamianüsse hacken und mit den Frühlingszwiebeln zum Schwarzwurzelgemüse geben.

4 Die Jakobsmuscheln waschen und trocken tupfen. Das restliche Olivenöl in einer Pfanne erhitzen und die Jakobsmuscheln darin auf beiden Seiten kurz anbraten. Den Thymian waschen, trocken tupfen und mit der Knoblauchknolle und der Butter dazugeben. Die Jakobsmuscheln mit der Butter bei schwacher Hitze einige Minuten glasieren, sie sollten innen noch glasig sein. Mit Salz, Pfeffer und Chili würzen.

5 Den Kerbel waschen, trocken schütteln und die Blätter abzupfen. Das Schwarzwurzel-Nuss-Ragout auf Teller verteilen, je 2 Jakobsmuscheln darauf anrichten und mit den Kerbelblättern garnieren.

Salate & Suppen

Garnelen-Ananas-Salat

im Brotkörbchen

Zutaten für 4 Personen:
4 Scheiben Tramezzini-Brot
Olivenöl für die Form und zum Beträufeln
1 Ananas
100 g Cocktailtomaten
1 Knoblauchzehe
2 Frühlingszwiebeln
2 EL Balsamico bianco
Salz · Pfeffer aus der Mühle
Zucker
4 EL Olivenöl
300 g kleine Garnelen (geschält und vorgegart)
100 g Mini-Mozzarellakugeln
1 Bund Basilikum

1 Den Backofen auf 190 °C vorheizen. Die Brotscheiben halbieren, sodass Quadrate entstehen, und mit dem Nudelholz dünn ausrollen. Die Vertiefungen eines Muffinbackblechs mit Olivenöl einfetten. Die Brotscheiben vorsichtig in die Vertiefungen drücken und mit Olivenöl beträufeln. Im Ofen auf der mittleren Schiene 7 bis 8 Minuten backen.

2 Die Ananas putzen, schälen, vierteln und den harten Strunk entfernen. Das Fruchtfleisch in Würfel schneiden. Die Cocktailtomaten waschen und vierteln. Den Knoblauch schälen und in feine Würfel schneiden. Die Frühlingszwiebeln putzen, waschen und in feine Ringe schneiden.

3 Den Essig in einer kleinen Schüssel mit Salz, Pfeffer und 1 Prise Zucker würzen und das Olivenöl unterrühren. Die Ananas, die Cocktailtomaten, den Knoblauch und die Frühlingszwiebeln mit den Garnelen und dem Mozzarella in eine Schüssel geben, mit der Vinaigrette beträufeln und alles gut mischen.

4 Das Basilikum waschen und trocken schütteln, die Blätter abzupfen und 10 Blätter in feine Streifen schneiden. Den Rest für die Deko beiseitelegen. Die Basilikumstreifen zum Salat geben und diesen gut 15 Minuten ziehen lassen.

5 Die Brotkörbchen auf eine Platte setzen und mit dem Garnelen-Ananas-Salat füllen. Mit dem restlichen Basilikum garnieren.

Mein Tipp

In den Brotkörbchen können Sie auch andere Salate und Vorspeisen servieren. Sie sind ein Hingucker auf jedem Büfett und können auch aus Graubrot gebacken werden.

Gemischter Salat

mit Speck, Birnen und Scampi

Zutaten für 4 Personen:
2 Birnen
Saft von ½ Zitrone
50 ml Walnussöl
3 EL Aceto balsamico
Salz · Pfeffer aus der Mühle
8 Scampi (mit Schale)
1 Knoblauchzehe
1 EL Olivenöl
1 Fenchelknolle
150 g Feldsalat
150 g junger Blattspinat
1 Chicorée
2 EL Pinienkerne
8 Scheiben durchwachsener Speck

1 Die Birnen schälen, vierteln und die Kerngehäuse entfernen. Die Birnenviertel in feine Spalten schneiden und sofort mit dem Zitronensaft beträufeln.

2 Das Walnussöl und den Essig in einer großen Schüssel mit dem Schneebesen verrühren, bis eine cremige Emulsion entstanden ist. Die Vinaigrette mit Salz und Pfeffer würzen und beiseitestellen.

3 Die Scampi schälen, am Rücken entlang einschneiden und den dunklen Darm entfernen. Die Scampi waschen und trocken tupfen. Den Knoblauch schälen und in dünne Scheiben schneiden. Das Olivenöl in einer Pfanne erhitzen und die Scampi darin auf beiden Seiten kurz braten. Am Ende der Garzeit die Knoblauchscheiben hinzufügen und die Scampi mit wenig Salz und Pfeffer würzen.

4 Den Fenchel putzen, waschen und halbieren, den Strunk entfernen und einige Blätter ablösen. Die Tellerränder mit den Fenchelblättern belegen. Die gebratenen Scampi auf dem Fenchel verteilen und mit etwas Bratöl beträufeln.

5 Den Feldsalat und den Spinat verlesen und waschen, den Chicorée putzen und waschen. Alle Salate trocken schleudern und mit der Vinaigrette in einer Schüssel mischen. Die Pinienkerne in einer Pfanne ohne Fett goldbraun rösten. Den Speck in einer Pfanne ohne Fett auf beiden Seiten kross braten. Auf Küchenpapier abtropfen lassen.

6 Den Salat mittig auf Tellern verteilen und die Birnenspalten und Speckscheiben darauf anrichten. Mit Pinienkernen bestreut servieren.

Mein Tipp

Für den kleinen Geldbeutel kann man die Scampi natürlich auch durch Garnelen ersetzen. Oder man lässt sie einfach ganz weg – die klassische Kombination aus Speck und Birnen schmeckt auch solo sehr lecker!

Kürbis-Feldsalat

mit roten Linsen

Zutaten für 4 Personen:

200 g Feldsalat
250 g Kürbisfleisch
(z. B. Butternuss, Hokkaido)
1 Zwiebel
1 Knoblauchzehe
40 g rote Linsen
Salz · 6 EL Olivenöl
4 EL Aceto balsamico
2 TL Honig
Pfeffer aus der Mühle
320 g Putenbrustfilet
1 EL Butterschmalz

1 Den Feldsalat verlesen, waschen und trocken schleudern. Das Kürbisfleisch in dünne Spalten schneiden. Die Zwiebel und den Knoblauch schälen und in feine Scheiben schneiden.

2 Die Linsen in einem Topf in Wasser etwa 8 Minuten garen, am Ende der Garzeit leicht salzen. In ein Sieb abgießen und abtropfen lassen. In einer Pfanne 2 EL Olivenöl erhitzen und die Kürbisspalten darin 10 bis 12 Minuten bissfest braten. Die Zwiebel und den Knoblauch hinzufügen und mitbraten.

3 Das restliche Olivenöl mit dem Essig und dem Honig verrühren und mit Salz und Pfeffer kräftig würzen.

4 Das Putenbrustfilet waschen, trocken tupfen und in Streifen schneiden. Das Butterschmalz in einer Pfanne erhitzen und die Filetstreifen darin kross braten. Mit Salz und Pfeffer würzen.

5 Den Feldsalat auf Teller verteilen, die gebratenen Kürbisspalten sowie die Linsen darauf anrichten und reichlich mit der Vinaigrette beträufeln. Den Salat mit den Putenbruststreifen belegen.

Mein Tipp

Falls Sie den orangeroten Hokkaidokürbis verwenden, können Sie sich das Schälen im Gegensatz zu anderen Kürbissorten sparen: Seine dünne Schale wird beim Garen weich und kann mitgegessen werden.

Gefüllte Tomaten
mit Krabben-Kartoffelsalat

Zutaten für 4 Personen:
500 g gegarte festkochende Kartoffeln (in der Schale)
200 g Krabben (in Salzlake)
½ Bund Radieschen
2 Frühlingszwiebeln
1 unbehandelte Zitrone
100 g Mayonnaise
50 ml Buttermilch
Salz · Pfeffer aus der Mühle
4 große Tomaten
½ Bund Schnittlauch
2 Bund Rucola
2 EL Aceto balsamico
2 EL Olivenöl
Zucker

1 Die Kartoffeln pellen und in dünne Scheiben schneiden. Die Krabben waschen und abtropfen lassen. Beides in eine Schüssel geben. Die Radieschen und die Frühlingszwiebeln putzen und waschen. Die Radieschen in Scheiben, die Frühlingszwiebeln in Ringe schneiden und zu den Kartoffeln geben.

2 Für das Dressing die Zitrone halbieren und auspressen. Die Mayonnaise und die Buttermilch verrühren und mit Salz, Pfeffer und etwas Zitronensaft abschmecken. Den Kartoffelsalat damit marinieren, 10 Minuten ziehen lassen und nochmals kräftig abschmecken.

3 Die Tomaten waschen und waagerecht halbieren, dabei die Stielansätze entfernen. Die Kerne mit einem Teelöffel entfernen und die Tomatenhälften mit der Schnittfläche nach unten auf Küchenpapier setzen. Den Schnittlauch waschen, trocken schütteln und in Röllchen schneiden. Den Salat in die vorbereiteten Tomaten füllen und die Schnittlauchröllchen darüberstreuen.

4 Den Rucola verlesen, waschen und trocken schleudern, grobe Stiele entfernen. Für die Vinaigrette den Essig und das Olivenöl verrühren und mit Salz, Pfeffer und 1 Prise Zucker würzen. Den Rucola mit der Vinaigrette marinieren und auf Teller verteilen. Die gefüllten Tomaten darauf anrichten und etwas Pfeffer darübermahlen.

Wintersalat
mit Rehfilet und Champignons

Zutaten für 4 Personen:

2 Birnen
1 TL Zitronensaft
Zucker
1 Vanilleschote
1 Schuss trockener Weißwein
200 g gemischter Blattsalat der Saison (z. B. Radicchio, Chicorée, Rucola)
40 g Walnüsse
2 EL Aceto balsamico
2 cl trockener Sherry
1 EL Honig · Salz
Pfeffer aus der Mühle
4 EL Walnussöl
500 g Rehrückenfilet (pariert)
2 EL Butterschmalz
1 Zweig Thymian
je ½ TL schwarze Pfefferkörner und Wacholderbeeren
6 EL Butter
2 Scheiben Toastbrot
200 g Champignons
1 Schalotte
1 EL Olivenöl

1 Die Birnen schälen, halbieren und die Kerngehäuse entfernen. Birnenhälften mit dem Zitronensaft beträufeln. In einem Topf 250 ml Wasser mit etwas Zucker, der Vanilleschote und dem Wein zum Kochen bringen. Die Birnen hinzufügen und bei mittlerer Hitze 10 Minuten bissfest garen. Herausnehmen und abkühlen lassen.

2 Den Salat putzen bzw. verlesen, waschen und trocken schleudern. Die Walnüsse grob hacken. Für die Vinaigrette den Essig mit dem Sherry und dem Honig verrühren und mit Salz und Pfeffer würzen. Das Walnussöl unterrühren und zuletzt die Nüsse hinzufügen.

3 Den Backofen auf 180 °C (Umluft) vorheizen. Das Rehrückenfilet waschen, trocken tupfen und rundum mit Salz und Pfeffer würzen. Das Butterschmalz in einer Pfanne erhitzen und den Rehrücken darin auf beiden Seiten 1 bis 2 Minuten scharf anbraten. Den Thymian waschen und trocken schütteln. Die Pfefferkörner und die Wacholderbeeren leicht zerstoßen, mit dem Thymianzweig in die Pfanne geben und kurz ziehen lassen. Alles auf ein Backblech geben, 2 EL Butter in Flocken auf dem Fleisch verteilen und das Rehfilet im Ofen auf der mittleren Schiene 10 bis 12 Minuten ziehen lassen.

4 Das Toastbrot entrinden und in grobe Würfel schneiden. In einer Pfanne 2 EL Butter erhitzen und die Brotwürfel darin rundum knusprig rösten. Mit Salz und Pfeffer würzen.

5 Die Champignons putzen, trocken abreiben und nach Belieben halbieren oder vierteln. Die Schalotte schälen und in feine Würfel schneiden. Die restliche Butter in einer Pfanne erhitzen, das Olivenöl dazugeben und die Schalotte darin andünsten. Die Champignons hinzufügen und scharf anbraten. Mit Salz und Pfeffer würzen.

6 Den Salat auf Tellern oder einer großen Platte anrichten. Die Champignons, die Birnenhälften und die Croûtons darauf verteilen. Das Rehrückenfilet in Scheiben schneiden und dazulegen. Alles mit der Vinaigrette beträufeln.

Löwenzahnsalat

mit gebackenen Wachteleiern und Kräutercreme

Zutaten für 4 Personen:

1 Bund gemischte Kräuter (für Frankfurter Grüne Sauce)
100 g Sahne
100 g Crème fraîche
Salz · Pfeffer aus der Mühle
Saft von ½ Zitrone
8 Wachteleier
2 Hühnereier
50 g Mehl
150 g Semmelbrösel
Butterschmalz zum Ausbacken
150 g Löwenzahn (ersatzweise Feld- und Kopfsalat)
2 Schalotten
50 ml Apfelsaft
2 EL Balsamico bianco
1 TL milder Senf
je 3 EL Traubenkern- und Sonnenblumenöl

1 Die Kräuter waschen, trocken schütteln und die Blätter abzupfen. Die Kräuter und 50 g Sahne in einen hohen Rührbecher geben und mit dem Stabmixer fein pürieren. Die Crème fraîche unterrühren und die Kräutercreme mit Salz, Pfeffer und Zitronensaft würzen.

2 Die Wachteleier in einem Topf in kochendem Wasser 2½ bis 3 Minuten garen. Herausheben, kalt abschrecken und pellen.

3 Die restliche Sahne steif schlagen. Die Hühnereier in einem tiefen Teller verquirlen und die geschlagene Sahne unterziehen, mit Salz und Pfeffer würzen. Das Mehl und die Semmelbrösel ebenfalls jeweils in einen tiefen Teller geben. Die Wachteleier zuerst im Mehl wenden, dann durch die Eier-Sahne-Mischung ziehen und zuletzt mit den Semmelbröseln panieren.

4 Reichlich Butterschmalz in einer Pfanne erhitzen und die Wachteleier darin rundum goldbraun ausbacken. Mit dem Schaumlöffel herausheben und auf Küchenpapier abtropfen lassen.

5 Den Löwenzahn verlesen, waschen und trocken schleudern, grobe Stiele entfernen. Die Schalotten schälen und in feine Würfel schneiden. Den Apfelsaft, den Essig, den Senf und die Schalottenwürfel in einer Schüssel mischen und mit Salz und Pfeffer würzen. Beide Ölsorten nach und nach dazugießen und unterrühren.

6 Den Salat mit der Vinaigrette marinieren und auf Teller verteilen. Die gebackenen Wachteleier halbieren, neben dem Salat anrichten und die Kräutercreme dazu servieren.

Salat à la Lichter

mit gefüllter Perlhuhnbrust

Zutaten für 4 Personen:
je 2 Zweige Rosmarin und Thymian
4 Perlhuhnbrustfilets (à ca. 150 g) · Salz
weißer Pfeffer aus der Mühle
1 EL Öl
200 g mehligkochende Kartoffeln
3 Schalotten
150 g luftgetrockneter Schinken
250 ml Olivenöl
100 g Walnusskerne
1 Frühlingszwiebel
20 g Kräuter nach Wahl (z. B. Petersilie oder Basilikum)
125 ml Aceto balsamico
125 ml Gemüsebrühe
2 EL Honigsenf (Fertigprodukt)
Zucker · 100 g Feldsalat
100 g Champignons
2–3 Rote Beten (vorgegart und vakuumiert)
50 g Radieschensprossen
150 g Linsen (gegart)
200 g Gorgonzola

1 Den Backofen auf 90 °C vorheizen. Die Kräuterzweige waschen, trocken tupfen und die Nadeln bzw. Blätter abzupfen. Die Perlhuhnbrustfilets waschen und trocken tupfen. Jeweils eine Tasche in das Fleisch schneiden und mit den Kräuternadeln und -blättern füllen. Innen mit Salz und Pfeffer würzen und die Perlhuhnbrüste mit kleinen Holzspießen verschließen.

2 Das Öl in einer ofenfesten Pfanne erhitzen und die Perlhuhnbrustfilets darin auf beiden Seiten scharf anbraten. Im Backofen auf der mittleren Schiene etwa 30 Minuten fertig garen.

3 Die Kartoffeln schälen, waschen und in Salzwasser etwa 20 Minuten garen. Die Schalotten schälen und wie den Schinken in feine Würfel schneiden. 1 EL Olivenöl in einer Pfanne erhitzen und die Schalotten und den Schinken darin kurz anbraten.

4 Die Walnüsse grob hacken. Die Frühlingszwiebel putzen, waschen und in feine Ringe schneiden. Die Kräuter waschen und trocken schütteln, die Blätter abzupfen und fein hacken.

5 Das restliche Olivenöl in eine Schüssel geben. Die Kartoffeln abgießen, ausdampfen lassen und durch die Kartoffelpresse zum Öl drücken. Den Essig, die Brühe und den Senf dazugeben und gut verrühren. Schalotten, Schinken, Nüsse, Frühlingszwiebel und gehackte Kräuter in die Sauce geben. Die Salatsauce mit Zucker, Salz und Pfeffer würzen.

6 Den Feldsalat verlesen, waschen und trocken schleudern. Die Champignons putzen, trocken abreiben und wie die Roten Beten in feine Scheiben schneiden. Die Sprossen mit heißem Wasser übergießen und abtropfen lassen. Feldsalat, Pilze, Rote Beten, Sprossen und Linsen auf Tellern anrichten. Den Gorgonzola in kleine Würfel schneiden und dazugeben. Die Salatsauce kurz vor dem Servieren darüber verteilen. Die Perlhuhnbrüste auf dem Salat anrichten.

Frühlingssalat

mit Safrancrêpes

Zutaten für 4 Personen:

80 g Butter
100 g Mehl
200 ml Milch
2 Döschen Safranfäden (à 0,1 g)
2 Eier
Salz · Pfeffer aus der Mühle
Zucker
200 g Brunnenkresse
250 g Ricotta
50 g Walnusskerne
1 unbehandelte Zitrone
1 rote Chilischote
150 g Babymöhren
1 Bund Thai-Spargel
150 g Zuckerschoten
1 Bund Radieschen
2 EL Weißweinessig
1 TL milder Senf mit Honig
1 TL Akazienhonig
3 EL Olivenöl
1 Bund Kerbel
Fleur de Sel

1 Für die Crêpes 3 EL Butter zerlassen. Mehl, Milch, Safran und die Eier in eine Schüssel geben und mit den Quirlen des Handrührgeräts zu einem glatten Teig verrühren. Mit Salz, Pfeffer und 1 Prise Zucker würzen. Die flüssige Butter unterrühren und den Crêpeteig 10 Minuten ruhen lassen.

2 Eine beschichtete Pfanne mit etwas Butter auspinseln und jeweils 1 Portion Teig hineingeben. Den Teig durch Schwenken gleichmäßig darin verteilen. Die Crêpes auf beiden Seiten goldgelb backen, aus der Pfanne nehmen und so fortfahren, bis der Teig aufgebraucht ist.

3 Die Brunnenkresse verlesen, waschen und trocken schleudern. Die Blätter grob hacken und in einer Schüssel mit dem Ricotta mischen. Die Walnüsse hacken und in einer Pfanne ohne Fett kurz rösten. Die Zitrone heiß waschen, trocken reiben und die Schale abreiben. Die Zitrone halbieren und den Saft auspressen. Die Chilischote halbieren, entkernen, waschen und in kleine Würfel schneiden.

4 Die Ricottamasse mit Walnüssen, Chili, Zitronensaft und -schale verrühren und mit Salz und Pfeffer kräftig abschmecken. Die Safrancrêpes mit der Ricottamasse bestreichen, aufrollen und in Frischhaltefolie wickeln. Bis zum Servieren kühl stellen.

5 Für den Salat das Gemüse putzen und waschen, die Möhren bei Bedarf schälen. Möhren, Thai-Spargel und Zuckerschoten kurz in kochendem Salzwasser bissfest garen, in ein Sieb abgießen und kalt abschrecken. Die Radieschen putzen und waschen. Mit dem blanchierten Gemüse in mundgerechte Stücke schneiden und in eine Schüssel geben.

6 Für das Dressing Essig, Senf, Honig, etwas Salz und Pfeffer in einer Schüssel verrühren. Das Olivenöl dazugeben und unterschlagen. Das Gemüse mit der Vinaigrette mischen und gut durchziehen lassen. Den Kerbel waschen, trocken schütteln, die Blätter abzupfen und unter den Salat mischen.

7 Die Crêpesröllchen aus der Folie wickeln, schräg in Stücke schneiden und auf dem Salat anrichten. Nach Belieben mit Fleur de Sel und Pfeffer bestreuen und servieren.

Möhren-Fenchel-Salat

mit Schinken-Grissini

Zutaten für 4 Personen:

2 große Möhren
1 Fenchelknolle
1 süßsaurer Apfel
(z. B. Elstar)
1 unbehandelte Zitrone
1 Bund Minze
1 Bund Schnittlauch
200 g Sahnequark
50 g Sahne
2 TL mittelscharfer Senf
Salz · Chilipulver
Cayennepfeffer
8 Grissini-Stangen
8 Scheiben Parmaschinken

1 Die Möhren putzen und schälen, den Fenchel putzen und waschen. Den Apfel schälen, vierteln und das Kerngehäuse entfernen. Das Gemüse und die Apfelviertel in feine Streifen schneiden oder raspeln und in eine Schüssel geben, dabei 4 EL Gemüse- und Obststreifen für die Deko beiseitestellen.

2 Die Zitrone heiß waschen, trocken reiben und die Schale abreiben. Den Saft auspressen. Die Zitronenschale und den -saft in die Schüssel zu den Gemüse- und Obststreifen geben und alles gut mischen.

3 Die Minze waschen und trocken schütteln, die Blätter abzupfen und in feine Streifen schneiden. Den Schnittlauch waschen, trocken schütteln und in feine Röllchen schneiden. Den Quark mit der Sahne glatt rühren, die Kräuter untermischen und mit dem Senf, Salz, Chilipulver und Cayennepfeffer würzen.

4 Den Möhren-Fenchel-Mix mit dem Kräuterquark mischen. Den Salat in Gläsern anrichten und mit den beiseitegestellten Gemüse- und Obststreifen garnieren. Die Grissini-Stangen an einem Ende mit dem Parmaschinken umwickeln und zu dem Salat servieren.

Mein Tipp

Toll schmeckt das Rezept auch, wenn man statt der mit Schinken umwickelten Grissini die Knabberstangen mit Rosmarin oder Sesam (gibt es entweder fertig zu kaufen oder selbst gemacht) zu dem Salat serviert.

Chicoréesalat

mit Rinderfiletstreifen

Zutaten für 4 Personen:

6 Chicorée
4 Äpfel (z. B. Granny Smith)
3 EL trockener Weißwein
Saft von 1 Zitrone
150 g Naturjoghurt
2 EL Olivenöl
2 TL Currypulver
Fleur de Sel
Pfeffer aus der Mühle
2 EL Butterschmalz
250 g Rinderfilet (in Streifen)

1 Den Chicorée putzen, waschen, die unteren Enden abschneiden und die Strünke herausschneiden. 4 Chicorée in die einzelnen Blätter teilen, die restlichen 2 Chicorée in feine Streifen schneiden.

2 Einen Apfel schälen, vierteln und das Kerngehäuse entfernen. Die Apfelviertel in einen Rührbecher geben, den Weißwein dazugießen und mit dem Stabmixer fein pürieren. Die restlichen Äpfel waschen, vierteln und die Kerngehäuse entfernen. Die Apfelviertel in kleine Würfel schneiden und mit dem Zitronensaft beträufeln.

3 Den Joghurt in eine Schüssel geben, das Apfelpüree und das Olivenöl hinzufügen und glatt rühren. Mit Currypulver, Fleur de Sel und Pfeffer abschmecken.

4 Die Apfelwürfel und die Chicoréestreifen vorsichtig unter die Joghurtsauce mischen. Die Chicoréeblätter in einer großen Schale auslegen und den Chicoréesalat darauf anrichten.

5 Das Butterschmalz in einer Pfanne erhitzen und die Rinderfiletstreifen darin rundum anbraten. Mit Fleur de Sel und Pfeffer würzen und auf dem Chicoréesalat verteilen.

Sommerliche Erbsensuppe
mit Shrimps

Zutaten für 4 Personen:
6 Stiele Petersilie
1 Bund Suppengemüse
50 g durchwachsener Räucherspeck (am Stück)
1 Lorbeerblatt
Salz · Zucker
500 g frische Erbsenschoten (ersatzweise 200 g tiefgekühlte Erbsen)
200 g Zuckerschoten
4 Scheiben Bauernbrot
5 EL Butter
1 Zitrone
1 Bund Schnittlauch
150 g Shrimps (gegart; küchenfertig)
Pfeffer aus der Mühle

1 Den Backofen auf 180 °C vorheizen. Die Petersilie waschen, trocken schütteln und die Blätter abzupfen.

2 Das Suppengemüse putzen und waschen bzw. schälen und in 2 cm große Würfel schneiden. In einen Topf geben und 1 l Wasser angießen. Den Speck, das Lorbeerblatt und die Petersilienstiele dazugeben. Mit Salz und 1 Prise Zucker würzen. Aufkochen und bei milder Hitze etwa 15 Minuten köcheln lassen.

3 Inzwischen die Erbsen aus den Schoten palen. Die Zuckerschoten putzen, waschen und schräg halbieren. Beides nach 15 Minuten zur Suppe geben und etwa 5 Minuten mitköcheln lassen. Den Speck, das Lorbeerblatt und die Petersilienstiele wieder entfernen.

4 Das Brot toasten. Die Zitrone halbieren und den Saft auspressen. Die Butter in einer Schüssel mit 1 Prise Salz und etwas Zitronensaft verrühren. Den Schnittlauch waschen, trocken schütteln, in feine Röllchen schneiden und unterrühren. Die gerösteten Brotscheiben mit der Schnittlauchbutter bestreichen.

5 Die Shrimps waschen und trocken tupfen. In die Suppe geben und kurz darin erwärmen. Die Petersilienblätter fein hacken. Die Suppe mit Salz und Pfeffer abschmecken. Die Petersilie unterrühren und die Suppe auf tiefe Teller verteilen. Das Schnittlauchbrot dazu servieren.

Rote-Bete-Suppe

mit Wasabi-Schaum und knusprigen Garnelen

Zutaten für 4 Personen:

400 g Rote Bete
20 g Ingwer
4 Schalotten
3 Knoblauchzehen
3 EL Olivenöl
1 l Geflügelfond
330 g Sahne
Salz · Pfeffer aus der Mühle
50 g kalte Butter
3 TL Wasabi-Paste
Mehl zum Wenden
2 Eier
40 g Wasabi-Kürbiskerne (aus dem Feinkostladen)
40 g Panko (asiat. Paniermehl; aus dem Asienladen)
8 Garnelen (küchenfertig)
Butterschmalz zum Ausbacken

1 Den Backofen auf 180 °C vorheizen. Die Rote Bete in Alufolie wickeln und im Ofen auf der mittleren Schiene etwa 1½ Stunden garen. Aus dem Ofen nehmen, die Knollen aus der Folie wickeln, schälen und in Würfel schneiden (dabei am besten Einweghandschuhe tragen). Den Ingwer schälen und fein reiben. Je 2 Schalotten und Knoblauchzehen schälen und in feine Würfel schneiden. Das Olivenöl in einem Topf erhitzen und die Rote-Bete-Würfel darin mit Ingwer, Schalotten und Knoblauch andünsten. Dann 700 ml Fond und 150 g Sahne dazugießen und alles bei mittlerer Hitze etwa 25 Minuten köcheln lassen.

2 Ein Drittel der gegarten Rote-Bete-Würfel mit dem Schaumlöffel herausnehmen und beiseitelegen. Die Suppe mit Salz und Pfeffer würzen, mit dem Stabmixer fein pürieren und durch ein Sieb streichen.

3 Für den Wasabi-Schaum die restlichen Schalotten und den Knoblauch schälen und in feine Würfel schneiden. In einer Pfanne 20 g Butter erhitzen und die Schalotten und den Knoblauch darin andünsten. Den restlichen Fond und 150 g Sahne dazugießen und etwa 10 Minuten leicht köcheln lassen. Die Wasabi-Paste unterrühren, den Sud kräftig mit Salz und Pfeffer würzen und mit dem Stabmixer schaumig aufschlagen. Dabei nach und nach die restliche Butter in Würfeln dazugeben und untermixen.

4 Das Mehl in einen tiefen Teller geben. Die Eier in einem tiefen Teller verquirlen. Die restliche Sahne steif schlagen und unter die Eier ziehen. Die Wasabi-Kürbiskerne im Küchenmixer fein mahlen und mit den Panko-Bröseln in einem weiteren tiefen Teller mischen.

5 Die Garnelen waschen, trocken tupfen und mit Salz und Pfeffer würzen. Die Garnelen zuerst im Mehl wenden, dann durch die Eier-Sahne-Mischung ziehen und zuletzt mit den Kürbis-Panko-Bröseln panieren. Das Butterschmalz in einer Pfanne erhitzen und die Garnelen darin goldbraun ausbacken. Auf Küchenpapier abtropfen lassen.

6 Die Rote-Bete-Suppe und die beiseitegelegten Rote-Bete-Würfel auf tiefe Teller verteilen, den Wasabi-Schaum daraufgeben und mit den knusprigen Garnelen servieren.

Sellerie-Apfel-Cremesüppchen
mit Kartoffel-Lachspäckchen

Zutaten für 4 Personen:

1 unbehandelte Zitrone
600 g mehligkochende Kartoffeln
400 g Knollensellerie (mit etwas Grün)
3 Äpfel (z. B. Boskop)
2 Schalotten
2 EL Butter
600 ml Geflügelfond
250 g Sahne
Salz · Pfeffer aus der Mühle
1 TL gemahlener Kreuzkümmel
Zucker
2 Zweige Thymian
4 große Mangoldblätter
4 Scheiben Räucherlachs
2 EL Crème fraîche
3 EL Öl

1 Die Zitrone heiß waschen, trocken reiben und die Schale abreiben. Die Zitrone halbieren und den Saft einer Hälfte auspressen.

2 Von den Kartoffeln 2 große für die Garnitur beiseitelegen. Die restlichen Kartoffeln schälen und waschen. Den Sellerie putzen und schälen, die kleinen Blättchen waschen und ebenfalls für die Garnitur beiseitelegen. Die Äpfel vierteln, schälen und die Kerngehäuse entfernen. Kartoffeln, Sellerie und Äpfel in kleine Würfel schneiden. Die Schalotten schälen und in feine Würfel schneiden.

3 In einem Topf die Butter erhitzen und die Schalotten darin andünsten. Die Kartoffeln, den Sellerie sowie die Äpfel hinzufügen und alles kurz mitdünsten. Mit dem Fond ablöschen und die Sahne angießen. Die Suppe mit Salz, Pfeffer, Kreuzkümmel, Zitronenschale und -saft und etwas Zucker würzen. Die Thymianzweige waschen, trocken schütteln und dazugeben. Die Suppe zugedeckt bei mittlerer Hitze etwa 15 Minuten köcheln lassen.

4 Die Kartoffeln für die Garnitur schälen und mit einem Spiralschneider (alternativ mit einem Sparschäler) lange Kartoffelstreifen herstellen. Kräftig mit Salz und Pfeffer würzen. Die Mangoldblätter waschen und im kochenden Salzwasser kurz blanchieren. Herausnehmen und auf Küchenpapier abtropfen lassen.

5 Die Mangoldblätter mit je 1 Scheibe Lachs belegen, aufrollen und mit den Kartoffelstreifen umwickeln. Das Öl in einer Pfanne erhitzen und die Kartoffelpäckchen darin rundum goldgelb ausbacken.

6 Den Thymian aus der Suppe entfernen und die Suppe mit dem Stabmixer pürieren. Mit der Crème fraîche verfeinern und nochmals mit den Gewürzen abschmecken.

7 Die Selleriesuppe auf vorgewärmte Suppenschalen verteilen und je 1 Kartoffel-Lachspäckchen hineinsetzen. Mit dem Selleriegrün garnieren und servieren.

Kartoffel-Pastinaken-Suppe

mit Leberwurst-Crostini

Zutaten für 4 Personen:

200 g Pastinaken
300 g mehligkochende Kartoffeln
3 Schalotten
50 g Butter
700 ml Gemüsebrühe
Salz · Pfeffer aus der Mühle
Saft von ½ Zitrone
½ Baguette
2 EL Olivenöl
150 g feine Leberwurst
1 Knoblauchzehe
1 Stiel Majoran
½ rote Chilischote
½ Bund Schnittlauch
50 g Sahne

1 Die Pastinaken putzen und schälen, die Kartoffeln schälen und waschen. Beides in grobe Würfel schneiden. 2 Schalotten schälen und ebenfalls in grobe Würfel schneiden. Die Butter in einem Topf erhitzen und die Gemüsewürfel darin andünsten. Die Brühe dazugießen und das Gemüse etwa 10 Minuten weich köcheln lassen.

2 Dann die Suppe mit dem Stabmixer fein pürieren und durch ein Sieb streichen. Nochmals aufkochen lassen und mit Salz, Pfeffer und Zitronensaft würzen.

3 Für die Crostini das Baguette mit einem scharfen Messer in dünne Scheiben schneiden, mit dem Olivenöl beträufeln und in einer Pfanne auf beiden Seiten goldbraun rösten.

4 Den Backofengrill auf 200 °C vorheizen. Die Leberwurst mit einer Gabel zerdrücken. Die restliche Schalotte und den Koblauch schälen und in feine Würfel schneiden. Den Majoran waschen und trocken schütteln, die Blätter abzupfen und fein hacken. Die Chilischote entkernen, waschen und in feine Würfel schneiden.

5 Schalotte, Knoblauch, Majoran und Chili unter die Leberwurst mischen und die Baguettescheiben damit bestreichen. Die Brotscheiben im Ofen auf der mittleren Schiene etwa 3 Minuten überbacken.

6 Den Schnittlauch waschen, trocken schütteln und in feine Röllchen schneiden. Die Sahne steif schlagen, unter die Suppe rühren und die Suppe mit dem Stabmixer nochmals schaumig aufschlagen. Die Kartoffel-Pastinaken-Suppe auf tiefe Teller verteilen, die Crostini dazu anrichten und mit den Schnittlauchröllchen garnieren.

Kresserahmsuppe

mit Steinpilzen

Zutaten für 4 Personen:

200 g Steinpilze
100 g Mangold
Salz · 1 Zwiebel
3 EL Butter
100 ml Riesling (oder ein anderer trockener Weißwein)
1 l Gemüsebrühe
200 g Sahne
1 EL Öl
Pfeffer aus der Mühle
110 g Gartenkresse
150 g Crème fraîche

1 Die Steinpilze putzen, trocken abreiben und in Scheiben schneiden. Den Mangold putzen, waschen und in einem Topf in kochendem Salzwasser blanchieren. In ein Sieb abgießen und abtropfen lassen. Dann die Mangoldblätter klein schneiden. Die Zwiebel schälen und in feine Würfel schneiden.

2 Die Butter in einem Topf erhitzen und die Zwiebelwürfel darin andünsten. Den Mangold und die Hälfte der Pilzscheiben hinzufügen und etwa 3 Minuten mitdünsten. Mit dem Riesling ablöschen und alles etwa 10 Minuten leicht köcheln lassen. Die Brühe und die Sahne hinzufügen und die Suppe etwa 5 Minuten weiterköcheln lassen.

3 Inzwischen das Öl erhitzen und die restlichen Steinpilzscheiben darin auf beiden Seiten anbraten. Die Pilze mit Salz und Pfeffer würzen und beiseitestellen.

4 Die Suppe mit dem Stabmixer pürieren. Die Gartenkresse waschen und trocken tupfen. Etwa 2 EL für die Deko beiseitelegen, die restliche Kresse hacken und mit der Crème fraîche zur Suppe geben. Nochmals pürieren und mit Salz und Pfeffer würzen. Die Kresserahmsuppe auf tiefe Teller oder Suppentassen verteilen und mit den gebratenen Pilzen und der restlichen Kresse garnieren.

Kürbiscremesuppe

mit Butter-Crossini

Zutaten für 4 Personen:

1 kg Muskatkürbis
1 großer säuerlicher Apfel (z. B. Boskop)
3 TL Butter
3 EL Zucker
60 ml trockener Weißwein
800 ml Gemüsebrühe
1 cm Ingwer
1 Lorbeerblatt
4 Scheiben Weißbrot
2 EL Kürbiskerne
50 g Sahne
Salz · Pfeffer aus der Mühle
½ TL gemahlene Kurkuma
½ TL Currypulver
1 Msp. Chilipulver
frisch geriebene Muskatnuss

1 Den Kürbis schälen, mit einem Löffel die Kerne entfernen und das Kürbisfleisch in etwa 3 cm große Stücke schneiden. Den Apfel schälen und vierteln und das Kerngehäuse entfernen. Die Apfelviertel in grobe Würfel schneiden.

2 In einem großen Topf 2 TL Butter erhitzen und den Zucker darin karamellisieren. Den Kürbis und den Apfel hinzufügen und darin scharf anbraten. Mit dem Wein und der Brühe ablöschen. Den Ingwer schälen, reiben und mit dem Lorbeerblatt in den Topf geben. Die Suppe bei mittlerer Hitze etwa 15 Minuten köcheln lassen.

3 Inzwischen das Weißbrot in Würfel schneiden. Die restliche Butter in einer Pfanne erhitzen und die Brotwürfel darin rundum goldbraun und knusprig rösten. Die Kürbiskerne in einer Pfanne ohne Fett anrösten.

4 Das Lorbeerblatt aus der Suppe entfernen und diese mit dem Stabmixer pürieren. Die Sahne dazugießen und die Suppe mit Salz, Pfeffer, Kurkuma, Curry- und Chilipulver sowie Muskatnuss würzen.

5 Die Kürbiscremesuppe auf tiefe Teller verteilen oder in einer Suppenterrine anrichten und mit den Butter-Crossini und den gerösteten Kürbiskernen garnieren.

Mein Tipp

Am besten servieren Sie die Suppe ganz klassisch mit einigen Tropfen Kürbiskernöl.

Rote Fischsuppe
mit Schellfisch und Lauch

Zutaten für 4 Personen:

2 Knoblauchzehen
400 g Lauch
400 g Tomaten
3 EL Öl
2 EL Tomatenmark
400 ml Fischfond
3 Msp. gemahlener Piment
2 Msp. Cayennepfeffer
1 unbehandelte Zitrone
500 g Schellfischfilet (ohne Haut)
Salz · Pfeffer aus der Mühle

1 Den Knoblauch schälen und in feine Scheiben schneiden. Den Lauch putzen, waschen und in feine Ringe schneiden. Die Tomaten waschen und vierteln, dabei die Stielansätze entfernen. Die Tomatenviertel in kleine Würfel schneiden. Das Öl in einem Topf erhitzen, den Knoblauch und den Lauch darin andünsten.

2 Das Tomatenmark dazugeben und kurz mitdünsten. Mit dem Fond ablöschen und mit Piment und Cayennepfeffer abschmecken. Die Tomatenwürfel hinzufügen und die Suppe zugedeckt bei schwacher Hitze etwa 15 Minuten köcheln lassen.

3 Die Zitrone heiß waschen, trocken reiben und halbieren. Eine Zitronenhälfte in feine Scheiben schneiden, die andere Hälfte auspressen.

4 Das Fischfilet waschen, trocken tupfen und in große Stücke schneiden. Mit Zitronensaft beträufeln und mit Salz und Pfeffer würzen. Die Fischstücke und die Zitronenscheiben vorsichtig in die Suppe geben und zugedeckt ohne Umrühren bei schwacher Hitze 5 Minuten ziehen lassen – die Suppe sollte nicht kochen. Falls nötig, mit Salz und Pfeffer abschmecken. Anschließend die Suppe in tiefen Tellern servieren.

Mein Tipp

Alternativ zum Schellfisch kann man auch Kabeljaufilet verwenden. Die Zugabe von einem Lorbeerblatt und einem Schuss Weißwein verfeinert den Geschmack.

Dreierlei Bohneneintopf

mit Mettenden

Zutaten für 4 Personen:

300 g grüne Bohnen
300 g festkochende Kartoffeln
¾ l Gemüsebrühe
200 g Kidneybohnen (aus der Dose)
200 g weiße Bohnen (aus der Dose)
2 Mettenden
1 Stange Lauch
Salz · Pfeffer aus der Mühle
Cayennepfeffer
2 Stiele Bohnenkraut

1 Die grünen Bohnen putzen, waschen und in 3 cm lange Stücke schneiden. Die Kartoffeln schälen, waschen und in 2 cm große Würfel schneiden.

2 Die grünen Bohnen, die Kartoffeln und die Brühe in einen Topf geben, aufkochen und 10 Minuten garen. Die roten und die weißen Bohnen in ein Sieb abgießen, abbrausen und abtropfen lassen.

3 Die Mettenden in Scheiben schneiden und in einer heißen Pfanne ohne Fett knusprig braten. Den Lauch putzen, gründlich waschen und in Streifen schneiden. Mit den roten und den weißen Bohnen zum Eintopf geben und alles weitere 3 bis 4 Minuten köcheln lassen. Den Bohneneintopf kräftig mit Salz, Pfeffer und Cayennepfeffer abschmecken.

4 Das Bohnenkraut waschen, trocken tupfen und die Blätter abzupfen. Die Blätter fein hacken und zum Eintopf geben.

5 Den Eintopf auf tiefe Teller verteilen und die gebratenen Mettenden darauf anrichten. Etwas Bratfett darüberträufeln und servieren.

Gazpacho

mit mariniertem Kaisergranat

Zutaten für 4 Personen:

je 1 rote und gelbe Paprikaschote
4 Tomaten
1 Salatgurke
1 Schalotte
1 Knoblauchzehe
50 ml Olivenöl
100 ml Gemüsebrühe
1 Limette
Salz · Pfeffer aus der Mühle
Chili aus der Gewürzmühle
Zucker
8 Kaisergranate
1 haselnussgroßes Stück Ingwer
1 rote Chilischote
2 EL Sesamöl
1 EL Sojasauce · 1 TL Honig
Olivenöl zum Beträufeln

1 Die Paprikaschoten längs halbieren, entkernen, waschen und die weißen Trennhäute entfernen. Die Schoten in kleine Würfel schneiden. Die Tomaten waschen, vierteln und in kleine Stücke schneiden, dabei die Stielansätze entfernen. Die Gurke schälen und in dünne Scheiben schneiden. Die Schalotte und den Knoblauch schälen, halbieren und in kleine Würfel schneiden. Das Gemüse in einen Küchenmixer geben.

2 Das Olivenöl und die Brühe hinzufügen und alles fein pürieren. Die Limette halbieren und den Saft auspressen. Die Gemüsesuppe mit Salz, Pfeffer, Chili, 1 Prise Zucker und etwas Limettensaft kräftig abschmecken.

3 Die Kaisergranate vom Kopf befreien, den Panzer mit einer Schere an der Unterseite einschneiden und entfernen. Am Rücken entlang einschneiden und den Darm entfernen. Die Kaisergranate gründlich waschen und trocken tupfen. Den Ingwer schälen und fein reiben. Die Chilischote längs halbieren, entkernen, waschen und in kleine Würfel schneiden. Das Sesamöl mit der Sojasauce, dem Honig, dem frischen Chili und dem Ingwer verrühren. Die Kaisergranate damit marinieren.

4 Die Kaisergranate einzeln auf Holzspieße stecken und in einer heißen Grillpfanne auf beiden Seiten etwa 1 Minute braten. Mit Salz und Pfeffer würzen. Die Gazpacho in Gläsern anrichten, mit etwas Olivenöl beträufeln und jeweils 2 Spieße dazu reichen.

Mein Tipp

Gazpacho ist eine leichte, kühle Sommersuppe. Noch frischer schmeckt sie, wenn ein Teil des Gemüses durch Buttermilch ersetzt wird. Ein hochwertiges Olivenöl gibt der Suppe ihren typischen Charakter.

Curryschaumsuppe

mit gebackenen Jakobsmuscheln

Zutaten für 4 Personen:

1 unbehandelte Orange
2 Schalotten
1 Knoblauchzehe
20 g Ingwer
2 EL Honig
1 EL Currypulver
600 ml Gemüsebrühe
250 g Sahne
Salz · Pfeffer aus der Mühle
1 mehligkochende Kartoffel
1 Bund Petersilie
2 Scheiben Toastbrot · 1 Ei
2 EL Mehl
8 Jakobsmuscheln (küchenfertig)
Öl zum Ausbacken

1 Für die Curryschaumsuppe die Orange heiß waschen, trocken reiben und die Schale abreiben. Die Orange halbieren und den Saft auspressen. Die Schalotten und den Knoblauch schälen und in feine Würfel schneiden. Den Ingwer schälen und fein reiben.

2 Die Schalotten, den Knoblauch, den Ingwer, den Honig, das Currypulver und die Orangenschale in einem Topf 1 bis 2 Minuten andünsten. Den Orangensaft und die Brühe hinzufügen und die Suppe 10 Minuten köcheln lassen. 200 g Sahne dazugeben, mit Salz und Pfeffer würzen und weitere 5 Minuten köcheln lassen. Die Kartoffel schälen, waschen, fein reiben und zum Binden mit in die Suppe geben. Die Suppe mit dem Stabmixer schaumig pürieren. Nach Belieben durch ein Sieb passieren und zurück in den Topf geben.

3 Für die gebackenen Jakobsmuscheln die Petersilie waschen, trocken schütteln und die Blätter abzupfen. Das Toastbrot in Würfel schneiden, mit der Petersilie im Küchenmixer fein zerkleinern und in einen tiefen Teller geben.

4 Das Ei in einem tiefen Teller verquirlen. Das Mehl ebenfalls in einen tiefen Teller geben. Die Jakobsmuscheln waschen und trocken tupfen. Mit Salz und Pfeffer würzen, im Mehl wenden, durch das verquirlte Ei ziehen und mit den Toastbröseln panieren.

5 Reichlich Öl in einem Topf erhitzen. Die Jakobsmuscheln darin schwimmend 1 Minute ausbacken, herausheben, auf Küchenpapier abtropfen lassen und leicht mit Salz würzen. Die restliche Sahne halbsteif schlagen. Die Suppe erwärmen, die Sahne dazugeben und mit dem Stabmixer aufschäumen.

6 Die Suppe in tiefen Tellern oder kleinen Tassen anrichten. Die Jakobsmuscheln auf kleine Spieße stecken und dazulegen.

Kalte Gurkensuppe

mit Passionsfrucht und Garnelen

Zutaten für 4 Personen:

2 Salatgurken
4 Passionsfrüchte (Maracujas)
2 unbehandelte Limetten
1 rote Chilischote
40 g Wasabi-Paste
150 ml Mineralwasser
100 ml Pflaumenwein
200 g Crème fraîche
Salz · Pfeffer aus der Mühle
8 Garnelen (küchenfertig)
2 Eier · 50 g Sahne
100 g Mehl
100 g Panko (asiatisches Paniermehl; aus dem Asienladen)
200 g Butterschmalz
4 Stiele Koriander

1 Die Gurken schälen und in Stücke schneiden. Die Passionsfrüchte halbieren, das Fruchtfleisch mit einem Teelöffel herauslösen und durch ein feines Sieb streichen.

2 Die Limetten heiß waschen, trocken reiben und die Schale abreiben. Die Limetten auspressen. Die Chilischote längs halbieren, entkernen, waschen und in Würfel schneiden.

3 Gurkenstücke, Passionsfruchtfleisch, Limettensaft und -schale, Chiliwürfel, Wasabi, Mineralwasser, Pflaumenwein und Crème fraîche in den Küchenmixer geben und alles fein pürieren. Die Gurkensuppe mit Salz und Pfeffer würzen und kühl stellen.

4 Die Garnelen waschen, trocken tupfen und mit Salz und Pfeffer würzen. Die Eier in einem tiefen Teller verquirlen, die Sahne steif schlagen und unterheben. Mehl und Panko ebenfalls in tiefe Teller geben. Die Garnelen zuerst im Mehl wenden, dann durch die Eier-Sahne-Mischung ziehen und zuletzt mit dem Paniermehl panieren.

5 Das Butterschmalz in der Fritteuse oder in einem hohen Topf auf etwa 170 °C erhitzen und die Garnelen darin goldbraun ausbacken. Herausnehmen und auf Küchenpapier abtropfen lassen.

6 Den Koriander waschen und trocken schütteln, die Blätter abzupfen und in feine Streifen schneiden. Die Gurkensuppe in Schälchen anrichten und mit dem Koriander garnieren. Je 2 Garnelen auf Holzspieße stecken und zum Servieren über die Schälchen legen.

Fisch & Meeresfrüchte

Zanderfilet

in Kartoffelkruste mit Spitzkohlgemüse

Zutaten für 4 Personen:

1 kg Spitzkohl
Salz
3 EL Butter
3 EL Mehl
500 ml Milch
Pfeffer aus der Mühle
frisch geriebene Muskatnuss
4 Zanderfilets
(à 150 g; küchenfertig)
700 g festkochende Kartoffeln
2 Eier
2 EL Butterschmalz
8 Scheiben Frühstücksspeck

1 Den Spitzkohl halbieren und die äußeren Blätter entfernen, den Strunk herausschneiden und die Blätter in Streifen schneiden. Die Spitzkohlstreifen in einem Topf in kochendem Salzwasser kurz blanchieren. In ein Sieb abgießen, kalt abschrecken und abtropfen lassen.

2 Für die Sauce die Butter in einem Topf zerlassen und das Mehl unterrühren. So viel Milch unter Rühren hinzufügen und köcheln lassen, bis eine cremige Sauce entstanden ist. Vom Herd nehmen und gut mit Salz, Pfeffer und Muskatnuss würzen. Den Spitzkohl in die Sauce geben, unterheben und warm stellen.

3 Die Zanderfilets waschen und trocken tupfen und auf beiden Seiten mit Salz und Pfeffer würzen. Die Kartoffeln schälen, waschen und in feine Streifen oder Scheiben hobeln. Die Kartoffeln in einer Schüssel mit den Eiern mischen und mit Salz, Pfeffer und Muskatnuss würzen.

4 Das Butterschmalz in einer Pfanne erhitzen, die Hälfte der Kartoffelmasse in 4 Portionen teilen und in der Pfanne in der Größe der Zanderstücke auslegen. Die Zanderstücke darauflegen und mit der restlichen Kartoffelmasse bedecken. Den Fisch in der Kartoffelkruste bei mittlerer Hitze auf beiden Seiten knusprig und goldbraun braten, dabei mehrmals wenden. Den Frühstücksspeck in einer weiteren Pfanne ohne Fett auf beiden Seiten kross braten.

5 Den Zander in der Kartoffelkruste auf dem Spitzkohl anrichten und mit den gebratenen Speckscheiben servieren.

Gebratener Rotbarsch

auf Kräuternudeln

Zutaten für 4 Personen:

50 g Pecorino (am Stück)
50 g Parmesan (am Stück)
50 g Pinienkerne
2 Bund Basilikum
1 Bund Petersilie
2 Knoblauchzehen
Salz
120 ml Olivenöl
250 g grüne Bohnen
500 g Tagliatelle
4 Rotbarschfilets
(à 150 g; küchenfertig)
3 EL Mehl
1 Zitrone
Fleur de Sel
Pfeffer aus der Mühle
2 EL Butterschmalz

1 Für das Pesto den Pecorino und den Parmesan fein reiben. Die Pinienkerne in einer Pfanne ohne Fett rösten. Das Basilikum und die Petersilie waschen und trocken schütteln, die Blätter abzupfen und grob hacken. Den Knoblauch schälen und in Würfel schneiden. Kräuter, Knoblauch, 3 EL Pinienkerne und ½ TL Salz im Blitzhacker zerkleinern. In eine Schüssel umfüllen, den Käse und das Olivenöl dazugeben und gut verrühren.

2 Die Bohnen putzen, waschen und je nach Größe halbieren oder dritteln und in kochendem Salzwasser etwa 5 Minuten garen. In ein Sieb abgießen, kalt abschrecken und abtropfen lassen.

3 Die Tagliatelle in reichlich kochendem Salzwasser nach Packungsanweisung bissfest garen.

4 Inzwischen die Rotbarschfilets waschen, trocken tupfen und in 8 Stücke schneiden. Das Mehl in einen tiefen Teller geben. Die Zitrone halbieren und den Saft über die Rotbarschfilets träufeln. Die Fischstücke mit Fleur de Sel und Pfeffer würzen und im Mehl wenden.

5 Kurz vor Ende der Garzeit der Nudeln 4 EL Nudelkochwasser in eine heiße Pfanne geben und die Bohnen hinzufügen. Die Nudeln in ein Sieb abgießen, abtropfen lassen und in der Pfanne mit den Bohnen und dem Pesto mischen.

6 In einer Pfanne das Butterschmalz erhitzen und die Rotbarschstücke darin auf beiden Seiten etwa 4 Minuten goldbraun braten. Die Kräuternudeln auf Teller verteilen und je 2 Fischstücke darauf anrichten. Mit den restlichen Pinienkernen bestreuen und servieren.

Pochierter Waller

im Spargel-Safransud

Zutaten für 4 Personen:

1 kg weißer Spargel
2 unbehandelte Zitronen
3 Zweige Thymian
600 ml Gemüsebrühe
250 ml trockener Weißwein
50 ml Noilly Prat
(franz. Wermut)
700 g Wallerfilet
(ohne Haut; küchenfertig)
50 g Sahne
2 Eier · Salz
frisch geriebene Muskatnuss
Chili aus der Gewürzmühle
100 g Mehl
400 g Semmelbrösel
Öl zum Ausbacken
50 g Meerrettich
150 g Crème fraîche
Pfeffer aus der Mühle
½ Bund Schnittlauch
50 g kalte Butter

1 Den Spargel schälen und die holzigen Enden abschneiden. Eine Zitrone heiß waschen und in Scheiben schneiden. Den Thymian waschen und trocken schütteln. Zitronenscheiben und Thymian mit der Brühe in einen rechteckigen Bräter geben und einmal aufkochen. Die Spargelstangen in den Sud legen und bei mittlerer Hitze bissfest garen. Mit dem Schaumlöffel herausheben und auf Küchenpapier abtropfen lassen. Den Wein und den Noilly Prat zum Sud geben, einmal aufkochen und vom Herd nehmen.

2 Das Wallerfilet waschen und trocken tupfen. In 4 Stücke schneiden, in den Sud legen und 10 bis 12 Minuten ziehen lassen. Die Sahne leicht anschlagen und mit den beiden Eiern in einem tiefen Teller verquirlen. Mit Salz, Muskatnuss und Chili würzen. Das Mehl und die Semmelbrösel jeweils in einen tiefen Teller geben. Die Spargelstangen im Mehl wenden, durch die Eier-Sahne-Mischung ziehen und mit den Semmelbröseln panieren. Reichlich Öl in einem Topf erhitzen und die Spargelstangen darin goldgelb ausbacken. Herausheben, auf Küchenpapier abtropfen lassen und mit Salz würzen.

3 Den Meerrettich schälen und auf der Gemüsereibe raspeln. Die andere Zitrone halbieren und eine Hälfte auspressen. Die Crème fraîche mit dem Meerrettich verrühren und mit Zitronensaft, Salz und Pfeffer abschmecken. Den Schnittlauch waschen und trocken schütteln, in Röllchen schneiden und unterheben.

4 Den Waller aus dem Sud heben und warm stellen. Den Spargelsud 10 Minuten offen einkochen lassen, mit kalter Butter und der angerührten Crème fraîche verfeinern und mit Salz und Pfeffer würzen. Den Sud mit dem Stabmixer aufschäumen, auf tiefe Teller verteilen und jeweils 1 Stück Waller hineinlegen. Die ausgebackenen Spargelstangen dazu servieren.

Knusper-Kabeljau
mit Wildreis und Krebssauce

Zutaten für 4 Personen:

200 g Wildreis
Salz
4 Scheiben Toastbrot
3 Stiele Petersilie
120 g Butter
600 g Kabeljaufilet
Pfeffer aus der Mühle
Butter für das Blech
1 Zitrone
1 Schalotte
1 EL Mehl
400 ml Fischfond
100 ml trockener Weißwein
150 g Sahne
50 g Krebspaste
250 g Flusskrebsfleisch (gegart)
2 Tomaten

1 Den Backofen auf 225 °C (Umluft) vorheizen, ein Backblech in den Ofen schieben. Den Wildreis nach Packungsanweisung in Salzwasser garen, in ein Sieb abgießen und abtropfen lassen.

2 Das Toastbrot im Küchenmixer fein mahlen. Die Petersilie waschen und trocken tupfen. Die Blätter abzupfen und fein hacken. 50 g Butter in kleine Stückchen schneiden und mit dem fein zerkleinerten Toastbrot und der Petersilie gut vermischen.

3 Den Kabeljau waschen, trocken tupfen und in 4 gleich große Stücke teilen. Mit Salz und Pfeffer würzen und die Oberseite des Fischfilets mit der Butter-Brotmischung bedecken, dabei gut andrücken. Das Backblech aus dem Ofen nehmen und gut einfetten. Die Fischfilets auf das heiße Blech legen und im Ofen auf der mittleren Schiene etwa 15 Minuten goldgelb backen.

4 Die Zitrone halbieren und eine Hälfte auspressen. Die Schalotte schälen und in feine Würfel schneiden. In einer Pfanne 2 EL Butter erhitzen und die Schalotten darin andünsten. Das Mehl darüberstäuben und anschwitzen. Den Fond, den Wein und die Sahne hinzufügen und alles aufkochen lassen. Die Krebspaste einrühren und etwas weiterköcheln lassen. Mit Salz, Pfeffer und dem Zitronensaft abschmecken. Das Flusskrebsfleisch waschen und trocken tupfen und in der Sauce heiß werden lassen.

5 Die Tomaten kreuzweise einritzen, überbrühen, häuten, vierteln und entkernen. Die Tomatenviertel in kleine Würfel schneiden. Die restliche Butter erhitzen. Den Wildreis mit den Tomaten darin schwenken und mit Salz und Pfeffer abschmecken.

6 Den Knusper-Kabeljau mit der Krebssauce und dem Wildreis auf Tellern anrichten und servieren.

Rotbarsch im Knuspermantel

auf Zucchini-Tomaten-Gemüse

Zutaten für 4 Personen:

6 Scheiben Knäckebrot
2 Eier
2 EL Milch
4 Rotbarschfilets
(à 200 g; küchenfertig)
Salz · Pfeffer aus der Mühle
50 g Mehl
2 EL Öl
2 EL Butter
2 Zucchini
1 Zwiebel
1 Knoblauchzehe
150 g Cocktailtomaten
50 g grüne Oliven (ohne Stein)
2 EL Olivenöl
2 EL Tomatenmark
3 Zweige Thymian
150 ml Tomatensaft
1 unbehandelte Zitrone

1 Für den Rotbarsch den Backofen auf 80 °C vorheizen. Das Knäckebrot im Küchenmixer fein mahlen und in einen tiefen Teller geben. Die Eier mit der Milch in einem tiefen Teller verquirlen und das Mehl ebenfalls in einen tiefen Teller geben.

2 Die Rotbarschfilets waschen und trocken tupfen. Die Fischfilets mit Salz und Pfeffer würzen, zuerst in Mehl wenden, dann durch die Eier ziehen und mit den Knäckebrotbröseln panieren.

3 Das Öl in einer Pfanne erhitzen und die Fischfilets darin goldbraun braten. Die Butter hinzufügen und immer wieder über den Fisch träufeln. Die Rotbarschfilets herausnehmen, auf Küchenpapier abtropfen lassen und im Ofen warm stellen.

4 Für das Gemüse die Zucchini putzen, waschen, vierteln und die Kerne entfernen. Das Fruchtfleisch in Streifen schneiden. Die Zwiebel und den Knoblauch schälen und in feine Würfel schneiden. Die Cocktailtomaten waschen und halbieren, die Oliven in Scheiben schneiden.

5 Das Olivenöl in einer Pfanne erhitzen und die Zucchini darin kräftig anbraten. Die Zwiebel und den Knoblauch dazugeben, das Tomatenmark unterrühren und kurz mitrösten. Den Thymian waschen, trocken schütteln und die Blättchen abzupfen. Die Thymianblättchen hinzufügen und mit dem Tomatensaft ablöschen. Mit Salz und Pfeffer würzen und 2 bis 3 Minuten köcheln lassen, bis die Zucchini weich sind. Die Oliven und die Cocktailtomaten untermischen und heiß werden lassen.

6 Das Zucchini-Tomaten-Gemüse mit dem Rotbarschfilet auf Tellern anrichten. Die Zitrone in Spalten schneiden und dazu servieren.

Gebratener Seeteufel

mit Süßkartoffelravioli und grünem Erbsenschaum

Zutaten für 4 Personen:

300 g Süßkartoffeln
600 g Seeteufelfilet (küchenfertig)
Salz · Pfeffer aus der Mühle
2 Knoblauchzehen
2 Zweige Thymian
2 Zweige Rosmarin
4 EL Olivenöl
1 unbehandelte Limette
1 Ei
Chili aus der Gewürzmühle
12 Wan-Tan-Blätter
Öl zum Ausbacken
2 Schalotten
3 EL Butter
200 g grüne Erbsen
1 TL Zucker
50 ml trockener Weißwein
200 ml Gemüsebrühe
300 g junger Spinat
100 g Sahne
½ Bund Koriander

1 Den Backofen auf 180 °C vorheizen. Für die Süßkartoffelravioli die Süßkartoffeln waschen, längs vierteln und auf ein mit Backpapier belegtes Blech legen. Im Ofen auf der mittleren Schiene etwa 40 Minuten weich garen. Die Süßkartoffeln durch die Kartoffelpresse in eine Schüssel drücken, dabei die Schalen aus der Presse entfernen.

2 Die Backofentemperatur auf 120 °C reduzieren. Das Seeteufelfilet waschen, trocken tupfen und mit Salz und Pfeffer würzen. Eine Knoblauchzehe halbieren, die Kräuter waschen und trocken schütteln. 2 EL Olivenöl in einer ofenfesten Pfanne erhitzen, den Fisch darin mit den Kräutern und der Knoblauchzehe rundum anbraten. Den Seeteufel im Ofen auf der mittleren Schiene 15 bis 20 Minuten gar ziehen lassen.

3 Die Limette heiß waschen, trocken reiben und die Schale abreiben. Die Limette halbieren und auspressen. Das Ei trennen. Das Eigelb unter die Kartoffelmasse mischen. Mit Salz, Pfeffer, Chili, Limettenschale und etwas Limettensaft kräftig abschmecken.

4 Die Masse auf die Wan Tan Blätter verteilen, die Ränder mit verquirltem Eiweiß bestreichen und zu Dreiecken zusammenfalten. Die Ränder gut andrücken. Die Ravioli im heißen Öl knusprig ausbacken. Herausheben, auf Küchenpapier abtropfen lassen und mit Salz würzen.

5 Für den Erbsenschaum die Schalotten und den übrigen Knoblauch schälen, in feine Würfel schneiden und in der Butter andünsten. Die Erbsen dazugeben, mit Zucker bestreuen und kurz mitdünsten. Mit dem Wein und der Brühe ablöschen und 5 Minuten köcheln lassen. Den Spinat verlesen und waschen, grobe Stiele entfernen. 100 g Spinatblätter zu den Erbsen geben. Die Sahne hinzufügen, nochmals aufkochen und die Erbsen samt Flüssigkeit im Küchenmixer fein pürieren. In den Topf zurückgeben und mit Salz und Pfeffer abschmecken.

6 Den Koriander waschen, trocken schütteln und die Blätter abzupfen. Den restlichen Spinat in einer Pfanne im restlichen Olivenöl zusammenfallen lassen und mit Salz und Pfeffer würzen. Den Erbsenschaum kurz vor dem Servieren nochmals mit dem Stabmixer aufschäumen und auf Tellern verteilen. Den Seeteufel in Tranchen schneiden und auf den Schaum legen. Die Ravioli dazulegen und mit frischem Koriander garnieren.

Loup de Mer in der Salzkruste

mit Orangen-Chili-Polenta

Zutaten für 4 Personen:

1 Loup de Mer
(ca. 1,4 kg; küchenfertig)
1 unbehandelte Zitrone
50 g gemischte Kräuter
(z. B. Rosmarin, Thymian, Salbei, Minze, Petersilie)
3 kg grobes Meersalz
2 rote Paprikaschoten
2 rote Chilischoten
1 unbehandelte Orange
1 Schalotte
2 Knoblauchzehen
3 EL Olivenöl
100 g grobkörnige Polenta
450 ml Orangensaft
Salz · Pfeffer aus der Mühle
2 EL geschlagene Sahne
30 g kalte Butter
einige Minzestiele

1 Den Backofen auf 180 °C vorheizen. Den Loup de Mer innen und außen waschen, trocken tupfen und die Flossen mit einer Schere abschneiden. Die Zitrone heiß waschen, trocken reiben und in Scheiben schneiden. Die Kräuter waschen, trocken schütteln und grob zerkleinern. Den Fisch mit den Zitronenscheiben und einigen Kräuterzweigen füllen. Ein großes Backblech mit Alufolie auslegen. Die restlichen Kräuter unter das Salz mischen und ein Drittel des Salzes auf das Blech geben. Den Fisch darauflegen, mit dem restlichen Salz bedecken und das Salz gut andrücken. Den Fisch im Ofen auf der mittleren Schiene 40 bis 50 Minuten garen.

2 Für die Polenta die Paprikaschoten waschen, trocken reiben und auf dem Grill etwa 10 Minuten rundum grillen. Die Schoten längs halbieren, entkernen und in kleine Würfel schneiden. Die Chilischoten längs halbieren, entkernen, waschen und in feine Würfel schneiden. Die Orange heiß waschen, trocken reiben und die Schale abreiben. Die Schalotte und den Knoblauch schälen und in feine Würfel schneiden.

3 Das Olivenöl in einem Topf erhitzen und die Polenta mit der Schalotte, dem Knoblauch, der Chili und der Orangenschale darin anrösten. Den Orangensaft dazugießen und unterrühren. Die Polenta bei schwacher Hitze 20 Minuten quellen lassen. Mit Salz und Pfeffer würzen. Die Sahne und die kalte Butter in Würfeln unterrühren. Zuletzt die Paprikawürfel untermischen.

4 Den Fisch aus dem Ofen nehmen und die Salzkruste vorsichtig aufklopfen. Den Loup de Mer filetieren und die Fischfilets mit der Polenta auf Tellern anrichten. Die Minze waschen und trocken schütteln, die Blätter abzupfen, hacken und über den Fisch streuen.

Mein Tipp

Den Loup de Mer können Sie übrigens auch auf einem Kugelgrill zubereiten: Dafür am besten 2 kleine Fische kaufen und wie oben beschrieben direkt auf 2 Alu-Grillschalen in Salz hüllen. Die Fische auf dem Grill mit geschlossenem Deckel 40 bis 50 Minuten garen.

Seeteufel im Kräutermantel

mit Selleriepüree und Rote-Bete-Salat

Zutaten für 4 Personen:

200 g Knollensellerie
200 g mehligkochende Kartoffeln
Salz
3 EL kalte Butter
400 g Sahne (oder Milch)
Pfeffer aus der Mühle
frisch geriebene Muskatnuss
2 unbehandelte Zitronen
500 g Rote Beten
2 säuerliche Äpfel (z. B. Boskop)
8 EL Öl
5 EL Sherryessig
2 TL Honig
2 Seeteufel-Schwanzstücke (à 300 g; küchenfertig)
1 Stiel Petersilie
1 Zweig Thymian
1 Knoblauchzehe
100 g Semmelbrösel
3 EL Olivenöl
15 g Ingwer
100 ml Fischfond

1 Den Sellerie putzen und schälen, die Kartoffeln schälen und waschen. Beides in grobe Stücke schneiden und zugedeckt in Salzwasser weich garen. 250 g Sahne in einem Topf erwärmen, 2 EL Butter hinzufügen und darin zerlassen. Die Kartoffel-Selleriemischung abgießen, kurz ausdampfen lassen und durch die Kartoffelpresse drücken. Das Sahne-Buttergemisch unterrühren und das Püree mit Salz, Pfeffer und Muskatnuss würzen.

2 Die Zitronen heiß waschen und trocken reiben. Von 1 Zitrone die Schale abreiben. Die Roten Beten schälen (dabei am besten Einweghandschuhe tragen) und in sehr feine Streifen hobeln. Die Äpfel vierteln, schälen und die Kerngehäuse entfernen. Das Apfelfruchtfleisch in feine Streifen hobeln. Für das Salatdressing das Öl, den Essig und den Honig verrühren und mit Salz, Pfeffer und 2 TL Zitronenschale würzen. Die Roten Beten mit dem Dressing marinieren und etwa 15 Minuten ziehen lassen.

3 Die Schale der zweiten Zitrone abreiben und den Saft auspressen. Den Seeteufel waschen, trocken tupfen, häuten und die Filets mit dem Messer entlang des Knorpels auslösen. Die Filets mit der Hälfte des Zitronensafts beträufeln und mit Salz und Pfeffer würzen. Die Petersilie und den Thymian waschen und trocken tupfen. Die Blätter abzupfen und fein hacken. Die Knoblauchzehe schälen und in feine Würfel schneiden. Die Semmelbrösel mit den Kräutern, etwas Zitronenschale und dem Knoblauch mischen und die Fischfilets in der Kräuterpanade wälzen. Das Olivenöl in einer Pfanne erhitzen und den Seeteufel darin bei mittlerer Hitze goldgelb braten. Die Fischfilets sollten innen noch leicht glasig sein.

4 Für den Ingwerschaum den Ingwer schälen und fein reiben. Die restliche Sahne, den Fond und den Ingwer in einen Topf geben und etwas einkochen lassen. Mit dem restlichen Zitronensaft, Salz und Pfeffer abschmecken. Die übrige kalte Butter einrühren und die Sauce kurz vor dem Servieren mit dem Stabmixer aufschäumen. Die Seeteufelfilets mit dem Selleriepüree und dem Rote-Bete-Salat anrichten. Den Ingwerschaum über die Fischfilets träufeln und sofort servieren.

Orangen-Curry-Lachs im Strudelteig

auf Petersilienwurzel-Lauch-Ragout

Zutaten für 4 Personen:

800 g Lachsfilet (küchenfertig)
2 EL Senf
abgeriebene Schale von
½ unbehandelten Orange
1 TL Currypulver
4 Strudelteigblätter
(ca. 20 x 30 cm;
aus dem Kühlregal)
80 g Butter
Currypulver zum Bestäuben
3 Petersilienwurzeln
1 Stange Lauch · Salz
2 Schalotten
½ rote Chilischote
abgeriebene Schale von
1 unbehandelten Limette
200 ml Gemüsebrühe
150 g Sahne
Pfeffer aus der Mühle
2 EL gehackter Koriander

1 Das Lachsfilet waschen und trocken tupfen. Den Senf mit der Orangenschale und dem Currypulver in einer Schüssel verrühren und das Lachsfilet damit auf beiden Seiten bestreichen. Den Fisch im Kühlschrank 30 Minuten ziehen lassen.

2 Den Backofen auf 170 °C vorheizen. Ein Backblech mit Backpapier auslegen. Die Strudelteigblätter auf der Arbeitsfläche nebeneinander auslegen. In einem kleinen Topf 50 g Butter zerlassen, die Teigblätter mit der Butter bestreichen und aufeinanderlegen. Den marinierten Lachs daraufsetzen, in den Strudelteig einschlagen und die Enden verschließen. Den Strudelteig außen ebenfalls mit Butter bestreichen, mit etwas Currypulver bestäuben und auf das Blech legen. Den Lachsstrudel im Ofen auf der mittleren Schiene 15 bis 20 Minuten garen.

3 Die Petersilienwurzeln putzen, schälen und schräg in dünne Scheiben schneiden. Den Lauch putzen, längs halbieren, waschen und in etwa 2 cm lange Stücke schneiden. Beide Gemüsesorten nacheinander in einem Topf in kochendem Salzwasser 2 bis 3 Minuten blanchieren. Mit dem Schaumlöffel herausheben, kalt abschrecken und gut abtropfen lassen.

4 Die Schalotten schälen und in feine Würfel schneiden. Die Chilischote entkernen, waschen und in feine Würfel schneiden. Die restliche Butter in einer Pfanne erhitzen und die Schalotten und die Petersilienwurzeln darin andünsten. Die Limettenschale und die Chiliwürfel hinzufügen. Die Brühe und die Sahne dazugießen und das Gemüse darin etwa 5 Minuten nicht zu weich garen. Den Lauch dazugeben, erwärmen und das Gemüse mit Salz und Pfeffer würzen. Den Koriander unterrühren und das Gemüseragout auf Teller verteilen.

5 Den Lachsstrudel aus dem Ofen nehmen, in Stücke schneiden und den Fisch mit Salz und Pfeffer würzen. Den Lachs im Strudelteig auf dem Petersilienwurzel-Lauch-Ragout anrichten und nach Belieben mit Kerbel garnieren. Als Beilage dazu passt Reis oder Couscous.

Caipirinha-Lachs

auf Kartoffelrösti

Zutaten für 4 Personen:

4 unbehandelte Limetten
700 g Lachsfilet (küchenfertig)
1 EL Rohrzucker
3 cl weißer Rum
600 g große festkochende Kartoffeln
3 EL Butterschmalz
Salz
1 rote Chilischote
100 g Crème fraîche
1 TL geriebener Ingwer
Pfeffer aus der Mühle
8 Cocktailtomaten
1 Kästchen Gartenkresse

1 Am Vortag 3 Limetten heiß waschen, trocken reiben und die Schale abreiben. Den Saft auspressen. Das Lachsfilet waschen, trocken tupfen und mit der Limettenschale sowie dem Rohrzucker bestreuen. Mit dem Rum und dem Limettensaft in einen Gefrierbeutel geben, verschließen und im Kühlschrank über Nacht marinieren.

2 Am nächsten Tag den Backofen auf 180 °C vorheizen. Die Kartoffeln schälen, waschen und auf dem Gemüsehobel in dünne Scheiben hobeln. Das Butterschmalz in einer Pfanne erhitzen und die Kartoffelscheiben darin unter gelegentlichem Wenden 3 bis 5 Minuten anbraten. Kleine quadratische Backförmchen (10 x 10 cm) fächerförmig mit den Kartoffelscheiben auslegen und die Kartoffeln im Ofen auf der mittleren Schiene 10 Minuten backen. Herausnehmen, auf Küchenpapier stürzen und abtropfen lassen, mit Salz würzen.

3 Die Chilischote längs halbieren, entkernen, waschen und in feine Würfel schneiden. Die restliche Limette halbieren und auspressen. Die Crème fraîche mit den Chiliwürfeln, dem Limettensaft und dem Ingwer verrühren und kräftig mit Salz und Pfeffer würzen. Die Cocktailtomaten waschen und halbieren. Die Kresse vom Beet schneiden, waschen und trocken tupfen.

4 Das Lachsfilet aus dem Gefrierbeutel nehmen und in hauchdünne Scheiben schneiden. Die Rösti mit den Lachsscheiben auf Tellern anrichten und mit der Kresse bestreuen. Mit der Chili-Ingwer-Creme beträufeln und mit den Cocktailtomaten garnieren.

Mein Tipp

Wenn es mal schnell gehen muss, können Sie auch einfach geräucherten Lachs kaufen und mit 2 EL weißem Rum, 1 TL Rohrzucker und etwas abgeriebener unbehandelter Limettenschale würzen und mit den Kartoffelrösti servieren.

Gebratener Lachs
mit Kartoffel-Lauch-Plätzchen

Zutaten für 4 Personen:

500 g mehligkochende Kartoffeln
Salz
1 Stange Lauch
70 g Mehl
1 Ei
Pfeffer aus der Mühle
frisch geriebene Muskatnuss
100 g Semmelbrösel
Mehl für die Arbeitsfläche
Butterschmalz zum Braten
1 unbehandelte Zitrone
4 Zweige Thymian
4 Lachsfilets (à 250 g; küchenfertig)
2 EL Olivenöl
1 Salatgurke
2 EL Weißweinessig
Zucker
3 Stiele Dill
2 EL Schmand

1 Den Backofen auf 120 °C vorheizen. Die Kartoffeln gründlich waschen und mit der Schale in kochendem Salzwasser 20 bis 25 Minuten weich garen. Die Kartoffeln abgießen und 5 Minuten ausdampfen lassen.

2 Den Lauch putzen, waschen und in kleine Würfel schneiden. Die Kartoffeln pellen und noch heiß durch die Kartoffelpresse in eine Schüssel drücken. Das Mehl, das Ei und den Lauch dazugeben und kräftig mit Salz, Pfeffer und Muskatnuss würzen. Alles zu einem glatten Teig verarbeiten. Falls der Teig noch klebt, 1 bis 2 EL Mehl unterarbeiten. Den Kartoffelteig auf der bemehlten Arbeitsfläche zu einer Rolle formen, in fingerdicke Scheiben schneiden und in den Semmelbröseln wenden. Das Butterschmalz in einer Pfanne erhitzen und die Plätzchen darin auf beiden Seiten goldgelb ausbacken.

3 Die Zitrone heiß waschen, trocken reiben und die Schale abreiben. Den Thymian waschen und trocken tupfen. Den Lachs waschen, trocken tupfen und mit Salz, Pfeffer und etwas Zitronenschale würzen. Das Olivenöl in einer ofenfesten Pfanne erhitzen und die Lachsfilets darin von beiden Seiten anbraten. Mit den Thymianzweigen belegen und im Ofen auf der mittleren Schiene etwa 10 Minuten fertig garen.

4 Die Gurke schälen und in dünne Scheiben hobeln. In eine Schüssel geben, mit Salz würzen und 5 Minuten ziehen lassen. Das entstandene Gurkenwasser abgießen, den Essig dazugeben und die Gurken mit Pfeffer und Zucker würzen. Den Dill waschen, trocken schütteln, die Spitzen abzupfen und fein hacken. Den Dill mit dem Schmand unter den Gurkensalat rühren und vor dem Servieren abschmecken.

5 Das Lachsfilet mit den Lauchplätzchen auf Tellern anrichten und den Gurkensalat dazu servieren.

Lachsfilet
mit Rucola-Risotto

Zutaten für 4 Personen:

Für den Risotto:
- 650 ml Gemüsebrühe
- 1 Schalotte
- 4 EL Butter
- 250 g Risottoreis (z. B. Vialone)
- 150 ml trockener Weißwein
- 250 g Rucola
- 50 g Parmesan (am Stück)
- Salz · Pfeffer aus der Mühle

Für den Fisch:
- 4 Lachsfilets (à 180 g; küchenfertig)
- 2 EL Olivenöl
- Saft von 1 Zitrone
- 1 TL gemahlener Koriander
- Salz · Pfeffer aus der Mühle
- 6 Zweige Thymian
- 125 ml trockener Weißwein
- 125 ml Fischfond
- 2 Lorbeerblätter
- 1 unbehandelte Zitrone

1 Die Brühe erhitzen. Die Schalotte schälen und in feine Würfel schneiden. In einem Topf 3 EL Butter erhitzen und die Schalottenwürfel darin bei mittlerer Hitze andünsten. Den Reis hinzufügen und glasig dünsten. Mit dem Wein ablöschen und unter Rühren einköcheln lassen. Ein Drittel der heißen Brühe zum Reis gießen und unter häufigem Rühren bei schwacher Hitze köcheln lassen, bis der Reis die Flüssigkeit aufgenommen hat. Diesen Vorgang zweimal wiederholen, bis die Brühe aufgebraucht ist. Dabei immer wieder rühren.

2 Den Rucola verlesen, waschen und trocken schleudern, grobe Stiele entfernen. Die Rucolablätter klein zupfen, 200 g abwiegen und, kurz bevor der Risotto bissfest gegart ist, unterheben. Den Rucola 3 Minuten mitgaren und den Topf vom Herd nehmen. Den Parmesan fein reiben und mit der restlichen Butter sowie 30 g Rucolablättern unter den Risotto rühren. Mit Salz und Pfeffer würzen.

3 Die Lachsfilets waschen und trocken tupfen, auf beiden Seiten mit Olivenöl bestreichen und mit dem Zitronensaft beträufeln. Den Koriander in einer Schüssel mit etwas Salz und Pfeffer mischen und den Fisch damit einreiben. Die Fischfilets in einen Dämpfeinsatz legen.

4 Von dem Thymian die Blättchen abzupfen und fein hacken. Mit Wein, Fond und Lorbeerblättern in den Dämpftopf geben und aufkochen lassen. Den Fisch daraufsetzen und zugedeckt 10 Minuten dämpfen.

5 Die Zitrone heiß waschen, trocken reiben und in Scheiben schneiden. Den Lachs mit dem Rucola-Risotto auf Tellern anrichten und nach Belieben mit Rucola sowie den Zitronenscheiben garnieren.

Mein Tipp

Beim Risottokochen ist die heiße Brühe das A und O: Gibt man die Brühe kalt dazu, wird der Garprozess immer wieder unterbrochen und der Risotto wird nicht so schön cremig, wie er sein sollte!

Kartoffel-Lachs-Spieße
mit Cocktailtomaten

Zutaten ür 4 Personen:
500 g kleine festkochende Kartoffeln · Salz
360 g Lachsfilet (küchenfertig)
1 Bund Frühlingszwiebeln
250 g Cocktailtomaten
1 unbehandelte Zitrone
1 Zweig Thymian
je 1 Bund Petersilie und Schnittlauch
2 EL Olivenöl
Pfeffer aus der Mühle
2 Knoblauchzehen · 2 Eier
½ TL mittelscharfer Senf
60 ml Öl
240 g Crème fraîche

1 Die Kartoffeln waschen und in einem Topf in Salzwasser etwa 15 Minuten garen. Das Lachsfilet waschen, trocken tupfen und in mundgerechte Würfel schneiden. Die Frühlingszwiebeln putzen, waschen und in etwa 4 cm lange Stücke schneiden. Die Cocktailtomaten waschen und trocken reiben.

2 Die Zitrone heiß waschen, trocken tupfen und halbieren. Eine Hälfte auspressen, die andere Hälfte in Scheiben schneiden. Die Kräuter waschen und trocken schütteln, die Blätter abzupfen und fein hacken. Den Schnittlauch in feine Röllchen schneiden. Die Kräuter mit dem Zitronensaft und dem Olivenöl mischen und mit Salz und Pfeffer würzen. Den Backofen auf 150 °C vorheizen.

3 Die Kartoffeln abgießen, kurz ausdampfen lassen und pellen. Kartoffeln, Lachs, Frühlingszwiebeln und Cocktailtomaten abwechselnd auf kleine Holzspieße stecken. Die Spieße auf ein mit Backpapier ausgelegtes Backblech legen und mit der Hälfte der Kräutermarinade bestreichen. Die Spieße im Backofen auf der mittleren Schiene etwa 10 Minuten garen.

4 Den Knoblauch schälen und in feine Würfel schneiden. Die Eier mit dem Senf schaumig schlagen. Das Öl und den Knoblauch nach und nach unterrühren. Die Knoblauchmischung mit der Crème fraîche verrühren und das Aioli mit Salz und Pfeffer abschmecken. Die Kartoffel-Lachs-Spieße mit der restlichen Kräutermarinade, dem Aioli und den Zitronenscheiben servieren.

Forelle
wie bei Tante Gerda

Zutaten für 4 Personen:
8 Salatherzen
1 Bund Dill
1 Zitrone
150 g Naturjoghurt (3,5 % Fett)
Salz · Pfeffer aus der Mühle
Zucker
500 g festkochende Kartoffeln
2 Bachforellen (küchenfertig)
je 1 Bund Petersilie, Rosmarin, Thymian und Schnittlauch
250 g weiche Butter
6 Knoblauchzehen

1 Die Salatherzen putzen, waschen, trocken schleudern und in mundgerechte Stücke zupfen. Den Dill waschen und trocken schütteln, die Spitzen abzupfen und fein hacken. Die Zitrone auspressen. Den Joghurt mit dem Zitronensaft, Salz, Pfeffer, etwas Zucker und dem Dill zu einem Dressing verrühren.

2 Die Kartoffeln schälen, waschen, in gleich große Stücke schneiden und in Salzwasser etwa 20 Minuten garen.

3 Inzwischen die Forellen innen und außen waschen, trocken tupfen und mit Salz und Pfeffer einreiben. Die Kräuter waschen, trocken schütteln, klein schneiden und die Forellen damit füllen. Die Öffnungen der Bauchhöhlen jeweils mit etwas Butter bestreichen.

4 Den Knoblauch schälen. Die restliche Butter in einer tiefen Pfanne zerlassen und die Fische mit dem Knoblauch bei mittlerer Hitze von beiden Seiten langsam braten. Die Fische herausnehmen, auf eine vorgewärmte Platte legen und mit Alufolie abdecken.

5 Die Kartoffeln abgießen und abdampfen lassen. Das Bratfett aus der Pfanne abgießen und die Kartoffeln in der Pfanne schwenken.

6 Die Forellen mit den Kartoffeln und dem Salat auf der Platte anrichten und den Salat mit dem Dressing beträufeln.

Saibling
mit Apfel-Dill-Kruste

Zutaten für 4 Personen:
1 Zitrone
1 Bund Dill
1 Apfel
1 Ei
2 EL Meerrettich (aus dem Glas)
3 EL Paniermehl
Salz · Pfeffer aus der Mühle
200 g Wildreis
4 Saiblingsfilets
(à 180 g; mit Haut)
3 EL Butter
125 ml Gemüsebrühe
200 g Feldsalat
1 kleiner Granatapfel
300 g Naturjoghurt
Zucker

1 Die Zitrone halbieren und auspressen. Den Dill waschen und trocken schütteln, die Spitzen abzupfen und fein hacken. Den Apfel waschen, vierteln und das Kerngehäuse entfernen. Die Apfelviertel auf der Gemüsereibe raspeln. Die Apfelraspel mit dem Ei, dem Meerrettich, dem Paniermehl und dem Dill mischen und die Masse mit Salz, Pfeffer und 2 EL Zitronensaft würzen. Den Wildreis nach Packungsanweisung in kochendem Salzwasser bissfest garen.

2 Den Backofen auf 200 °C vorheizen. Die Saiblingsfilets waschen, trocken tupfen und in je 4 Scheiben schneiden. Die Butter in einer Pfanne erhitzen und den Fisch darin auf der Hautseite etwa 1 Minute scharf anbraten. Die Fischscheiben mit der Hautseite nach oben auf ein tiefes Backblech geben und die Apfelmasse darauf verteilen. Die Brühe dazugießen und den Saibling im Ofen auf der mittleren Schiene etwa 10 Minuten garen.

3 Den Feldsalat verlesen, waschen und trocken schleudern. Den Granatapfel halbieren, die Kerne mit einer Gabel herauslösen und mit dem Feldsalat mischen. Den Joghurt mit 3 EL Zitronensaft verrühren und mit Salz, Pfeffer und 1 Prise Zucker würzen.

4 Den Saibling und den Salat auf Tellern anrichten und mit der Joghurtsauce beträufeln. Den Wildreis dazu servieren.

Gebackene Saiblingsfilets

mit Sauce Tatar und Kräuterkartoffeln

Zutaten für 4 Personen:

5 Eier
1 TL Senf
230 ml Öl
200 g Naturjoghurt
2 unbehandelte Zitronen
3 Schalotten
1 Knoblauchzehe
je 3 Stiele Petersilie, Estragon und Kerbel
Salz · Pfeffer aus der Mühle
Chili aus der Gewürzmühle
1 TL eingelegte Kapern
2 Cornichons
600 g festkochende Kartoffeln (z. B. La Ratte)
50 g Frühstücksspeck
1 Bund gemischte Kräuter (z. B. für Frankfurter Grüne Sauce)
3 EL Butter
4 Saiblingsfilets (ohne Haut; küchenfertig)
50 g Sahne
100 g Mehl
200 g Semmelbrösel
Öl zum Ausbacken

1 Für die Sauce Tatar 2 Eier trennen und die Eigelbe mit Senf in eine Schüssel geben und verquirlen. 200 ml Öl tröpfchenweise dazugeben und unterschlagen. Die Mayonnaise mit dem Joghurt in eine Schüssel geben. Ein Ei hart kochen. Eine Zitrone heiß waschen, trocken reiben und die Schale abreiben. Die Zitrone halbieren und den Saft auspressen. In der Zwischenzeit 1 Schalotte und den Knoblauch schälen und in feine Würfel schneiden. Petersilie, Estragon und Kerbel waschen, trocken schütteln und jeweils die Blätter abzupfen. Das hart gekochte Ei, die abgetropften Kapern, die Cornichons und die Kräuter klein schneiden und unter die Mayonnaise rühren. Mit Salz, Pfeffer, Chili und dem zuvor beiseitegestellten Zitronensaft würzen und vermengen.

2 Die Kartoffeln gründlich waschen und in einem Dämpftopf mit Siebeinsatz bissfest garen. Abkühlen lassen und längs halbieren.

3 In einer Pfanne das restliche Öl erhitzen und die Kartoffeln darin anbraten. Die restlichen Schalotten schälen und mit dem Speck in kleine Würfel schneiden. Die gemischten Kräuter waschen, trocken schleudern und fein hacken. Die Schalotten und den Speck zu den Kartoffeln geben und mitbraten. Mit Salz und Pfeffer würzen, die Butter und die Kräuter dazugeben und untermischen.

4 Die Saiblingsfilets waschen, trocken tupfen und in je 3 Stücke teilen. Die Zitrone heiß waschen und trocken reiben. Die Schale abreiben, die Zitrone halbieren und den Saft auspressen. Die Fischfilets mit Salz, Pfeffer und Zitronenschale würzen. Die Sahne leicht anschlagen und mit den restlichen Eiern verquirlen. Die Filetstücke im Mehl wenden, durch das Ei-Sahne-Gemisch ziehen und zuletzt in den Semmelbröseln panieren. Reichlich Öl in einer tiefen Pfanne erhitzen und die vorbereiteten Saiblingsfilets darin schwimmend goldbraun ausbacken. Herausnehmen, auf Küchenpapier abtropfen lassen und mit Salz würzen.

5 Die Kräuter-Bratkartoffeln auf Tellern anrichten, die Fischfilets darauflegen und mit der Sauce Tatar servieren.

Fischstäbchen
im Kokosmantel

Zutaten für 4 Personen:
1 Bund Rosmarin
1 Bund Dill
250 g Crème double
5 Eigelb
1 TL Currypulver
einige Blätter Romanasalat
4 Schwertfischsteaks
(à 125 g; küchenfertig)
Salz · Pfeffer aus der Mühle
Worcestersauce
200 g Mehl
5 Eier
200 g Paniermehl
200 g Kokosflocken
150 ml Olivenöl

1 Die Kräuter waschen und trocken schütteln, die Nadeln bzw. Spitzen abzupfen und fein hacken. Die Crème double mit den Eigelben, den gehackten Kräutern sowie dem Currypulver gut verrühren. Die Salatblätter waschen und trocken tupfen.

2 Die Schwertfischsteaks waschen, trocken tupfen und in fischstäbchengroße Stücke schneiden. Jeweils in die Mitte eine Tasche schneiden und die Fischstücke mit der Kräutercreme füllen. Rundum mit Salz und Pfeffer würzen und mit Worcestersauce beträufeln.

3 Das Mehl in einen tiefen Teller geben. Die Eier in einem weiteren tiefen Teller verquirlen. Das Paniermehl mit den Kokosflocken in einem tiefen Teller mischen. Die Fischstücke zuerst im Mehl wenden, dann durch die Eier ziehen und zuletzt mit der Paniermehl-Kokos-Mischung panieren. Das Olivenöl in einer tiefen Pfanne erhitzen und die Fischstäbchen darin bei schwacher Hitze etwa 5 Minuten auf beiden Seiten goldbraun ausbacken.

4 Die Fischstäbchen mit dem Schaumlöffel aus der Pfanne nehmen und auf Küchenpapier abtropfen lassen. Die Salatblätter kurz durch das heiße Olivenöl ziehen, sodass sie schön knusprig werden. Die Fischstäbchen auf den frittierten Salatblättern anrichten. Als Beilage dazu passt Kartoffelpüree.

Mein Tipp

Nicht nur Kinder werden von diesen selbst gemachten Fischstäbchen begeistert sein! Wer mag, kann die Fischfilets natürlich abgespeckt – ohne die Kräuterfüllung – panieren und ausbacken. Statt Schwertfisch kann man auch jedes andere festfleischige Fischfilet verwenden.

Wolfsbarsch

mit Orangenfenchel und grünem Pfefferschaum

Zutaten für 4 Personen:

½ Sellerieknolle
1 Stange Lauch
2 Wolfsbarsche
(à ca. 400 g; küchenfertig)
2 unbehandelte Zitronen
3 Knoblauchzehen
Salz · Pfeffer aus der Mühle
1 Bund Zitronenthymian
5 EL Olivenöl
2 Fenchelknollen
1 TL grob zerstoßene
Fenchelsamen
1 EL brauner Zucker
4 Orangen
1 Schalotte
90 g kalte Butter
1 EL eingelegte
grüne Pfefferkörner
50 ml weißer Portwein
50 ml Weißwein
150 ml Fischfond
100 g Sahne
Fleur de Sel

1 Den Backofen auf 140 °C vorheizen. Den Knollensellerie putzen, schälen und grob in Würfel schneiden. Den Lauch putzen, waschen und in Ringe schneiden.

2 Die Wolfsbarsche innen und außen gründlich waschen und die Flossen abschneiden. Die Zitronen heiß waschen und trocken reiben. Eine Zitrone in Scheiben schneiden und die Knoblauchzehen halbieren. Den Fisch innen und außen mit Salz und Pfeffer würzen, mit Zitronenscheiben, gewaschenen Thymianzweigen und halbierten Knoblauchzehen füllen. Auf ein Backblech legen, den Sellerie und den Lauch darum herum verteilen und mit 2 EL Olivenöl beträufeln. Im Backofen etwa 40 Minuten garen.

3 Den Fenchel putzen, waschen und in dünne Spalten schneiden. Das Fenchelgrün fein hacken. Das restliche Olivenöl in einer Pfanne erhitzen, den Fenchel samt Fenchelsamen darin andünsten. Mit dem Zucker bestreuen und karamellisieren.

4 Zwei Orangen halbieren, den Saft auspressen und zum Fenchel geben. Bei mittlerer Hitze weich garen. Den Fenchel mit Salz und Pfeffer würzen. 3 EL kalte Butterwürfel hinzufügen und den Sud damit binden. Die beiden restlichen Orangen so großzügig schälen, dass auch die weiße Haut mit entfernt wird, und die Fruchtfilets aus den Trennhäuten schneiden. Die Orangenfilets mit dem Fenchelgrün unter den fertigen Fenchel mischen.

5 Die Schalotte schälen und in feine Würfel schneiden. In einer Pfanne 30 g Butter erhitzen und die Schalotte und den grünen Pfeffer darin andünsten. Mit dem Portwein und dem Weißwein ablöschen. Den Fond dazugeben und auf die Hälfte einkochen lassen. Die Sahne hinzufügen und aufkochen. Die Sauce mit dem Stabmixer pürieren. Die restliche Zitrone halbieren und den Saft auspressen. Die Pfeffersauce mit Salz, Pfeffer und Zitronensaft abschmecken, dann die restliche kalte Butter untermixen. Nach Belieben zusätzlich ganze grüne Pfefferkörner dazugeben.

6 Den Wolfsbarsch filetieren und mit dem Fenchel auf Tellern anrichten. Mit dem Pfefferschaum beträufeln und mit Fleur de Sel und frisch gemahlenem Pfeffer würzen.

Gebratene Rotbarbe

auf Artischocken-Peperonata mit Kapernsauce

Zutaten für 4 Personen:

Für die Peperonata:

je 2 rote und gelbe Paprikaschoten
6 EL Olivenöl · 2 Zitronen
2 Artischocken
1 Zweig Rosmarin
3 Schalotten
2 Knoblauchzehen · Salz
Chili aus der Gewürzmühle
2 EL gehackte Petersilie

Für den Fisch:

4 Rotbarbenfilets (à ca. 150 g; mit Haut)
Salz · Pfeffer aus der Mühle
3 EL Olivenöl
je 2 Zweige Rosmarin und Thymian
2 Schalotten
2 Knoblauchzehen

Für die Sauce:

3 Schalotten · 1 Knoblauchzehe
3 EL Butter · 2 cl Wermut
250 ml trockener Weißwein
200 g Sahne · 200 ml Fischfond
Saft von 1 Limette
1 Zweig Thymian
1 Lorbeerblatt
Salz · Pfeffer aus der Mühle
1 EL Speisestärke
1 EL eingelegte Kapern

1 Für die Peperonata den Backofen auf 180 °C (Umluft) vorheizen. Die Paprikaschoten vierteln, entkernen und mit der Hautseite nach oben auf ein Backblech legen. Mit 4 EL Olivenöl beträufeln. Die Paprikaviertel im Ofen auf der mittleren Schiene 30 Minuten garen, bis die Haut schwarze Blasen wirft. Die Paprikaschoten aus dem Ofen nehmen, die Haut abziehen und die Paprikaschoten in Würfel schneiden.

2 Die Zitronen halbieren und auspressen. Die Artischocken putzen, dafür den Boden etwa 1 cm dick abschneiden, die äußeren harten Blätter abbrechen und die holzigen Teile abschneiden. Das Heu mit einem Löffel entfernen. Die Artischocken mit dem Zitronensaft beträufeln und in dünne Spalten schneiden.

3 Den Rosmarin waschen und trocken schütteln und die Nadeln fein hacken. Die Schalotten und den Knoblauch schälen und in feine Würfel schneiden. In einer Pfanne das restliche Olivenöl erhitzen und die Artischocken darin anbraten. Schalotten und Knoblauch dazugeben und kurz mitbraten. Den Rosmarin hinzufügen und alles mit Salz und Chili aus der Mühle würzen. Paprikawürfel und Petersilie unterrühren.

4 Für den Fisch die Rotbarbenfilets waschen, trocken tupfen und mit Salz und Pfeffer würzen. Das Olivenöl in einer beschichteten Pfanne erhitzen und die Fischfilets darin auf beiden Seiten kross anbraten. Die Kräuterzweige waschen, trocken schütteln, zum Fisch in die Pfanne geben. Die Schalotten schälen und halbieren, mit dem ungeschälten Knoblauch in die Pfanne geben und die Fischfilets 3 bis 5 Minuten fertig braten. Die Filets herausnehmen und warm stellen.

5 Für die Sauce die Schalotten und den Knoblauch schälen, in feine Würfel schneiden und in Butter andünsten. Mit dem Wermut und dem Wein ablöschen, die Sahne und den Fond dazugießen und auf die Hälfte einköcheln lassen. Den Limettensaft, den Thymianzweig und das Lorbeerblatt dazugeben und die Sauce mit Salz und Pfeffer würzen. Die Speisestärke mit etwas kaltem Wasser glatt rühren und die Sauce damit binden. Durch ein feines Sieb streichen und mit dem Stabmixer aufschäumen. Die Kapern grob hacken und unterrühren.

6 Die Artischocken-Peperonata auf Tellern anrichten, je 1 Rotbarbenfilet daraufgeben und mit der Kapernsauce servieren.

Red Snapper
auf Fenchelgemüse

Zutaten für 4 Personen:
4 Fenchelknollen
4 EL Olivenöl
1 EL Zucker
2 EL Kräuteressig
1 EL Fenchelsamen
Salz · Pfeffer aus der Mühle
800 g Red-Snapper-Filet (küchenfertig)
Mehl zum Wenden
Öl zum Braten

1 Den Fenchel putzen, waschen und in dünne Scheiben schneiden. Das Olivenöl in einer Pfanne erhitzen und die Fenchelscheiben darin bei schwacher Hitze etwa 3 Minuten dünsten. Dann den Zucker, den Essig und die Fenchelsamen hinzufügen und den Fenchel mit Salz und Pfeffer würzen. Das Gemüse zugedeckt 20 bis 30 Minuten fertig garen, nach Belieben 2 cl Anisschnaps dazugeben.

2 Das Red-Snapper-Filet waschen und trocken tupfen, in große Rauten schneiden und mit Salz würzen. Das Mehl in einen tiefen Teller geben. Die Fischstücke im Mehl wenden und überschüssiges Mehl abklopfen.

3 Etwas Öl in einer Pfanne erhitzen und die Filetstücke darin auf einer Seite scharf anbraten, bis sie am Rand braun werden. Die Hitze reduzieren, die Filets wenden und auf der anderen Seite ebenfalls goldbraun braten. Die Fischfilets mit dem Fenchelgemüse auf Tellern anrichten und servieren.

Das ist wunderbarer **Heilbutt**. Der ist so frisch, man könnte ihn wiederbeleben, wenn man die Haut wieder dran bekäm.

Seeteufel-Saltimbocca

auf Gemüsegraupen

Zutaten für 4 Personen:

80 g Perlgraupen
1 kleine Möhre
1 kleiner Kohlrabi
1 kleine Stange Staudensellerie
3 Schalotten
¾ Knoblauchknolle
1 EL Butter
100 ml trockener Weißwein
500 ml Geflügelfond
Salz · Pfeffer aus der Mühle
1 große mehligkochende Kartoffel
2 Zweige Thymian
1 Zweig Rosmarin
3 EL Butterschmalz
200 ml Fischfond
400 g Seeteufelfilet (küchenfertig)
4 Salbeiblätter
8 Scheiben Bauchspeck
2 EL Olivenöl
2 EL geriebener Meerrettich
3 EL Sahne
2 EL Schnittlauchröllchen

1 Die Graupen in einer Schüssel in kaltem Wasser etwa 30 Minuten einweichen. Anschließend in ein Sieb abgießen.

2 Die Möhre und den Kohlrabi putzen, schälen und in sehr kleine Würfel schneiden. Den Sellerie putzen, waschen und ebenfalls in sehr kleine Würfel schneiden. Je 1 Schalotte und Knoblauchzehe schälen und in feine Würfel schneiden.

3 Die Butter in einer Pfanne erhitzen und die Schalotte und den Knoblauch darin andünsten. Die Graupen dazugeben und kurz mitdünsten. Mit dem Wein ablöschen und den Fond angießen. Die Gemüsewürfel nach 20 Minuten dazugeben und Graupen und Gemüse weitere 10 bis 15 Minuten fertig garen. Mit Salz und Pfeffer abschmecken.

4 Inzwischen die Kartoffel schälen, waschen und auf der Gemüsereibe grob raspeln. Die restlichen Schalotten und 1 Knoblauchzehe schälen und in feine Würfel schneiden. Die Kräuterzweige waschen und trocken tupfen. Das Butterschmalz in einer Pfanne erhitzen und die Schalotten mit dem Knoblauch und den Kartoffelraspeln darin andünsten. Einen Thymianzweig und den Fischfond dazugeben und etwa 20 Minuten köcheln lassen.

5 Den Seeteufel waschen, trocken tupfen und in 4 Medaillons schneiden. Mit Salz und Pfeffer würzen und mit je 1 gewaschenem Salbeiblatt belegen. Je 2 Scheiben Bauchspeck leicht überlappend nebeneinanderlegen und die Medaillons darin einwickeln. Falls nötig, mit Küchengarn fixieren. Das Olivenöl in einer Pfanne erhitzen und die Seeteufel-Saltimboccas darin auf beiden Seiten goldbraun anbraten. Die restliche Knoblauchknolle und je 1 Rosmarin- und Thymianzweig dazugeben und die Seeteufel-Saltimboccas bei mittlerer Hitze gar ziehen lassen.

6 Die Sauce durch ein Sieb gießen und mit Meerrettich und Salz abschmecken. Die Sahne steif schlagen, kurz vor dem Servieren 2 EL davon zur Sauce geben und mit dem Stabmixer schaumig aufschlagen.

7 Den Schnittlauch und die restliche Sahne unter die Graupen mischen und die Gemüsegraupen auf Teller verteilen. Die Seeteufel-Saltimboccas mit der Kartoffel-Meerrettich-Sauce darauf anrichten.

Heilbutt im Bananenblatt

mit asiatischer Mayonnaise und Bratkartoffelsalat

Zutaten für 4 Personen:

700 g Heilbuttfilet (küchenfertig)
1 ½ rote Chilischoten
30 g Ingwer
Saft von 1 Limette
6 EL Sojasauce
200 ml Kokosmilch
3 junge Möhren
3 Petersilienwurzeln
1 Stange Lauch
2–3 Bananenblätter (aus dem Asienladen)
Salz · Pfeffer aus der Mühle
Chili aus der Gewürzmühle
8 unbehandelte Limettenscheiben
1 Bund Radieschen
400 g festkochende Kartoffeln
190 ml Öl
150 g Cocktailtomaten
2 Schalotten
3 EL Olivenöl
100 ml Geflügelfond
3 EL Weißweinessig
2 TL Senf
1 TL gehackter Rosmarin
2 EL gehackte Petersilie
3 Eigelb
1 Knoblauchzehe
1 Bund Koriander
1 EL Sushi-Ingwer
abgeriebene Schale und Saft von ½ unbehandelten Limette
1 EL Oystersauce

1 Das Fischfilet waschen, trocken tupfen, in 4 Stücke schneiden und in eine Schale legen. 1 Chilischote längs halbieren, entkernen, waschen und in feine Würfel schneiden. Den Ingwer in dünne Scheiben schneiden. Limettensaft, Chili, Ingwer, 4 EL Sojasauce und die Kokosmilch verrühren. Den Fisch damit beträufeln, 10 Minuten marinieren.

2 Das Gemüse putzen und schälen bzw. waschen, in dünne Scheiben schneiden bzw. hobeln und mischen. Die Bananenblätter in etwa 20 x 30 cm große Stücke schneiden und kurz in einer beschichteten Pfanne erwärmen, bis sie zu glänzen beginnen.

3 Den Backofen auf 140 °C vorheizen. Den Heilbutt aus der Marinade nehmen und je 1 Stück mit einem Viertel der Gemüsemischung auf ein Bananenblatt legen. Mit etwas Marinade beträufeln, mit Salz, Pfeffer und Chili aus der Mühle würzen und mit je 2 Limettenscheiben belegen. Die Blätter zu Päckchen verschließen und, falls nötig, mit Küchengarn befestigen. Die Bananenblattpäckchen auf ein Backblech legen und im Ofen auf der mittleren Schiene 15 bis 20 Minuten garen.

4 Für den Bratkartoffelsalat die Radieschen putzen, waschen und vierteln. Kartoffeln schälen, waschen, in ½ cm dicke Scheiben schneiden und mit Küchenpapier trocken tupfen. In einer Pfanne in 4 EL heißem Öl auf beiden Seiten goldbraun braten. Auf Küchenpapier abtropfen lassen und mit den Radieschen in einer Schüssel mischen. Die Cocktailtomaten waschen, vierteln und dazugeben. Die Schalotten schälen, in feine Würfel schneiden und im Olivenöl andünsten. Fond, Essig und 1 TL Senf dazugeben und vom Herd nehmen. Die Marinade mit Salz, Pfeffer und Rosmarin würzen. Den Salat vorsichtig mit der Marinade mischen, die Petersilie dazugeben und zugedeckt warm stellen.

5 Für die Mayonnaise den restlichen Senf und die Eigelbe unterrühren und langsam das übrige Öl dazugießen, bis eine Mayonnaise entsteht, salzen und pfeffern. Restliche Chilihälfte entkernen und waschen. Den Knoblauch schälen. Beides in feine Würfel schneiden. Den Koriander waschen und trocken schütteln, die Blätter abzupfen und fein hacken. Den Sushi-Ingwer fein hacken. Chili, Knoblauch, Koriander, Limettenschale und -saft, Sushi-Ingwer, restliche Soja- und Oystersauce unter die Mayonnaise rühren. Den Bratkartoffelsalat mit je 1 Heilbuttpäckchen und der asiatischen Mayonnaise anrichten.

Seezungenröllchen

mit Chicorée, Orangen und Estragon

Zutaten für 4 Personen:
2 Chicorée
1 Schalotte
1 Knoblauchzehe
3 EL Butter
120 ml Orangensaft
100 ml Geflügelfond
Salz · Pfeffer aus der Mühle
8 Seezungenfilets
(à ca. 60 g; mit Haut)
4 Zweige Rosmarin
200 ml Fischfond
1 EL brauner Zucker
50 g kalte Butter
(in Stücken)
1 EL Estragonblätter
(in feine Streifen geschnitten)
Chili aus der Gewürzmühle
(ersatzweise Chilipulver)
3 Orangen

1 Den Chicorée putzen, waschen, vierteln und den Strunk entfernen. Die Schalotte und den Knoblauch schälen und in feine Würfel schneiden.

2 Die Butter in einer Pfanne zerlassen, Chicorée, Schalotten- und Knoblauchwürfel darin andünsten und mit 5 EL Orangensaft und dem Geflügelfond ablöschen. Mit Salz und Pfeffer würzen und den Chicorée bei schwacher Hitze weich dünsten.

3 Die Seezungenfilets waschen, trocken tupfen, mit der Hautseite nach oben auf die Arbeitsfläche legen und mit Salz und Pfeffer würzen. Den Rosmarin waschen und trocken schütteln. Von den gedünsteten Chicoréevierteln insgesamt 8 Blätter ablösen, je 2 Chicoréeblätter auf die Seezungen legen und die Filets aufrollen. Je 2 Röllchen auf 1 Rosmarinzweig stecken. Den restlichen Chicorée warm stellen.

4 Den Fischfond im Dampfgarer (oder in einem Topf) erhitzen, die Seezungenröllchen auf das Garblech (oder einen zum Topf passenden Dämpfeinsatz) setzen und bei schwacher Hitze über dem Fond 10 bis 12 Minuten dämpfen. Die Röllchen herausnehmen und warm stellen.

5 Den Fischfond mit dem restlichen Orangensaft und dem Zucker in einem Topf aufkochen. Die kalte Butter mit dem Stabmixer unterrühren und den Estragon untermischen. Die Sauce mit Salz, Pfeffer und Chili würzen.

6 Die Orangen so großzügig schälen, dass auch die weiße Haut mit entfernt wird. Die Filets aus den Trennhäuten schneiden und in der Sauce erwärmen. Die Seezungenröllchen auf den Orangenfilets anrichten, mit der Orangen-Estragon-Sauce beträufeln und mit dem restlichen gedünsteten Chicorée servieren. Dazu passen Schmetterlingsnudeln.

Thunfischsteak

mit Erdnuss-Koriander-Kruste

Zutaten für 4 Personen:

50 g Erdnüsse (ungesalzen)
100 g Toastbrot
½ Bund Koriander
50 g weiche Butter
Salz · Pfeffer aus der Mühle
Korianderkörner aus der Gewürzmühle
½ Kopf Weißkohl (ca. 500 g)
1 Vanilleschote
80 ml Olivenöl
2 EL Vanillezucker
150 ml Geflügelfond
200 g Farfalle
4 Thunfischsteaks (à 160 g)
½ Bund Schnittlauch

1 Die Erdnüsse in einer Pfanne ohne Fett anrösten. Abkühlen lassen und fein hacken. Das Toastbrot entrinden und im Küchenmixer fein mahlen. Den Koriander waschen und trocken schütteln, die Blätter abzupfen und fein hacken.

2 Die Butter schaumig rühren und die Erdnüsse, das Toastbrot und den Koriander unterrühren. Die Gratiniermasse mit Salz, Pfeffer und Koriander aus der Mühle würzen. Die Masse in einen Gefrierbeutel geben, mit dem Nudelholz dünn ausrollen und kühl stellen.

3 Den Weißkohl putzen, waschen und die äußeren Blätter entfernen, den Kohl in Rechtecke schneiden. Die Vanilleschote der Länge nach aufschneiden und das Mark herauskratzen. In einem Topf 5 EL Olivenöl erhitzen und den Weißkohl darin andünsten. Den Vanillezucker sowie das Vanillemark dazugeben und unter Rühren leicht karamellisieren. Den Fond dazugießen und das Gemüse bei mittlerer Hitze bissfest garen. Mit Salz und Pfeffer würzen.

4 Inzwischen die Farfalle nach Packungsanweisung in reichlich kochendem Salzwasser bissfest garen. In ein Sieb abgießen, abtropfen lassen und unter den Weißkohl mischen.

5 Ein Backblech mit Alufolie auslegen. Die Thunfischsteaks waschen und trocken tupfen. Das restliche Olivenöl in einer Pfanne erhitzen und die Steaks darin auf beiden Seiten je 1 Minute anbraten. Mit Salz und Pfeffer würzen und auf das Blech legen.

6 Kurz vor dem Servieren den Backofengrill auf 220 °C vorheizen. Den Gefrierbeutel aufschneiden, die Gratiniermasse herausnehmen und in der Größe der Steaks zurechtschneiden. Die Steaks damit belegen und unter dem Backofengrill goldbraun überbacken.

7 Den Schnittlauch waschen, trocken schütteln und in feine Röllchen schneiden. Die Schnittlauchröllchen unter die Krautnudeln mischen und auf Tellern anrichten. Je 1 gratiniertes Thunfischsteak darauflegen und nach Belieben mit Korianderblättern garnieren.

Johann Lafer

Spargelcurry
mit Garnelen

Zutaten für 4 Personen:

12 Stangen weißer Spargel
1 Baby-Ananas
4 Frühlingszwiebeln
3 Schalotten
½ Knoblauchknolle
20 g Ingwer
250 g Cocktailtomaten
2 EL Erdnussöl
1 TL gelbe Currypaste
250 ml Kokosmilch
80 ml trockener Weißwein
Salz · Pfeffer aus der Mühle
Chili aus der Gewürzmühle
1 Stängel Zitronengras
2 Zweige Zitronenthymian
12 Riesengarnelen (küchenfertig)
4 EL Olivenöl

1 Den Spargel schälen und die holzigen Enden abschneiden, die Spargelstangen in Stücke schneiden. Die Baby-Ananas putzen, schälen und das Fruchtfleisch in mundgerechte Stücke schneiden. Die Frühlingszwiebeln putzen, waschen und in feine Ringe schneiden.

2 Die Schalotten und 2 Knoblauchzehen schälen und in Spalten schneiden. Den Ingwer schälen und fein reiben. Die Cocktailtomaten waschen und halbieren.

3 Das Erdnussöl im Wok oder einer großen Pfanne erhitzen und den Spargel darin etwa 2 Minuten scharf anbraten. Die Ananas, die Schalotten, den Knoblauch und den Ingwer dazugeben und weitere 2 Minuten mitbraten. Die Currypaste untermischen, die Kokosmilch und den Wein dazugießen und alles 7 Minuten köcheln lassen. Mit Salz, Pfeffer und Chili aus der Mühle würzen. Zuletzt die Frühlingszwiebeln und die Cocktailtomaten hinzufügen.

4 Das Zitronengras putzen und waschen. Den Zitronenthymian waschen und trocken schütteln. Die Riesengarnelen waschen und trocken tupfen. Das Olivenöl in einer Pfanne erhitzen und die Riesengarnelen darin mit dem restlichen ungeschälten Knoblauch sowie dem Zitronengras und dem Zitronenthymian 2 Minuten scharf anbraten. Dann die Hitze reduzieren, die Garnelen mit Salz und Pfeffer würzen und noch etwas ziehen lassen.

5 Das Spargelcurry auf Schälchen oder tiefe Teller verteilen, die Garnelen darauf anrichten und nach Belieben mit Basilikum garnieren.

Mein Tipp

Currypasten gibt es in verschiedenen Sorten im Asienladen. Wem diese Pasten zu scharf sind, der verwendet einfach Currypulver.

Paella »Rucki-Zucki«

mit Paprika und Sellerie

Zutaten für 4 Personen:

200 g Staudensellerie
2 Knoblauchzehen
je 1 rote und gelbe Paprikaschote
1 Bund Frühlingszwiebeln
350 g gemischte Meeresfrüchte (küchenfertig)
280 g Hähnchenbrustfilet
100 g spanische Hartwurst (z. B. Salchichón)
3 EL Öl
2 Döschen Safranfäden (0,2 g)
300 g Schnellkochreis
250 ml trockener Weißwein
250 ml Geflügelfond
2 EL Zitronensaft
Salz · Pfeffer aus der Mühle
2 unbehandelte Zitronen

1 Den Sellerie putzen, waschen und in Scheiben schneiden. Den Knoblauch schälen und in feine Würfel schneiden. Die Paprikaschoten schälen, längs halbieren, entkernen und in Stücke schneiden. Die Frühlingszwiebeln putzen, waschen und in feine Ringe schneiden.

2 Die Meeresfrüchte in ein Sieb geben, kalt abbrausen, abtropfen lassen und beiseitestellen. Das Hähnchenbrustfilet waschen, trocken tupfen und in Streifen schneiden. Die Hartwurst in Scheiben schneiden.

3 Das Öl in einer großen Pfanne erhitzen, die Hähnchenstreifen darin rundum goldbraun anbraten und wieder herausnehmen. Den Knoblauch und die Frühlingszwiebeln in die Pfanne geben und im verbliebenen Bratfett andünsten. Die Selleriescheiben und die Paprikastücke hinzufügen und kurz mitdünsten.

4 Die Safranfäden unter die Gemüsemischung rühren. Den Reis dazugeben und unter ständigem Rühren glasig dünsten. Mit dem Wein ablöschen und den Fond und den Zitronensaft hinzufügen.

5 Das Hähnchenfleisch, die Wurstscheiben und die Meeresfrüchte unter die Gemüse-Reis-Pfanne mischen, die Paella mit Salz und Pfeffer würzen und weitere 8 Minuten garen.

6 Die Zitronen heiß waschen, trocken reiben und in Spalten schneiden. Die Paella »Rucki-Zucki« in tiefen Tellern anrichten und mit den Zitronenspalten garnieren.

Mein Tipp

Wer mag, kann statt dem Geflügelfond auch einmal Fischfond verwenden. Übrigens: Ob eine Paella gelingt oder nicht, liegt entscheidend am Reis – er sollte trocken, körnig und nicht verklebt sein!

Das Meer
trifft Spaghetti

Zutaten für 4 Personen:

2 rote Chilischoten
100 g Mangold
½ Bund Majoran
250 g Venusmuscheln
8 Miesmuscheln
4 Garnelen
100 g Tintenfischtuben (küchenfertig)
1 Zwiebel
2 Knoblauchzehen
4 EL Olivenöl
200 ml trockener Weißwein
150 ml Fischfond
Meersalz
Pfeffer aus der Mühle
400 g Spaghetti

1 Die Chilischoten putzen, waschen und in feine Ringe schneiden. Den Mangold putzen, waschen und die Blätter in grobe Stücke schneiden. Den Majoran waschen und trocken schütteln, die Blätter abzupfen und fein hacken.

2 Die Muscheln unter fließendem kaltem Wasser gründlich abbürsten, die Bärte abziehen und bereits geöffnete Muscheln aussortieren. Die Garnelen schälen, am Rücken entlang einschneiden und den dunklen Darm entfernen. Die Garnelen und die Tintenfischtuben waschen und trocken tupfen, die Tintenfischtuben in Ringe schneiden.

3 Die Zwiebel und den Knoblauch schälen und in feine Würfel schneiden. Das Olivenöl in einer tiefen Pfanne erhitzen und die Zwiebel- und Knoblauchwürfel darin andünsten. Mit dem Wein und dem Fond ablöschen und aufkochen lassen. Den Sud mit Meersalz und Pfeffer abschmecken. Die Meeresfrüchte, die Chilis und den Mangold hinzufügen und etwa 10 Minuten garen.

4 Inzwischen die Spaghetti nach Packungsanweisung in reichlich kochendem Salzwasser bissfest garen. In ein Sieb abgießen, abtropfen lassen und zu den Meeresfrüchten geben. Nochmals mit Salz und Pfeffer abschmecken und nach Belieben mit Muskatnuss würzen. In Pastatellern anrichten und mit dem Majoran bestreut servieren.

Tintenfisch-Garnelen-Pfanne

mit Schmetterlingsnudeln

Zutaten für 4 Personen:

400 g bunte Farfalle (Schmetterlingsnudeln)
Salz
200 g Tintenfischtuben (küchenfertig)
150 g Tintenfischtentakel
2 rote Zwiebeln
3 Knoblauchzehen
50 g getrocknete Tomaten (in Öl eingelegt)
4 EL Olivenöl
8 Garnelen (küchenfertig)
je 10 grüne und schwarze Oliven (ohne Stein)
20 Basilikumblätter
80 g Parmesan (am Stück)

1 Die Farfalle nach Packungsanweisung in reichlich kochendem Salzwasser bissfest garen.

2 Inzwischen die Tintenfischtuben und -tentakel waschen, trocken tupfen und in Stücke schneiden. Die Zwiebeln und den Knoblauch schälen und in feine Würfel schneiden. Die getrockneten Tomaten mit Küchenpapier trocken tupfen und in kleine Würfel schneiden.

3 In einer Pfanne 2 EL Öl erhitzen, die Tintenfischstücke darin kurz anbraten und wieder aus der Pfanne nehmen. Das restliche Öl erhitzen, die Zwiebel-, Knoblauch- und Tomatenwürfel darin andünsten.

4 Die Garnelen waschen, trocken tupfen, mit den Oliven in die Pfanne geben und von beiden Seiten braten.

5 Die Farfalle in ein Sieb abgießen, abtropfen lassen und mit den restlichen Zutaten in einer großen Schüssel vermischen.

6 Das Basilikum waschen, trocken tupfen und grob zerkleinern, den Parmesan fein reiben. Die Tintenfisch-Garnelen-Pfanne auf Tellern anrichten und mit Basilikum und Parmesan bestreut servieren.

Mein Tipp

Tintenfische oder Calamaretti sollten nur ganz kurz von jeder Seite in einer heißen Pfanne mit etwas Olivenöl angebraten werden, damit sie nicht trocken und zäh werden. Erst anschließend würzen und marinieren.

Provenzalischer Eintopf

mit Meeresfrüchten und Tomaten

Zutaten für 4 Personen:
200 g kleine Tintenfischtuben (küchenfertig)
8 Garnelen (küchenfertig)
400 g Venus- oder Herzmuscheln
3 Schalotten
2 Knoblauchzehen
6 Tomaten
3 EL Olivenöl
150 ml trockener Weißwein
300 ml Fischfond
je 100 g grüne und schwarze Oliven (ohne Stein)
Salz · Pfeffer aus der Mühle
Chili aus der Gewürzmühle
einige Basilikumblätter

1 Die Tintenfische und die Garnelen waschen und trocken tupfen. Die Muscheln unter fließendem kaltem Wasser gründlich waschen, die Bärte abziehen und bereits geöffnete Muscheln aussortieren.

2 Die Schalotten und den Knoblauch schälen, die Schalotten in Streifen, den Knoblauch in feine Würfel schneiden. Die Tomaten kreuzweise einritzen, überbrühen, häuten, vierteln und entkernen.

3 Das Olivenöl in einem Topf erhitzen. Tintenfische und Garnelen darin kurz anbraten, herausnehmen und beiseitestellen. Die Muscheln in der Pfanne andünsten, mit Wein und Fond ablöschen und zugedeckt 3 bis 5 Minuten garen. Die Muscheln samt Garfond herausnehmen und ebenfalls beiseitestellen. Die Oliven abtropfen lassen und mit den Schalotten, dem Knoblauch und den Tomatenvierteln in der heißen Pfanne andünsten.

4 Die Tintenfische, Garnelen und Muscheln samt Fond wieder dazugeben, erwärmen und den Eintopf mit Salz, Pfeffer und Chili kräftig abschmecken. Das Basilikum waschen, trocken tupfen, in feine Streifen schneiden und unter den Eintopf mischen. Dazu schmecken in Olivenöl geröstete Baguettescheiben.

Riesengarnelen
in Meerrettichsahne

Zutaten für 4 Personen:

500 g Reis
Salz
1 Bund Dill
500 g Sahne
2 EL Sahnemeerrettich (aus dem Glas)
1 EL süßer Senf
8 Knoblauchzehen
Pfeffer aus der Mühle
je 1 Bund Koriander, Petersilie und Schnittlauch
3 Bund Rosmarin
16 Riesengarnelen
15 g Ingwer
100 ml Olivenöl
50 g Butter
4 Eier

1 Den Reis nach Packungsanweisung in kochendem Salzwasser garen.

2 Für die Sauce den Dill waschen und trocken schütteln, die Spitzen abzupfen und fein hacken. Die Sahne mit dem Meerrettich, dem Senf und dem Dill in einem Topf aufkochen. Zwei Knoblauchzehen schälen, in feine Würfel schneiden und dazugeben. Die Meerrettichsahne mit Salz und Pfeffer würzen und warm stellen.

3 Die restlichen Kräuter waschen und trocken schütteln. Zwei Rosmarinzweige beiseitelegen, die restlichen Blätter bzw. Nadeln abzupfen und fein hacken. Den Schnittlauch in Röllchen schneiden.

4 Die Garnelen schälen, am Rücken entlang einschneiden und den Darm entfernen. Garnelen waschen und trocken tupfen. Den restlichen Knoblauch schälen. Den Ingwer schälen und in feine Scheiben schneiden.

5 In einer Pfanne 2 bis 3 EL Öl erhitzen, die Garnelen mit dem Knoblauch, dem Ingwer und den beiseitegelegten Rosmarinzweigen darin kurz von beiden Seiten anbraten. Die Butter dazugeben und bräunen lassen. Die Garnelen warm stellen.

6 Die gehackten Kräuter unter den gegarten Reis mischen. Aus dem Reis kleine, runde Plätzchen formen. Das restliche Öl portionsweise in einer Pfanne erhitzen und die Reisplätzchen darin von beiden Seiten goldbraun braten. Die Reisplätzchen zuletzt mit den verquirlten Eiern bestreichen und mit Salz würzen.

7 Die Riesengarnelen mit den Kräuterreisplätzchen und der warmen Meerrettichsahne auf Tellern anrichten.

Fleisch

Rinderfiletstreifen
mit frittierten Austernpilzen

Zutaten für 4 Personen:
600 g Rinderfilet
2 EL Butterschmalz
Salz · Pfeffer aus der Mühle
Saft von 1 Zitrone
4 EL Olivenöl
150 g Blauschimmelkäse
600 g Austernpilze
1–2 Eier
1½ l Öl zum Ausbacken
150 g Mehl
1 EL Aceto balsamico
1 Knoblauchzehe
60 g Rucola

1 Den Backofen auf 180 °C vorheizen. Das Rinderfilet in 2 cm breite Streifen schneiden. Das Butterschmalz in einer Pfanne erhitzen und die Rinderfiletstreifen darin rundum kurz anbraten. In eine ofenfeste Form geben, mit Salz und Pfeffer würzen, mit dem Zitronensaft und 2 EL Olivenöl beträufeln.

2 Den Blauschimmelkäse in grobe Stücke schneiden und auf dem Fleisch verteilen. Im Ofen auf der mittleren Schiene so lange überbacken, bis der Käse geschmolzen ist.

3 Inzwischen die Pilze putzen und trocken abreiben. Die Eier in einem tiefen Teller verquirlen. Das Öl (nicht zu wenig!) in der Fritteuse oder einem hohen Topf erhitzen. Inzwischen das Mehl in einen Gefrierbeutel füllen, die Pilze portionsweise hineingeben und vorsichtig schütteln, bis sie rundum mit Mehl bestäubt sind. Dann die Austernpilze durch die Eier ziehen und im heißen Öl goldbraun ausbacken. Mit dem Schaumlöffel herausnehmen, auf Küchenpapier abtropfen lassen und mit etwas Salz bestreuen.

4 Für die Vinaigrette das restliche Olivenöl und den Essig verrühren und mit Salz und Pfeffer würzen. Den Knoblauch schälen, in feine Würfel schneiden und die Vinaigrette ganz nach Geschmack damit würzen. Den Rucola verlesen, waschen und trocken schleudern, grobe Stiele entfernen.

5 Die Rinderfiletstreifen mit den frittierten Austernpilzen auf einer großen Platte anrichten. Den Rucola daneben verteilen und mit der Vinaigrette beträufeln. Nach Belieben mit geröstetem Weißbrot servieren.

Mein Tipp

Statt die Pilze in heißem Öl auszubacken, kann man sie auch in einer Pfanne bei starker Hitze scharf anbraten, sodass sie schön knusprig werden!

Rumpsteak

mit Kapern-Zitronen-Haube und Rosmarin-Polenta

Zutaten für 4 Personen:

1 EL Salzkapern
2 Knoblauchzehen
2 unbehandelte Zitronen
2 Schalotten
2 EL Butterschmalz
4 Rumpsteaks (à 160 g)
2 EL Honig
60 ml Sojasauce
60 ml Birnensaft
1 EL helle Sesamsamen
1 Zweig Rosmarin
1 TL Zitronenthymianblättchen
250 ml Geflügelfond
80 g Polenta
Salz · Pfeffer aus der Mühle
2 EL geschlagene Sahne
1 EL kalte Butter
einige Kerbelblätter

1 Den Backofen auf 120 °C vorheizen. Ein Backblech mit Alufolie auslegen. Die Kapern je nach Geschmack abbrausen. Den Knoblauch schälen und mit den Kapern fein hacken. Die Zitronen heiß waschen, trocken reiben und die Schale abreiben. 1 Schalotte schälen und in feine Würfel schneiden.

2 Das Butterschmalz in einer Pfanne erhitzen und die Rumpsteaks darin auf beiden Seiten kurz anbraten. Die Steaks auf das Blech legen. Die Schalottenwürfel mit dem Honig und der Sojasauce zum Bratensatz in die Pfanne geben und darin andünsten. Mit dem Birnensaft ablöschen, die Sesamsamen, den Knoblauch, die Kapern und die Zitronenschale dazugeben und alles 3 bis 4 Minuten köcheln lassen. Die Mischung auf den Steaks verteilen und das Fleisch im Ofen auf der mittleren Schiene 10 bis 15 Minuten garen.

3 Inzwischen für die Rosmarin-Polenta die restliche Schalotte schälen und in feine Würfel schneiden. Den Rosmarin waschen und trocken schütteln, die Nadeln abzupfen und mit dem Zitronenthymian fein hacken. Den Fond in einem Topf aufkochen und die Polenta einrieseln lassen. Die Kräuter unterrühren und alles aufkochen lassen. Die Polenta zugedeckt bei schwacher Hitze quellen lassen, dabei gelegentlich umrühren. Zum Schluss die Polenta mit Salz und Pfeffer würzen und die Sahne und die kalte Butter unterrühren.

4 Die Steaks aus dem Ofen nehmen, mit Salz und Pfeffer würzen und etwa 5 Minuten ruhen lassen. Die Rosmarin-Polenta auf Teller verteilen, die Rumpsteaks in Scheiben schneiden und darauf anrichten. Mit dem Kerbel garnieren.

Filetsteak

mit Rotweinschalotten und Kartoffeln

Zutaten für 4 Personen:

7 große festkochende Kartoffeln
4 EL Öl
Salz · Pfeffer aus der Mühle
2 Zweige Rosmarin
4 Zweige Thymian
500 g kleine Schalotten
200 ml Kalbsfond
200 ml trockener Rotwein
2 EL Honig
2 EL Aceto balsamico
4 Rinderfiletsteaks (à 300 g)
2 EL schwarze Pfefferkörner
4 EL Butter
8 Scheiben Frühstücksspeck

1 Die Kartoffeln schälen, waschen und in Scheiben schneiden. In einer Pfanne 2 EL Öl erhitzen und die Kartoffelscheiben darin auf beiden Seiten scharf anbraten. Mit Salz und Pfeffer würzen und bei schwacher Hitze fertig garen, dabei gelegentlich wenden.

2 Den Rosmarin und den Thymian waschen und trocken schütteln. Die Schalotten schälen und mit 2 Zweigen Thymian und dem Rosmarin in einen Topf geben. Den Fond und den Wein dazugießen und alles einmal kurz aufkochen lassen. Dann die Schalotten zugedeckt bei mittlerer Hitze 15 bis 20 Minuten garen. Die Rotweinschalotten mit Salz, Pfeffer, Honig und Essig abschmecken und gegebenenfalls noch etwas einköcheln lassen.

3 Den Backofen auf 120 °C vorheizen. Die Filetsteaks von Fett und Sehnen befreien. Die Pfefferkörner im Mörser grob zerstoßen. Die Steaks damit einreiben und den Pfeffer dabei in die Fasern drücken.

4 Das restliche Öl in einer beschichteten Pfanne erhitzen und die Filets darin auf beiden Seiten 1 bis 2 Minuten braten, dann mit Salz würzen. Die Steaks auf ein Backblech geben, mit je 1 EL Butter und ½ Thymianzweig belegen und im Ofen auf der mittleren Schiene 10 Minuten fertig garen.

5 Den Frühstücksspeck in Streifen schneiden und in einer Pfanne ohne Fett kross braten. Die Steaks aus dem Ofen nehmen und mit den Rotweinschalotten anrichten. Die gebratenen Kartoffeln mit den Speckstreifen garnieren und dazu servieren. Nach Belieben mit gehackter Petersilie bestreuen.

Gedämpftes Rinderfilet
mit Butterspargel

Zutaten für 4 Personen:

je ½ kg weißer und grüner Spargel
230 g Butter
2 TL Zucker
Salz
1 unbehandelte Zitrone
50 g Kerbel
Pfeffer aus der Mühle
350 ml Rinderfond
½ Bund Thymian
½ Bund Liebstöckel
4 Rinderfilets (à 180 g)
½ Bund Petersilie
½ Bund Schnittlauch
2 Eier
4 EL trockener Weißwein
Meersalz

1 Den weißen Spargel schälen und die holzigen Enden abscheiden. Den grünen Spargel waschen, im unteren Drittel schälen und die holzigen Enden abschneiden. Die Spargelstangen schräg in 5 cm lange Stücke schneiden. In einem weiten Topf 5 EL Butter erhitzen. Die Spargelstücke dazugeben, mit dem Zucker bestreuen und mit Salz würzen. Zugedeckt bei schwacher Hitze etwa 20 Minuten bissfest dünsten, evtl. etwas Wasser hinzufügen.

2 Die Zitrone heiß waschen und trocken reiben. Die Schale abreiben, die Zitrone halbieren und den Saft auspressen. Den Kerbel waschen und trocken schütteln, die Blätter abzupfen und fein hacken. Den Spargel 2 Minuten vor Garzeitende mit der Zitronenschale, dem gehackten Kerbel, Salz und Pfeffer abschmecken.

3 Den Fond in einem Topf mit Dämpfeinsatz zum Kochen bringen. Den Thymian und den Liebstöckel waschen und den Dämpfeinsatz damit auslegen. Die Rinderfilets mit Salz würzen, in den Einsatz auf die Kräuter legen und in den nur noch siedenden Rinderfond geben. Die Filets auf der ausgeschalteten Herdplatte etwa 15 Minuten zugedeckt gar ziehen lassen. Das Fleisch sollte dabei ausreichend mit Fond bedeckt sein und das Sieb sollte den Topfboden nicht direkt berühren.

4 Die Petersilie und den Schnittlauch waschen und trocken schütteln. Die Petersilienblätter abzupfen und fein hacken, den Schnittlauch in Röllchen schneiden. Die restliche Butter in einem Topf erhitzen und durch ein feines Sieb gießen, um die Butter zu klären. Die Eier trennen. Die Eigelbe mit dem Wein in einer Metallschüssel über dem heißen Wasserbad dickschaumig aufschlagen. Aus dem Wasserbad nehmen und die Butter tröpfchenweise unterschlagen bis eine cremige Sauce entstanden ist. Mit Salz, Pfeffer und dem Zitronensaft würzen.

5 Die Rinderfilets in Tranchen aufschneiden und großzügig mit gehackten Kräutern und grobem Meersalz bestreuen. Das Fleisch mit dem Spargel und der Buttersauce auf Tellern anrichten und servieren.

Trocken mariniertes Roastbeef

mit gegrilltem Spargel in Tomatensalsa

Zutaten für 4 Personen:

1 EL Korianderkörner
1 unbehandelte Limette
1 EL grobes Meersalz
1 EL brauner Zucker
700 g Roastbeef
4 EL Olivenöl
1 Knoblauchknolle
je 2 Zweige Rosmarin und Thymian
2 Bund grüner Spargel
Salz
12 Scheiben Frühstücksspeck
Pfeffer aus der Mühle
500 g Tomaten
2 Schalotten
Chili aus der Gewürzmühle
2 EL Weißweinessig
1 TL Honig
1 Bund Schnittlauch

1 Den Backofen auf 120 °C vorheizen. Ein Ofengitter auf die mittlere Schiene und darunter ein Abtropfblech schieben.

2 Die Korianderkörner in einer Pfanne ohne Fett rösten und im Mörser zerstoßen. Die Limette heiß waschen, trocken reiben und die Schale abreiben. Koriander und Limettenschale mit Meersalz und braunem Zucker mischen und das Roastbeef damit gut einreiben.

3 In einer großen Pfanne 2 EL Olivenöl erhitzen und das Roastbeef darin rundum anbraten. Die Knoblauchknolle waagerecht halbieren, den Rosmarin und den Thymian waschen und trocken schütteln. Das Roastbeef mit dem Knoblauch und den Kräutern belegen und im Ofen 50 bis 60 Minuten garen.

4 Den Spargel waschen, im unteren Drittel schälen und die holzigen Enden abschneiden. Die Spargelstangen in kochendem Salzwasser etwa 5 Minuten bissfest blanchieren. In ein Sieb abgießen und gut abtropfen lassen. Die Stangen bündeln und mit den Speckscheiben umwickeln. Die Spargelpäckchen in einer vorgeheizten Grillpfanne ohne Fett rundum braten, bis der Speck schön knusprig ist. Den Spargel mit Pfeffer würzen.

5 Die Tomaten kreuzweise einritzen, überbrühen, kalt abschrecken und häuten. DieTomaten vierteln und entkernen. Die Tomatenviertel in kleine Würfel schneiden und in eine Schüssel geben. Die Schalotten und 1 Knoblauchzehe schälen, in feine Würfel schneiden und zu den Tomaten geben. Mit Salz, Pfeffer und Chili würzen und den Essig, den Honig und das restliche Olivenöl unterrühren. Den Schnittlauch waschen, trocken schütteln, in Röllchen schneiden und untermischen.

6 Die Tomatensalsa mit dem Spargel auf Tellern anrichten. Das Roastbeef in Scheiben schneiden und mit etwas Meersalz würzen. Neben dem Spargel anrichten und servieren.

Espressosteak

mit Zuckermöhren und Safran-Hollandaise

Zutaten für 4 Personen:

1 TL schwarze Pfefferkörner
4 Rindersteaks
(à 180 g; aus der Hochrippe)
3 EL Olivenöl
500 g Espressobohnen
3 Bund Baby-Möhren
50 g brauner Zucker
Chili aus der Gewürzmühle
230 g weiche Butter
200 ml trockener Weißwein
Salz · Pfeffer aus der Mühle
2 EL gehackte Petersilie
1 Schalotte
½ Döschen Safranfäden (0,05 g)
1 Lorbeerblatt
5 weiße Pfefferkörner
4 Eigelb
Saft von ½ Zitrone

1 Den schwarzen Pfeffer im Mörser grob zerstoßen. Die Rindersteaks mit dem Pfeffer und dem Olivenöl einreiben. Die Steaks auf dem heißen Grill auf beiden Seiten bei direkter Hitze 2 Minuten grillen oder auf dem Herd in einer Pfanne bei starker Hitze auf beiden Seiten 1 bis 2 Minuten anbraten. Die Hälfte der Espressobohnen in einer Alu-Grillschale (etwa 20 x 20 cm) verteilen. Die Steaks darauflegen, mit den restlichen Bohnen bedecken und einen Deckel auflegen. Das Fleisch auf dem Grill bei indirekter Hitze (siehe Tipp) 10 bis 15 Minuten oder im auf 120 °C vorgeheizten Backofen 5 bis 8 Minuten fertig garen. Das Fleisch in der Schale vom Grill oder aus dem Ofen nehmen und einige Minuten ruhen lassen.

2 Die Baby-Möhren putzen, waschen und in Stücke schneiden. Den Zucker in einer Pfanne karamellisieren und die Möhren darin andünsten. Mit Chili aus der Mühle würzen und 50 g Butter hinzufügen. Die Hälfte des Weins dazugießen und die Möhren weich dünsten. Mit Salz und Pfeffer würzen, die Petersilie untermischen.

3 Für die Hollandaise die Schalotte schälen und in grobe Würfel schneiden. Den restlichen Wein mit der Hälfte des Safrans, dem Lorbeerblatt, dem weißen Pfeffer und der Schalotte in einem Topf aufkochen und auf die Hälfte einköcheln lassen. Die Eigelbe und den restlichen Safran in eine Metallschüssel geben und die Weißweinreduktion durch ein Sieb dazugießen. Über dem heißen Wasserbad mit dem Schneebesen dickschaumig aufschlagen. Die Hitze reduzieren, nach und nach die restliche Butter dazugeben und kräftig unterschlagen. Die Hollandaise mit Salz, Pfeffer und Zitronensaft würzen.

4 Die Steaks aus den Espressobohnen nehmen, mit Salz und Pfeffer würzen und mit den Möhren auf Tellern anrichten. Die Hollandaise großzügig darüber verteilen. Nach Belieben mit Kräutern garnieren.

Mein Tipp

Beim indirekten Grillen wird das Grillgut nicht direkt über, sondern seitlich neben der glühenden Holzkohle auf dem Grillrost mit geschlossenem Deckel bei niedrigeren Temperaturen (etwa 140 °C) schonend gegart.

Kalbsfilet auf Orangenspargel

mit süß-scharfer Senfhollandaise

Zutaten für 4 Personen:

5 Schalotten
3 Knoblauchzehen
2 Zweige Rosmarin
700 g Kalbsfilet
4 EL Olivenöl
12 Stangen weißer Spargel
2 unbehandelte Orangen
Salz · Pfeffer aus der Mühle
2 Stiele Estragon
8 schwarze Pfefferkörner
3 EL Weißweinessig
250 g Butter
3 Eier
Chili aus der Gewürzmühle
Zucker
Saft von ½ Zitrone
2 EL grobkörniger Senf
1 EL flüssiger Honig

1 Den Backofen auf 120 °C vorheizen. 2 Schalotten und die Knoblauchzehen ungeschält halbieren. Den Rosmarin waschen und trocken tupfen. Das Kalbsfilet mit Salz und Pfeffer würzen.

2 In einer Pfanne 2 EL Olivenöl erhitzen. Das Kalbsfilet mit Schalotten, Knoblauch und Rosmarin hineingeben und auf allen Seiten anbraten. Alles auf ein mit Alufolie ausgelegtes Backblech geben und im Backofen auf der mittleren Schiene 30 bis 40 Minuten garen.

3 Den Spargel schälen und die holzigen Enden abschneiden. Zwei Schalotten schälen und in Ringe schneiden. Die Orangen heiß waschen und trocken reiben. Von einer Orange die Schale mithilfe eines Sparschälers dünn abschälen und den Saft beider Orangen auspressen (ergibt etwa 300 ml Saft).

4 In einem weiten Topf das restliche Olivenöl erhitzen. Die Schalotten mit der Orangenschale darin andünsten. Den Spargel dazugeben, den Orangensaft angießen und mit Salz und Pfeffer würzen. Den Estragon waschen, trocken schütteln und hinzufügen. Den Spargel bei milder Hitze 10 bis 15 Minuten bissfest garen.

5 Die restliche Schalotte schälen und in feine Würfel schneiden. Die Pfefferkörner im Mörser grob zerstoßen. 75 ml Wasser mit der Schalotte, den Pfefferkörnern und dem Essig in einem Topf aufkochen und auf ein Drittel einkochen lassen. Lauwarm abkühlen lassen.

6 Die Butter in Würfel schneiden und bei Zimmertemperatur weich werden lassen. Die Eier trennen. Die lauwarme Schalotten-Reduktion durch ein Sieb in eine Metallschüssel gießen und die Eigelbe dazugeben. Die Schüssel auf ein heißes Wasserbad (75 bis 80 °C) stellen und mit dem Schneebesen dickschaumig aufschlagen. Die Schüssel aus dem Wasserbad nehmen und die weiche Butter stückchenweise unter die Eigelbe schlagen.

7 Die Hollandaise mit Salz, Pfeffer, Chili, Zucker und Zitronensaft abschmecken und den Senf und den Honig unterrühren. Das Kalbsfilet in Tranchen schneiden und auf dem Spargel anrichten. Mit etwas Hollandaise beträufeln, den Rest dazu servieren.

Kalbsfilet mit Walnussbutter

und Kohlrabi-Kirsch-Ragout

Zutaten für 4 Personen:

700 g Kalbsfilet (vom Metzger der Länge nach ein Loch einschneiden lassen)
50 g Butter
Salz
50 g Walnusskerne
4 Schalotten
1 EL Semmelbrösel
Pfeffer aus der Mühle
2 EL Honig
je 2 Zweige Rosmarin und Thymian
4 EL Olivenöl
4 Scheiben Frühstücksspeck
600 g Kohlrabi
30 g getrocknete Kirschen
50 ml trockener Sherry
50 ml Gemüsebrühe
½ Bund Petersilie

1 Den Backofen auf 120 °C vorheizen. Das Loch im Kalbsfilet mit einem Kochlöffelstiel erweitern.

2 Die Butter in einer Schüssel mit 1 Prise Salz schaumig rühren. Die Walnüsse fein hacken und in einer Pfanne ohne Fett rösten und abkühlen lassen. Zwei Schalotten schälen und feine Würfel schneiden. Die Semmelbrösel, Schalotten und die abgekühlten Walnüsse unter die Butter mischen. Die Buttermasse mit Salz, Pfeffer und 1 EL Honig würzen, in einen Spritzbeutel geben und in die vorbereitete Tasche des Kalbsfilets füllen.

3 Den Rosmarin und den Thymian waschen und trocken schütteln. In einer ofenfesten Pfanne 2 EL Olivenöl erhitzen und das Kalbsfilet darin rundum anbraten. Die Speckscheiben, den Rosmarin und den Thymian dazugeben und das Kalbsfilet im Ofen auf der mittleren Schiene 30 bis 35 Minuten garen.

4 Für das Kohlrabi-Kirsch-Ragout den Kohlrabi putzen und schälen, die restlichen Schalotten schälen. Beides in kleine Würfel schneiden und im übrigen Olivenöl andünsten. Den restlichen Honig und die Kirschen hinzufügen und mit dem Sherry ablöschen. Die Brühe angießen, mit Salz und Pfeffer würzen und 5 Minuten bei milder Hitze garen.

5 Die Petersilie waschen und trocken schütteln. Die Blätter abzupfen, fein hacken und unter das Gemüse mischen. Das Kalbsfilet in Scheiben schneiden und mit dem Kohlrabi-Kirsch-Ragout auf Tellern anrichten.

Filetroulade im Pancetta-Mantel

mit Kräuter-Gnocchi

Zutaten für 4 Personen:

Für die Roulade:

50 g getrocknete Tomaten
50 g schwarze Oliven (entsteint)
80 ml Olivenöl
Salz · Pfeffer aus der Mühle
1 EL Semmelbrösel
1 Eigelb
600 g Kalbsfilet
10 Scheiben Pancetta
2 EL Butterschmalz

Für die Gnocchi:

je 1 Bund Petersilie und Kerbel
50 g Parmesan (am Stück)
300 g Ricotta
2 Eier
100 g Mehl
Salz · Pfeffer aus der Mühle
Mehl für die Arbeitsfläche
50 g Butter

Für die Sauce:

1 Schalotte
300 ml Kalbsfond
5 weiße Pfefferkörner
1 Lorbeerblatt
2 EL scharfer grobkörniger Senf (z. B. von Johann Lafer)
150 g Sahne
Salz · Pfeffer aus der Mühle

1 Für die Roulade getrocknete Tomaten, Oliven und 5 EL Olivenöl im Küchenmixer zu einer feinen Paste pürieren, salzen und pfeffern. Die Semmelbrösel und das Eigelb unterrühren. Das Kalbsfilet der Länge nach aufschneiden, flach auslegen und leicht plattieren. Die Olivenpaste darauf verteilen, glatt streichen und das Fleisch aufrollen.

2 Den Backofen auf 80 °C vorheizen. Das Ofengitter auf die mittlere Schiene und darunter ein Abtropfblech schieben. Die Pancetta-Scheiben überlappend auf der Arbeitsfläche auslegen, die Kalbsfiletrolle daraufsetzen und einwickeln. Einen Bogen Alufolie mit dem restlichen Olivenöl bestreichen und die Roulade fest darin einwickeln, die Enden eindrehen. Das Butterschmalz in einer Pfanne erhitzen und die Roulade darin etwa 2 Minuten rundum anbraten. Die Filetroulade auf dem Gitter im Ofen etwa 20 Minuten garen.

3 Für die Gnocchi die Petersilie und den Kerbel waschen und trocken schütteln. Einige Kerbelstiele für die Deko beiseitelegen, von den restlichen Kräutern die Blätter abzupfen und fein hacken. 1 EL Kräuter beiseitelegen. Den Parmesan fein reiben. Den Ricotta in einer Schüssel mit Eiern, restlichen Kräutern, Parmesan und dem Mehl zu einem glatten Teig verkneten und kräftig mit Salz und Pfeffer würzen.

4 Den Ricottateig vierteln und auf der bemehlten Arbeitsfläche zu Rollen formen. Die Teigrollen in etwa 2 cm lange Stücke schneiden und in leicht köchelndem Salzwasser etwa 5 Minuten gar ziehen lassen. Mit dem Schaumlöffel herausheben und gut abtropfen lassen.

5 Für die Sauce die Schalotte schälen, halbieren und mit dem Fond, den weißen Pfefferkörnern und dem Lorbeerblatt in einem Topf auf die Hälfte einkochen lassen. Durch ein Sieb streichen, den Senf und die Sahne hinzufügen und einmal aufkochen lassen. Die Sauce mit Salz und Pfeffer würzen und mit dem Stabmixer aufschäumen.

6 Kurz vor dem Servieren die Gnocchi in einer Pfanne in der Butter anbraten, die beiseitegelegten gehackten Kräuter untermischen und mit Salz und Pfeffer würzen. Die Filetroulade aus der Folie wickeln, in Scheiben schneiden und mit den Kräuter-Gnocchi und der Sauce auf Tellern anrichten. Mit dem beiseitegelegten Kerbel garniert servieren.

Rinderfilet
im Feigen-Senf-Mantel

Zutaten für 4 Personen:

- 1 unbehandelte Zitrone
- 150 g Weißbrot
- 180 g getrocknete Feigen
- 20 g Dijon-Senf
- 100 g weiche Butter
- 400 g festkochende Kartoffeln
- Salz
- 60 g Butterschmalz
- 60 g durchwachsener Speck (in Scheiben)
- 3 Schalotten
- Pfeffer aus der Mühle
- ½ Bund Petersilie
- 80 g kalte Butter
- 3 Knoblauchzehen
- 2 Zweige Rosmarin
- 3 Zweige Thymian
- 4 Rinderfilets (à 250 g)
- 2 EL Olivenöl

1 Die Zitrone heiß waschen, trocken reiben und die Schale abreiben. Die Zitrone halbieren und den Saft auspressen. Das Weißbrot fein reiben. Die Feigen in grobe Stücke schneiden und mit der Zitronenschale und dem -saft sowie dem Senf in der Küchenmaschine fein mahlen. Die weiche Butter in einer Schüssel schaumig schlagen, die Feigen-Senf-Mischung sowie die Brotbrösel hinzufügen und glatt rühren. Die Masse in einen Gefrierbeutel geben, flach drücken und im Tiefkühlfach 2 Stunden anfrieren lassen.

2 Die Kartoffeln schälen, waschen und in einem Topf in Salzwasser etwa 25 Minuten weich garen. Abgießen, kurz abkühlen lassen und in dünne Scheiben schneiden.

3 Die Hälfte des Butterschmalzes in einer Pfanne erhitzen und die Kartoffelscheiben darin anbraten. Den Speck in feine Streifen schneiden, zu den Kartoffeln geben und mitbraten, dabei öfter schwenken. Zwei Schalotten schälen und in feine Würfel schneiden. Kurz vor dem Servieren unter die Bratkartoffeln rühren und mitbraten. Mit Salz, Pfeffer und nach Belieben ganzem Kümmel würzen. Die Petersilie waschen und trocken schütteln, die Blätter abzupfen und fein hacken. Die Petersilie unter die Kartoffeln mischen. Nach und nach 30 g kalte Butter in Würfeln unterrühren und die Kartoffeln damit glasieren.

4 Den Backofen auf 150 °C vorheizen. Den Knoblauch und die übrige Schalotte schälen und halbieren. Den Rosmarin und den Thymian waschen und trocken schütteln. Das restliche Butterschmalz in einer Pfanne erhitzen und die Rinderfilets darin auf beiden Seiten scharf anbraten, mit Salz und Pfeffer würzen. 20 g kalte Butter dazugeben und schmelzen. Die Filets aus der Pfanne nehmen und auf ein tiefes Backblech geben. Die restliche kalte Butter in Flocken auf dem Fleisch verteilen und den Knoblauch, die Schalotte und die Kräuterzweige hinzufügen. Alles mit Olivenöl beträufeln und das Fleisch im Ofen auf der mittleren Schiene 5 Minuten garen.

5 Die Filets kurz vor Erreichen des Garpunkts aus dem Ofen nehmen. Die Backofentemperatur auf 220 °C (Oberhitze) hochschalten. Die Gratiniermasse aus dem Gefrierbeutel nehmen, in 4 Stücke schneiden und die Filets damit belegen. Die Filets im Ofen einige Minuten goldbraun überbacken und mit den Bratkartoffeln auf Tellern anrichten.

Parmesanschnitzel

auf Zitronen-Spitzkohl-Salat

Zutaten für 4 Personen:

1 Spitzkohl
110 ml Olivenöl
3 unbehandelte Zitronen
2 Tomaten
100 g schwarze Oliven (entsteint)
1 Bund Petersilie
40 ml Kalbsfond
Salz · Pfeffer aus der Mühle
8 Kalbsschnitzel (à 80 g; aus dem Kalbsrücken)
Öl für die Folie
100 g Toastbrot (ohne Rinde)
50 g Mehl
2 Eier
30 g geschlagene Sahne
80 g Parmesan (am Stück)
200 g Butterschmalz

1 Den Spitzkohl halbieren und die äußeren Blätter entfernen, den Strunk herausschneiden und die Blätter in Streifen schneiden. In einem Topf 3 EL Olivenöl erhitzen und den Spitzkohl darin zusammenfallen lassen. Die Spitzkohlstreifen in eine Schüssel geben und abkühlen lassen.

2 Die Zitronen heiß waschen, trocken reiben und die Schale abreiben. Zwei Zitronen so großzügig schälen, dass auch die weiße Haut mit entfernt wird. Die Fruchtfilets aus den Trennhäuten schneiden. Die restliche Zitrone auspressen. Die Tomaten kreuzweise einritzen, überbrühen, kalt abschrecken, häuten, vierteln, entkernen und in Streifen schneiden. Die Oliven halbieren. Die Petersilie waschen und trocken schütteln, die Blätter abzupfen und – bis auf einige Blätter für die Deko – fein hacken.

3 Die Zitronenschale und den -saft mit dem restlichen Olivenöl und dem Fond verquirlen und mit Salz und Pfeffer würzen. Den Spitzkohl mit den Tomatenstreifen, den Oliven und der Petersilie mischen und mit dem Dressing marinieren.

4 Die Kalbsschnitzel zwischen 2 Lagen geölter Frischhaltefolie flach klopfen. Das Toastbrot fein reiben. Das Mehl in einen tiefen Teller geben. Die Eier in einem zweiten tiefen Teller verquirlen, die Sahne unterheben und mit Salz und Pfeffer würzen. Den Parmesan fein reiben und mit den Toastbröseln ebenfalls in einem tiefen Teller mischen.

5 Die Schnitzel zuerst im Mehl wenden, dann durch die Eier-Sahne-Mischung ziehen und zuletzt mit den Parmesanbröseln panieren. Das Butterschmalz in einer tiefen Pfanne erhitzen und die Schnitzel darin schwimmend auf beiden Seiten goldbraun ausbacken. Herausnehmen, auf Küchenpapier abtropfen lassen und mit Salz würzen.

6 Den Zitronen-Spitzkohl-Salat gegebenenfalls nochmals abschmecken. Den Salat auf Tellern anrichten und die Schnitzel daraufsetzen. Mit den Zitronenfilets und der Petersilie garnieren.

Salbei-Kalbsmedaillons

mit Polenta

Zutaten für 4 Personen:

250 ml Gemüsebrühe
500 ml Milch
250 g Sahne
100 g Polenta
Salz · Pfeffer aus der Mühle
frisch geriebene Muskatnuss
Cayennepfeffer
1 Bund Salbei
600 g Kalbsfilet
2 Zitronen
2 EL Butter
250 g Cocktailtomaten
4 Schalotten
40 g kalte Butter
100 g Parmesan (am Stück)

1 Die Brühe mit der Milch und der Sahne in einem Topf zum Kochen bringen. Die Polenta einrieseln lassen, unterrühren und mit Salz, Pfeffer, Muskatnuss und 1 Prise Cayennepfeffer würzen. Die Polenta unter häufigem Rühren bei schwacher Hitze quellen lassen.

2 Den Salbei waschen, trocken schütteln und die Blätter abzupfen. Das Kalbsfilet von Fett und Sehnen befreien, in Medaillons schneiden und auf beiden Seiten mit Salz und Pfeffer würzen. Die Zitronen halbieren, den Saft auspressen und die Kalbsmedaillons mit etwas Zitronensaft beträufeln. Die Medaillons mit je 1 Salbeiblatt belegen und mit kleinen Holzspießen feststecken.

3 Den Backofen auf 80 °C vorheizen. Die Butter in einer Pfanne erhitzen und die Kalbsmedaillons darin auf beiden Seiten scharf anbraten. Die Medaillons aus der Pfanne nehmen und im Ofen warm halten. Die Cocktailtomaten waschen und halbieren. Die Schalotten schälen und ebenfalls halbieren. Die Cocktailtomaten mit den Schalotten und einigen Blättern Salbei ins verbliebene Bratfett in die Pfanne geben, andünsten und mit dem restlichen Zitronensaft ablöschen.

4 Die Polenta vom Herd nehmen, die kalte Butter unterrühren und nochmals mit den Gewürzen abschmecken. Mit den Salbei-Kalbsmedaillons auf Tellern anrichten und mit dem Bratensaft beträufeln. Den Parmesan in groben Spänen darüberhobeln. Nach Belieben mit dem restlichen Salbei garnieren.

Kalbsschnitzel

mit Zitronenschaum und Chicorée

Zutaten für 4 Personen:
4 Chicorée · Salz
4 EL Himbeeressig
Pfeffer aus der Mühle
2 TL Puderzucker
4 EL Butter
1 TL Honig
60 g Gorgonzola
4 Kalbsschnitzel (à 150 g)
½ Bund Koriander
1 Zitrone
250 ml trockener Weißwein
250 ml Kalbsfond
1 EL Crème double
2 TL gehackter Kerbel

1 Den Chicorée halbieren, waschen und den Strunk entfernen. In einem Topf wenig Salzwasser mit dem Essig zum Kochen bringen und die Chicoréehälften darin 4 bis 5 Minuten blanchieren. Herausnehmen, auf einem Sieb abtropfen lassen und mit Salz und Pfeffer würzen.

2 Den Backofen auf 180 °C vorheizen. Den Puderzucker in einer ofenfesten Pfanne schmelzen und 2 EL Butter und den Honig unterrühren. Den Chicorée hinzufügen und unter Schwenken karamellisieren. Den Gorgonzola zerbröckeln und auf dem Chicorée verteilen. Den Chicorée im Ofen auf der mittleren Schiene 8 bis 10 Minuten überbacken.

3 Die Schnitzel zwischen 2 Lagen Frischhaltefolie flach klopfen und mit Salz und Pfeffer würzen. Den Koriander waschen und trocken schütteln, die Blätter abzupfen und fein hacken.

4 Die restliche Butter in einer Pfanne aufschäumen, etwas gehackten Koriander dazugeben und die Schnitzel darin auf beiden Seiten kurz braten. Die Schnitzel aus der Pfanne nehmen und im Backofen bei 80 °C warm halten.

5 Die Zitrone halbieren und auspressen. Das verbliebene Bratfett in der Schnitzelpfanne mit dem Wein, dem Fond und dem Zitronensaft ablöschen und einköcheln lassen. Die Crème double unterrühren und den Kerbel hinzufügen. Die Sauce nach Belieben nochmals mit Salz und Pfeffer würzen und mit dem Stabmixer aufschäumen.

6 Die Kalbsschnitzel mit dem Zitronenschaum und dem Chicorée auf Tellern oder einer großen Platte anrichten. Mit dem restlichen Koriander garnieren.

Süß-saure Nierchen »Heidi«

mit Butternudeln und Gurkensalat

Zutaten für 4 Personen:

Für die Nieren:

500 g Kalbs- oder Schweinenieren (küchenfertig)
500 ml Milch
200 g Bandnudeln · Salz
3 EL Butter
80 g durchwachsener Speck (am Stück)
2 Schalotten
Mehl zum Bestäuben
250 ml Fleischbrühe
3 EL trockener Weißwein
200 g Champignons
1 EL Olivenöl
Pfeffer aus der Mühle
½ Bund Petersilie
200 g Sahne
frisch geriebene Muskatnuss
Saft von ½ Zitrone

Für den Salat:

1 große Salatgurke (oder 2 kleine)
Salz · 1 kleine Zwiebel
2 EL Olivenöl
2 EL Kräuteressig · ½ TL Honig
2 EL saure Sahne
1 EL gehackter Dill
Pfeffer aus der Mühle
Zucker

1 Die Nieren halbieren, waschen und trocken tupfen. In einer Schüssel in der Milch 30 bis 60 Minuten einlegen. Inzwischen die Bandnudeln nach Packungsanweisung in reichlich kochendem Salzwasser bissfest garen. Die Nudeln abgießen und abtropfen lassen. Kurz vor dem Servieren in einer Pfanne in 1 EL Butter schwenken. Für den Salat die Gurke schälen, halbieren und mit einem Teelöffel die Kerne entfernen. Die Gurke in Scheiben schneiden, salzen und kurz ziehen lassen.

2 Die Nieren aus der Milch nehmen, trocken tupfen und in Scheiben schneiden. Die restliche Butter in einem Bräter erhitzen und die Nierenscheiben darin bei mittlerer Hitze unter häufigem Wenden 3 bis 5 Minuten scharf anbraten. Herausnehmen und auf einem Sieb abtropfen lassen, dabei den Bratensaft auffangen.

3 Den Speck in kleine Würfel schneiden und im verbliebenen Bratfett im Bräter anbraten. Die Schalotten schälen und in feine Würfel schneiden. Zum Speck geben und kurz mitbraten. Mit etwas Mehl bestäuben und einige Sekunden rösten. Mit der Brühe und dem Wein ablöschen und bei starker Hitze unter Rühren sämig einkochen lassen.

4 Inzwischen die Champignons putzen, trocken abreiben und vierteln. In einer Pfanne im Olivenöl andünsten, mit Salz und Pfeffer würzen und warm halten. Die Petersilie waschen und trocken schütteln, die Blätter abzupfen und fein hacken.

5 Den Bräter vom Herd nehmen. Die Nieren mit dem abgetropften Bratensaft, der Petersilie und der Sahne in die Sauce geben und bei schwacher Hitze etwa 5 Minuten erhitzen (dabei nicht mehr aufkochen lassen!). Die Nierchen pikant mit Salz, Pfeffer, Muskatnuss, dem Zitronensaft und nach Belieben mit etwas Zucker abschmecken.

6 Für den Salat die Zwiebel schälen und in feine Würfel schneiden. Das Olivenöl mit dem Essig, dem Honig, der sauren Sahne und den Zwiebelwürfeln verrühren. Den Dill dazugeben und das Dressing mit Salz, Pfeffer und Zucker würzen. Die Gurkenscheiben trocken tupfen und mit dem Dressing mischen. Die Nierchen mit der Sauce, den Butternudeln und den Champignons auf Tellern anrichten und den Gurkensalat dazu servieren.

Kalbsrostbraten

mit Spargel-Morchel-Ragout

Zutaten für 4 Personen:

4 Scheiben Kalbsrücken (à ca. 150 g)
Salz · Pfeffer aus der Mühle
1 EL scharfer Senf
Mehl zum Wenden
1 EL Butterschmalz
50 g kalte Butter
30 g weiße Pfefferkörner
50 ml weißer Portwein
50 ml trockener Weißwein
300 ml Geflügelfond
100 g Sahne
einige Spritzer Zitronensaft
120 g frische Morcheln
2 Schalotten
3 cl Sherry (medium)
1 Knoblauchzehe
1 Lorbeerblatt
1 Zweig Thymian
200 g weißer Spargel (geschält und in Stücke geschnitten)
50 g Zuckerschoten
1 Stiel Petersilie
1 EL Olivenöl
2 EL Crème fraîche
2 EL Kerbelblätter

1 Kalbsrückenscheiben etwa ½ cm dünn klopfen. Mit Salz und Pfeffer würzen, dünn mit Senf bestreichen und im Mehl wenden, überschüssiges Mehl abklopfen. Das Butterschmalz in einer Pfanne erhitzen und die Fleischscheiben darin auf beiden Seiten goldbraun braten. 2 EL Butter dazugeben und das Fleisch weitere 2 Minuten ziehen lassen. Dann aus der Pfanne nehmen und warm halten.

2 Die Pfefferkörner kurz in kochendem Wasser blanchieren, abgießen, abtropfen lassen und grob zerstoßen. Den Bratensatz in der Pfanne mit dem Portwein ablöschen und den Weißwein angießen. Die Pfefferkörner und 150 ml Fond hinzufügen und auf die Hälfte einkochen lassen. Die Sahne dazugeben, aufkochen lassen und die Sauce durch ein Sieb passieren. Mit Salz, Pfeffer und Zitronensaft abschmecken und 1 EL Butter untermixen. Die Sauce ebenfalls warm halten.

3 Morcheln putzen, dabei die Stiele abschneiden, und trocken abreiben. Die Schalotten schälen und in feine Würfel schneiden. Restliche Butter in einer Pfanne erhitzen und die Hälfte der Schalottenwürfel darin andünsten. Die Morchelstiele dazugeben und mitdünsten. Mit Sherry ablöschen, etwas einkochen lassen und den restlichen Fond angießen.

4 Die ungeschälte Knoblauchzehe, das Lorbeerblatt und den gewaschenen Thymianzweig dazugeben und die Sauce auf etwa 100 ml einkochen lassen. Durch ein Sieb passieren und warm halten.

5 Die Spargelstücke in kochendem Salzwasser blanchieren, abgießen und abtropfen lassen. Die Zuckerschoten putzen und waschen. Ebenfalls in kochendem Salzwasser blanchieren, abgießen, eiskalt abschrecken, abtropfen lassen und quer halbieren. Die Petersilie waschen und trocken tupfen, die Blätter abzupfen und fein hacken.

6 Das Olivenöl erhitzen. Die restlichen Schalottenwürfel und die Morchelköpfe darin kurz andünsten. Den passierten Fond dazugeben und etwa 5 Minuten köcheln lassen. Mit der Crème fraîche verfeinern und mit Salz und Pfeffer abschmecken. Den Spargel und die Zuckerschoten hinzufügen und gut durchschwenken.

7 Das Spargel-Morchel-Ragout in der Mitte der Teller anrichten und den Kalbsrostbraten darauflegen. Die Sauce darüber verteilen und mit Kerbel garniert servieren.

Wiener Schnitzel

mit Bratkartoffeln

Zutaten für 4 Personen:
600 g festkochende Kartoffeln
Salz
80 g Zwiebeln
60 g Bauchspeck
4 Kalbsschnitzel (à ca. 120 g; aus der Oberschale)
Öl für die Folie
Pfeffer aus der Mühle
3 EL Sahne
2 Eier
50 g Mehl
150 g Semmelbrösel
240 g Butterschmalz
Kümmel aus der Gewürzmühle
½ Bund Petersilie
3 EL Butter
1 unbehandelte Zitrone
4 Sardellenfilets (in Öl)

1 Am Vortag für die Bratkartoffeln die Kartoffeln waschen und in Salzwasser etwa 25 Minuten garen. Dann abgießen und über Nacht auskühlen lassen.

2 Am nächsten Tag die Kartoffeln pellen und in dünne Scheiben schneiden. Die Zwiebeln schälen und in feine Würfel schneiden. Den Speck ebenfalls in feine Würfel schneiden.

3 Die Kalbsschnitzel zwischen 2 Lagen geölter Frischhaltefolie dünn klopfen und mit Salz und Pfeffer würzen. Die Sahne steif schlagen. Die Eier in einem tiefen Teller verquirlen und die Sahne unterheben. Mit Salz und Pfeffer würzen.

4 Das Mehl in einen tiefen Teller sieben, die Semmelbrösel ebenfalls in einen tiefen Teller geben. Die Schnitzel zuerst im Mehl wenden, überschüssiges Mehl abklopfen. Dann durch die verquirlten Eier ziehen und zuletzt mit den Semmelbröseln panieren, dabei die Panade gut andrücken. In einer tiefen Pfanne 200 g Butterschmalz erhitzen und die Schnitzel darin schwimmend goldbraun ausbacken.

5 Inzwischen das restliche Butterschmalz in einer zweiten Pfanne erhitzen und die Kartoffelscheiben darin auf beiden Seiten gut anbraten. Die Speckwürfel dazugeben und unter gelegentlichem Rühren goldbraun braten. Dann die Zwiebelwürfel hinzufügen und mitbraten. Die Bratkartoffeln mit Salz, Pfeffer und Kümmel abschmecken.

6 Die Petersilie waschen und trocken schütteln, die Blätter abzupfen, fein hacken und unter die Bratkartoffeln mischen. Die Pfanne vom Herd nehmen, die Butter unterrühren und so die Kartoffeln glasieren.

7 Die Schnitzel aus dem Butterschmalz nehmen, auf Küchenpapier abtropfen lassen und mit Salz würzen. Die Zitrone heiß waschen, trocken reiben und in Scheiben schneiden. Die Wiener Schnitzel mit den Bratkartoffeln auf Tellern anrichten. Mit je 1 Zitronenscheibe und 1 Sardellenfilet sowie nach Belieben mit Petersilie garniert servieren.

Kalbfleischbällchen

in Basilikum-Kapern-Sauce

Zutaten für 4 Personen:

Für die Kalbfleischbällchen:

400 g Kalbfleisch (aus der Keule)
100 ml Milch
1 Brötchen (vom Vortag; ohne Rinde)
2 Schalotten
50 g durchwachsener Speck
3 EL Butter
1 EL Petersilienblätter
2 eingelegte Sardellenfilets
1 Ei
Salz · Pfeffer aus der Mühle
Chili aus der Gewürzmühle
800 ml Kalbsfond
3 Stiele Basilikum
abgeriebene Schale von 1 unbehandelten Zitrone
10 weiße Pfefferkörner

Für die Basilikum-Kapern-Sauce:

2 Schalotten
1 unbehandelte Zitrone
200 g Sahne · 3 EL Butter
100 ml trockener Weißwein
1 Bund Basilikum
3 EL eingelegte Kapern
Salz · Pfeffer aus der Mühle

1 Das Kalbfleisch waschen, trocken tupfen und durch die feine Scheibe des Fleischwolfs drehen (oder beim Fleischer bereits gehackt kaufen). Die Milch lauwarm erhitzen, das Brötchen in Würfel schneiden und darin einweichen.

2 Die Schalotten schälen und in feine Würfel schneiden. Den Speck in sehr kleine Würfel schneiden. Die Butter in einer Pfanne zerlassen, die Schalotten- und Speckwürfel darin andünsten. Das Kalbshackfleisch mit den eingeweichten Brötchenwürfeln und der Schalotten-Speck-Mischung in eine Schüssel geben.

3 Die Petersilienblätter waschen, trocken tupfen und fein hacken. Die Sardellen hacken und mit dem Ei und der Petersilie in die Schüssel geben. Alles gut vermischen und mit Salz, Pfeffer und Chili würzen. Aus der Masse gleich große Bällchen formen (das geht am besten mithilfe eines Eisportionierers).

4 Den Fond aufkochen. Das Basilikum waschen und trocken schütteln, mit der Zitronenschale und den Pfefferkörnern zum Fond geben. Alles aufkochen lassen, die Hitze reduzieren, die Fleischbällchen in den Sud geben und bei mittlerer Hitze etwa 8 Minuten gar ziehen lassen.

5 Inzwischen für die Basilikum-Kapern-Sauce die Schalotten schälen und in feine Würfel schneiden. Die Zitrone heiß waschen, trocken reiben und die Schale abreiben. Die Zitrone auspressen. Die Hälfte der Sahne steif schlagen und kühl stellen.

6 Die Butter in einer Pfanne zerlassen und die Schalotten darin andünsten. Mit dem Zitronensaft ablöschen, die Zitronenschale, die restliche Sahne, den Wein und 400 ml des Kalbssuds dazugeben. Die Sauce um ein Drittel einkochen lassen und nach Belieben binden.

7 Das Basilikum waschen und trocken schütteln, die Blätter abzupfen und in feine Streifen schneiden. Mit den Kapern und der geschlagenen Sahne unter die Sauce mischen. Mit Salz und Pfeffer würzen.

8 Die Kalbfleischbällchen mit dem Schaumlöffel aus dem Sud nehmen, in die Sauce geben, kurz darin schwenken und mit der Sauce auf Tellern anrichten. Nach Belieben mit Basilikumblättern garnieren und Basmatireis dazu servieren.

Glasiertes Schweinefilet

auf Steinpilzrisotto

Zutaten für 4 Personen:

600 g Schweinefilet
3 EL Butterschmalz
4 Schalotten
2 Zweige Thymian
½ Knoblauchknolle
2 EL flüssiger Honig
50 ml alter Aceto balsamico
600 ml Geflügelfond
4 EL Olivenöl
150 g Risottoreis (z. B. Vialone)
150 ml trockener Weißwein
200 g Steinpilze
80 g kalte Butter
1 EL gehackte Petersilie
Salz · Pfeffer aus der Mühle
50 g Parmesan (am Stück)
2 EL Sahne
2 EL Kerbelblätter

1 Den Backofen auf 120 °C vorheizen. Das Schweinefilet von Fett und Sehnen befreien. Das Butterschmalz in einer ofenfesten Pfanne erhitzen und das Schweinefilet darin rundum anbraten. Eine Schalotte ungeschält halbieren, den Thymian waschen und trocken tupfen. Beides mit dem ungeschälten Knoblauch zum Schweinefilet geben. Den Honig und den Essig verrühren und über dem Filet verteilen. Das Filet im Backofen auf der mittleren Schiene 15 bis 20 Minuten garen, dabei immer wieder mit der Marinade übergießen.

2 Den Fond erhitzen. Zwei Schalotten schälen und in feine Würfel schneiden. 2 EL Olivenöl in einem Topf erhitzen und die Schalottenwürfel darin andünsten. Den Reis dazugeben und glasig dünsten. Mit dem Wein ablöschen.

3 Ein Viertel des heißen Fonds zum Reis gießen und unter häufigem Rühren bei schwacher Hitze köcheln lassen, bis der Reis die Flüssigkeit aufgenommen hat. Immer wieder so viel heißen Fond angießen, dass der Reis gerade bedeckt ist, und unter häufigem Rühren bei schwacher Hitze einköcheln lassen. Diesen Vorgang so lange wiederholen, bis der Fond aufgebraucht ist.

4 Die Steinpilze putzen, trocken abreiben und in mundgerechte Stücke schneiden. Die restliche Schalotte schälen und in feine Würfel schneiden. 2 EL Butter und das restliche Olivenöl in einer Pfanne erhitzen. Die Pilze darin anbraten, die Schalotte sowie die Petersilie dazugeben und kurz mitbraten. Die Pilze mit Salz und Pfeffer würzen.

5 Den Parmesan fein reiben, die Sahne steif schlagen. Wenn der Reis nach etwa 20 Minuten gar ist, den Parmesan, 1 EL Butter und die Sahne unterheben. Den Risotto mit Salz und Pfeffer abschmecken und die gebratenen Steinpilze untermischen.

6 Das Schweinefilet aus der Pfanne nehmen und den Bratensaft einkochen lassen. Die restliche kalte Butter in Würfel schneiden und die Sauce damit binden. Das Schweinefilet in Scheiben schneiden, auf dem Steinpilzrisotto anrichten und mit der Sauce beträufeln. Mit Kerbel garniert servieren.

Schweinefilettoast

mit Birnen und Edelpilzkäse

Zutaten für 4 Personen:

1 Schweinefilet (ca. 600 g)
Salz · Pfeffer aus der Mühle
8 Scheiben Toastbrot
30 g Kräuterbutter (Fertigprodukt)
2 Frühlingszwiebeln
1 rote Chilischote
4 kleine Birnen
120 g Edelpilzkäse (z. B. Gorgonzola)
2–3 EL Öl
1 Bund Zitronenmelisse

1 Das Schweinefilet von Fett und Sehnen befreien, in etwa 1 cm dicke Scheiben schneiden und leicht mit Salz und Pfeffer würzen.

2 Die Toastbrotscheiben leicht rösten und mit der Kräuterbutter bestreichen. Die Frühlingszwiebeln putzen, waschen und in feine Ringe schneiden. Die Chilischote längs halbieren, entkernen, waschen und in Streifen schneiden.

3 Die Birnen schälen, vierteln und die Kerngehäuse entfernen. Die Birnenviertel in feine Scheiben schneiden. Den Käse grob zerteilen.

4 Den Backofen auf 170 °C vorheizen. Das Öl in einer Pfanne erhitzen, die Filetscheiben darin von beiden Seiten kurz anbraten und auf den Toastbrotscheiben verteilen.

5 Die Frühlingszwiebeln, die Chili und die Birnen in der Pfanne im verbliebenen Bratfett kurz anbraten und die Schweinefilets damit belegen. Den Käse gleichmäßig darauf verteilen und die Schweinefilettoasts im Backofen auf der mittleren Schiene überbacken, bis der Käse zerlaufen ist.

6 Die Zitronenmelisse waschen und trocken schütteln, die Blätter abzupfen und in feine Streifen schneiden. Die Schweinefilettoasts damit bestreuen und servieren.

Mein Tipp

Wenn's mal schnell gehen soll, die Birnen einfach durch Pfirsichhälften oder Ananasscheiben ersetzen, ähnlich wie beim Toast Hawaii. Das Überbacken geht auch mit diversen anderen Käsesorten. Erlaubt ist was schmeckt!

Schweinemedaillons

mit Birnen und Hagebuttensauce

Zutaten für 4 Personen:

2 Schweinefilets (à ca. 300 g)
Salz · Pfeffer aus der Mühle
2 Birnen
2 Zweige Rosmarin
2 Stangen Lauch
100 ml fettarme Milch (1,5 % Fett)
50 g Sahne
3 EL Hagebuttenkonfitüre
1 Msp. Currypulver
½ TL Paprikapulver (rosenscharf)
1–2 Msp. Chilipulver
1–2 EL Butterschmalz
2 EL Butter

1 Die Schweinefilets von Fett und Sehnen befreien, in Medaillons schneiden und mit Salz und Pfeffer würzen.

2 Die Birnen waschen, vierteln und die Kerngehäuse entfernen. Die Birnenviertel in Spalten schneiden. Den Rosmarin waschen und trocken schütteln, die Nadeln abzupfen. Den Lauch putzen, waschen und in feine Ringe schneiden.

3 Die Milch mit der Sahne in einem Topf erhitzen, die Konfitüre unterrühren und sämig einkochen lassen. Die Hagebuttensauce mit Curry-, Paprika- und Chilipulver sowie Salz und Pfeffer würzen und warm stellen.

4 Das Butterschmalz in einer Pfanne erhitzen und die Schweinemedaillons darin von beiden Seiten braten.

5 In einer zweiten Pfanne 1 EL Butter zerlassen, die Birnenspalten mit dem Rosmarin darin andünsten und zugedeckt bei schwacher Hitze etwa 5 Minuten ziehen lassen.

6 Die restliche Butter in einem Topf zerlassen, den Lauch darin kurz andünsten und mit Salz und Pfeffer würzen.

7 Die Schweinemedaillons mit den Birnen und dem Lauch auf Tellern anrichten und die Hagebuttensauce dazu servieren.

Schweinefilet

im Kartoffelröstimantel

Zutaten für 4 Personen:

Für das Schweinefilet:

600 g Schweinefilet
Salz · Pfeffer aus der Mühle
4 EL Butterschmalz
80 g durchwachsener Speck
1 Zwiebel
1 Zweig Thymian
400 g festkochende Kartoffeln
1 Bund Petersilie
80 g Semmelbrösel
1 EL mittelscharfer Senf
Fett für das Backblech

Für die Pilzrahmsauce:

300 g gemischte Pilze (z. B. Champignons, Pfifferlinge, Austernpilze)
2 Schalotten
1 Knoblauchzehe
1 Zweig Thymian
2 EL Butterschmalz
100 ml Geflügelfond
200 g Sahne
Salz · Pfeffer aus der Mühle
frisch geriebene Muskatnuss

1 Für das Schweinefilet den Backofen auf 140 °C vorheizen. Ein Backblech mit Alufolie auslegen. Das Schweinefilet von Fett und Sehnen befreien und mit Salz und Pfeffer würzen. In 2 EL Butterschmalz rundum kräftig anbraten, auf das Backblech legen und im Ofen auf der mittleren Schiene 15 Minuten garen.

2 Den Speck in kleine Würfel schneiden, die Zwiebel schälen und in feine Würfel schneiden. Den Thymian waschen und trocken schütteln, die Blätter abzupfen und fein hacken. Das restliche Butterschmalz in einer Pfanne erhitzen, Speck, Zwiebel und Thymian darin anbraten.

3 Die Kartoffeln schälen und in einer speziellen Kartoffel-Gemüse-Maschine zu langen Spaghetti drehen oder mit einem Messer in sehr feine Streifen schneiden. Die Kartoffelspaghetti zu der Speck-Zwiebel-Mischung geben, zu einem Rösti flach drücken und bei schwacher Hitze von beiden Seiten goldbraun braten.

4 Die Petersilie waschen und trocken schütteln, die Blätter abzupfen, fein hacken und mit den Semmelbröseln vermischen. Das Fleisch aus dem Ofen nehmen, rundum mit Senf bestreichen und in den Kräuterbröseln wälzen. Das Rösti mit Salz und Pfeffer würzen und auf ein Küchentuch geben. Das Schweinefilet darauflegen und mithilfe des Tuches vorsichtig einrollen und gut anzudrücken. Ein Backblech einfetten, das Filet im Kartoffelröstimantel daraufgeben und im Ofen auf der mittleren Schiene weitere 10 Minuten garen.

5 Für die Pilzrahmsauce die Pilze putzen, trocken abreiben und in mundgerechte Stücke schneiden. Die Schalotten und den Knoblauch schälen und in feine Würfel schneiden. Den Thymian waschen und trocken schütteln. Das Butterschmalz in einer Pfanne zerlassen und die Pilze, die Schalotten, den Knoblauch und den Thymian darin anbraten. Herausnehmen und auf Küchenpapier abtropfen lassen.

6 Den Fond und 150 g Sahne zu dem verbliebenen Bratensatz gießen und sämig einkochen lassen. Die Sauce mit Salz, Pfeffer und Muskatnuss würzen und Pilze, Schalotten und Knoblauch hinzufügen. Die restliche Sahne steif schlagen und unterrühren. Die Pilzrahmsauce auf Teller verteilen. Das Schweinefilet im Kartoffelröstimantel in Medaillons schneiden und auf der Sauce anrichten.

Rheinische »Suur Bunne«

mit Kasseler und Würstchen

Zutaten für 4 Personen:

700 g mehligkochende Kartoffeln · Salz
1 kg milchsäurevergorene rheinische Schneidebohnen
2 Mettwürstchen
2 Scheiben Kasseler
4 Scheiben durchwachsener Speck
3 Wacholderbeeren
1 Lorbeerblatt
1 Bund Bohnenkraut
2 Zwiebeln
100 g fetter Speck (am Stück)
250 ml Milch
2 EL Butter
Pfeffer aus der Mühle
frisch geriebene Muskatnuss

1 Die Kartoffeln schälen, waschen und in Würfel schneiden. Die Kartoffelwürfel in einem Topf in Salzwasser weich garen. Die Bohnen in ein Sieb abgießen und abtropfen lassen.

2 In einem Topf 1 l Wasser zum Kochen bringen. Die Mettwürstchen, das Kasseler und die Speckscheiben mit den Wacholderbeeren sowie dem Lorbeerblatt hinzufügen und bei mittlerer Hitze etwa 20 Minuten köcheln lassen. Den Topf vom Herd nehmen und die Würstchen, das Fleisch und den Speck nachgaren lassen.

3 Vom Kochsud 500 ml abmessen und in einem Topf erhitzen. Das Bohnenkraut waschen, die Blätter abzupfen und fein hacken. Die Bohnen mit dem Bohnenkraut in den Sud geben und etwa 8 Minuten garen. Die Zwiebeln schälen und in feine Würfel schneiden. Den fetten Speck in kleine Würfel schneiden und in einer Pfanne ohne Fett kross braten.

4 Die gegarten Salzkartoffeln abgießen, kurz ausdampfen lassen und grob zerstampfen. Die Milch und die Butter hinzufügen und gut untermischen. Mit Salz, Pfeffer und Muskatnuss würzen. Nun die gekochten Bohnen mit dem gebratenen Speck und den Zwiebeln unter den Kartoffelstampf heben. Die »Suur Bunne« mit den Würstchen, dem Fleisch und den Speckscheiben auf Tellern anrichten.

Kohlroulade

mit Petersilienkartoffeln

Zutaten für 4 Personen:

1 Brötchen (vom Vortag)
8 große Blätter Wirsing
3 TL Instant-Gemüsebrühe
1 große Zwiebel
500 g gemischtes Hackfleisch
1 Ei
Salz · Pfeffer aus der Mühle
Paprikapulver (rosenscharf)
5 EL Öl
500 g festkochende Kartoffeln
250 g Sahne
Sojasauce
1 Bund Petersilie
50 g Butter

1 Das Brötchen in Wasser einweichen. Die Wirsingblätter waschen und in einem großen Topf in reichlich kochendem Wasser mit 2 TL Gemüsebrühe kurz blanchieren. In ein Sieb abgießen, dabei das Kochwasser auffangen. Aus den Blättern den Strunk herausschneiden.

2 Die Zwiebel schälen und in feine Würfel schneiden. Das Hackfleisch in eine Schüssel geben, das Brötchen gut ausdrücken und dazugeben. Beides mit dem Ei und den Zwiebelwürfeln vermischen und mit Salz, Pfeffer und Paprikapulver pikant abschmecken. Die Masse zu 8 gleich großen, länglichen Klößen formen.

3 Je 1 Kloß auf 1 Kohlblatt legen und zu Rouladen aufrollen. Das Ganze eng mit Küchengarn umwickeln. Das Öl im Bräter erhitzen und die Rouladen darin vorsichtig auf allen Seiten anbraten. Etwa 500 ml Kohlkochwasser mit dem restlichen Brühpulver vermischen und davon 1 Tasse voll zu den Rouladen gießen. Die Rouladen zugedeckt bei schwacher Hitze etwa 20 Minuten schmoren lassen.

4 Inzwischen die Kartoffeln schälen, waschen und in Salzwasser etwa 20 Minuten garen. Den Backofen auf 80 °C vorheizen.

5 Die fertig gegarten Rouladen aus der Brühe nehmen und im Backofen warm halten. Die restliche Kohlbrühe in den Bräter geben und die Flüssigkeit aufkochen lassen. Die Sahne dazugießen und die Sauce mit Sojasauce und Salz würzen. Sollte die Sauce zu dünnflüssig sein, etwas Mehl mit Wasser glatt rühren und die Sauce damit binden.

6 Die Petersilie waschen und trocken schütteln, die Blätter abzupfen und fein hacken. Die Kartoffeln abgießen und abdampfen lassen. Die Butter in einer Pfanne zerlassen, die Kartoffeln mit der Petersilie darin schwenken. Die Kohlrouladen mit den Petersilienkartoffeln auf Tellern anrichten, dazu die Sauce servieren.

Schweinekoteletts

mit Möhrenuntereinander

Zutaten für 4 Personen:

400 g mehligkochende Kartoffeln
Salz
8 große Möhren
4 große Schweine-halskoteletts
Pfeffer aus der Mühle
1 Knoblauchknolle
1 Bund Frühlingszwiebeln
1 Bund Salbei
60 g Schweineschmalz
150 g Butter
250 g Sahne
frisch geriebene Muskatnuss
4 rote Zwiebeln
4 EL Honig

1 Die Kartoffeln schälen, waschen, in Stücke schneiden und in Salzwasser 15 bis 20 Minuten garen. Die Möhren putzen, schälen und in etwa 0,5 x 0,5 cm große Würfel schneiden. In Salzwasser bissfest garen.

2 Inzwischen die Koteletts waschen, trocken tupfen und mit Salz und Pfeffer einreiben. Die Knoblauchknolle der Länge nach einschneiden, die Frühlingszwiebeln putzen, waschen und in große Stücke schneiden. Den Salbei waschen und trocken schütteln und die Blätter abzupfen.

3 Das Schweineschmalz in einer Pfanne erhitzen und die Koteletts mit dem Knoblauch und den Frühlingszwiebeln darin bei mittlerer Hitze langsam von beiden Seiten braten. Kurz vor dem Anrichten den Salbei dazugeben und leicht bräunen lassen.

4 Die Kartoffeln abgießen, abdampfen lassen und durch die Kartoffelpresse in einen Topf drücken. Die Möhren, 100 g Butter und die Sahne untermischen und das Möhrenuntereinander mit Salz, Pfeffer und Muskatnuss würzen.

5 Die Zwiebeln schälen und in Achtel schneiden. Die restliche Butter in einer Pfanne zerlassen und den Honig darin schmelzen. Die Zwiebelachtel dazugeben und karamellisieren.

6 Die Schweinekoteletts auf einer Platte anrichten. Das Möhrenuntereinander und die karamellisierten Zwiebeln dazu servieren.

Falscher Hase

mit Schmormöhrchen und Senf-Zwiebelsauce

Zutaten für 4 Personen:

4 Eier
150 ml Milch
1 Brötchen (vom Vortag)
3 Zwiebeln
1 Knoblauchzehe
½ Bund Petersilie
700 g gemischtes Hackfleisch
2 TL Dijon-Senf
½ TL ganzer Kümmel
Salz · Pfeffer aus der Mühle
8 Scheiben Frühstücksspeck
50 g Butter
Zucker
1 EL grobkörniger Dijon-Senf
150 g Sahne
500 g Möhren
100 ml Gemüsebrühe
4 Stiele Estragon
Saft von ½ Zitrone

1 Den Backofen auf 180 °C vorheizen. Für den Hackbraten 3 Eier in kochendem Wasser 7 Minuten garen, kalt abschrecken und pellen. Die Milch in einem Topf erwärmen. Das Brötchen in Würfel schneiden und mit der heißen Milch übergießen. Eine Zwiebel und den Knoblauch schälen und in feine Würfel schneiden. Die Petersilie waschen und trocken schütteln. Die Blätter abzupfen und fein hacken.

2 Das Hackfleisch mit dem eingeweichten Brötchen, den Zwiebel- und Knoblauchwürfeln, dem restlichen Ei, dem Senf, Kümmel und der gehackten Petersilie in eine große Schüssel geben, kräftig mit Salz und Pfeffer würzen und gut vermischen.

3 Die Masse auf ein mit Backpapier ausgelegtes Backblech geben, flach drücken und die gekochten Eier hintereinander in die Mitte legen. Die Eier mit der Hackfleischmasse umhüllen und die Masse zu einem länglichen Laib formen. Die Hackbraten etwas festdrücken und mit den Speckscheiben belegen. Im Ofen auf der mittleren Schiene etwa 30 Minuten garen.

4 Für die Senf-Zwiebelsauce die restlichen Zwiebeln schälen und in Streifen schneiden. Die Hälfte der Butter in einer Pfanne erhitzen und die Zwiebelstreifen darin andünsten. Mit Salz, Pfeffer und Zucker würzen und bei mittlerer Hitze 5 bis 8 Minuten goldbraun braten. Den groben Senf unterrühren und mit der Sahne ablöschen. 1 bis 2 Minuten köcheln lassen und nochmals mit Salz und Pfeffer abschmecken.

5 Für die Schmormöhrchen die Möhren putzen, schälen, schräg in Scheiben schneiden und in der restlichen Butter andünsten. 1 TL Zucker darüberstreuen und unter gelegentlichem Rühren leicht karamellisieren. Mit der Brühe ablöschen und bei mittlerer Hitze weich schmoren. Die Möhren mit Salz und Pfeffer würzen. Den Estragon waschen und trocken tupfen. Die Blätter abzupfen, grob hacken und zu den Schmormöhrchen geben. Die Zitrone halbieren, den Saft einer Hälfte auspressen und die Möhren mit dem Zitronensaft abschmecken.

6 Den Hackbraten in Scheiben schneiden und mit den Schmormöhrchen auf Tellern anrichten. Die Sauce dazu servieren.

Zigeuner-Buletten
mit Petersiliennudeln

Zutaten für 4 Personen:

3 Zwiebeln
2 Knoblauchzehen
1 Zweig Rosmarin
600 g gemischtes Hackfleisch
1 Ei
1 EL Senf
2 EL Semmelbrösel
Salz · Pfeffer aus der Mühle
Cayennepfeffer
2 EL Öl
280 g gegrillte, sauer eingelegte Paprikaschoten
2 EL Tomatenmark
2 EL Weißweinessig
200 ml Rinderfond
Zucker
250 g Farfalle (Schmetterlingsnudeln)
Saft von ½ Limette
1 Bund Petersilie
5 EL Olivenöl

1 Für die Buletten 1 Zwiebel und 1 Knoblauchzehe schälen und in feine Würfel schneiden. Den Rosmarin waschen und trocken tupfen, die Nadeln abzupfen und fein hacken. Zwiebel, Knoblauch und Rosmarin mit dem Hackfleisch, dem Ei, dem Senf und den Semmelbröseln in eine Schüssel geben. Mit Salz, Pfeffer und Cayennepfeffer würzen und den Fleischteig gut vermischen.

2 Aus der Hackmasse mit angefeuchteten Händen 8 Buletten formen. Das Öl in einer Pfanne erhitzen und die Buletten darin auf beiden Seiten 3 Minuten anbraten. Die Buletten aus der Pfanne nehmen und beiseitestellen.

3 Für die Sauce die restlichen Zwiebeln und die restliche Knoblauchzehe schälen und in Streifen schneiden. Im Bratfett der Buletten andünsten. Die abgetropften Paprikaschoten in Streifen schneiden und hinzufügen. Das Tomatenmark unterrühren, kurz mitrösten und mit dem Essig und dem Fond ablöschen. Kräftig mit Salz, Pfeffer, Cayennepfeffer und 1 Prise Zucker würzen. Die Buletten in die Sauce geben und 5 Minuten darin garen.

4 Die Farfalle in reichlich kochendem Salzwasser nach Packungsanweisung bissfest garen.

5 Die Limette halbieren und den Saft auspressen. Die Petersilie waschen, trocken schütteln und die Blätter abzupfen. Die Petersilie mit dem Olivenöl, dem Limettensaft und etwas Salz und Pfeffer im Küchenmixer fein pürieren. Die Nudeln in ein Sieb abgießen, kurz abtropfen lassen und mit dem Petersilienöl mischen.

6 Die Zigeuner-Buletten mit der Sauce auf Tellern anrichten und mit den Petersiliennudeln servieren.

Lammkarree
mit Knoblauchkartoffeln

Zutaten für 4 Personen:
1 kg Lammkarree
Salz · Pfeffer aus der Mühle
1 kg festkochende Kartoffeln
2 Knoblauchzehen
je 1 Zweig Rosmarin und Thymian
4 EL Olivenöl
400 g Rosenkohl
150 g Butter
frisch geriebene Muskatnuss
2 Stiele Petersilie

1 Den Backofen auf 250 °C vorheizen. Die Fettpfanne auf die mittlere Schiene schieben. Das Lammkarree waschen, trocken tupfen und mit Salz und Pfeffer würzen. Die Kartoffeln schälen, waschen und in dünne Spalten schneiden.

2 Den Knoblauch schälen und in feine Scheiben schneiden. Den Rosmarin und den Thymian waschen und trocken schütteln, vom Thymian die Blättchen abzupfen und fein hacken.

3 Das Lammfleisch mit der Fettschicht nach oben in die heiße Fettpfanne setzen. Die Kartoffeln und das Olivenöl rundum verteilen und mit Salz und Pfeffer würzen. Die Backofentemperatur auf 200 °C reduzieren und das Karree etwa 20 Minuten garen. Nach der Hälfte der Garzeit die Kartoffeln wenden und den Knoblauch sowie den Rosmarinzweig und den Thymian hinzufügen.

4 Den Rosenkohl putzen, waschen und in einem Topf in kochendem Salzwasser blanchieren. In ein Sieb abgießen und abtropfen lassen. Die Butter in einer großen Pfanne erhitzen und braun werden lassen. Den Rosenkohl darin schwenken und mit Pfeffer und Muskatnuss würzen. Die Petersilie waschen und trocken schütteln, die Blätter abzupfen und fein hacken.

5 Das Lammkarree in Stücke schneiden und mit den Kartoffeln und dem Rosenkohl auf Tellern anrichten. Mit der Petersilie bestreuen.

Mein Tipp

Rosenkohl ist ein traditionelles Wintergemüse. Will man das mit mediterranen Kräutern aromatisierte Lammkarree aber im Sommer zubereiten, kann man stattdessen auch prima eine Ratatouille dazu servieren.

Lamm-Saltimbocca

mit marinierten Bohnenkernen

Zutaten für 4 Personen:

3 Tomaten
2 Knoblauchzehen
3 Zweige Rosmarin
4 Zweige Thymian
2 EL Olivenöl
Salz · Pfeffer aus der Mühle
2 EL Puderzucker
4 Lammlachse
(Lammrückenfilets; à ca. 150 g)
8 Salbeiblätter
8 Scheiben Parmaschinken
3 EL Butterschmalz
400 g Saubohnenkerne
2 Schalotten
(in feinen Würfeln)
60 g Butter
1 TL Honig
150 ml Geflügelfond
4 große festkochende Kartoffeln
200 g Ziegenkäserolle
½ TL geschroteter Pfeffer

1 Den Backofen auf 80 °C vorheizen. Die Tomaten häuten, vierteln und entkernen. Tomatenviertel auf einem Backblech verteilen. Knoblauch schälen und in feine Würfel schneiden. Rosmarin und Thymian waschen und trocken schütteln. Von 1 Zweig Rosmarin sowie 2 Zweigen Thymian die Nadeln bzw. Blättchen abzupfen und fein hacken. Knoblauch, gehackte Kräuter und Olivenöl mischen. Die Tomatenfilets mit dem Öl beträufeln, mit Salz, Pfeffer und Puderzucker würzen. Im Ofen auf der mittleren Schiene etwa 3 Stunden trocknen lassen.

2 Die Lammlachse schräg halbieren und der Länge nach aufschneiden. Aufklappen, flach drücken oder leicht plattieren und mit Pfeffer würzen. Mit je 1 Salbeiblatt belegen und mit 1 Scheibe Schinken umwickeln. In einer Pfanne 2 EL Butterschmalz erhitzen und die Saltimbocca darin auf beiden Seiten anbraten. Die Hitze reduzieren und das Fleisch 5 bis 8 Minuten gar ziehen lassen. Mit Salz würzen.

3 Die Bohnenkerne in kochendem Salzwasser 2 Minuten blanchieren. In ein Sieb abgießen, kalt abschrecken und die Kerne aus den Häutchen pulen. Saubohnen und Schalotten in einer Pfanne in 4 EL Butter andünsten. Honig und Tomatenfilets dazugeben, mit dem Fond ablöschen und 3 bis 5 Minuten köcheln lassen. Mit Salz und Pfeffer würzen.

4 Die Kartoffeln schälen, waschen und mit einer speziellen Kartoffel-Gemüse-Maschine zu langen Spaghetti drehen (oder mit einem Messer in sehr feine Streifen schneiden). Das restliche Butterschmalz in einer Pfanne erhitzen, die Hälfte der Kartoffelfäden darin verteilen und auf der Unterseite goldbraun braten. Die Rösti wenden, 1 EL Butter hinzufügen und die andere Seite ebenfalls goldbraun braten. Salzen, pfeffern und auf Küchenpapier abtropfen lassen. Mit den restlichen Kartoffelfäden ebenso verfahren. Aus den Rösti jeweils 4 Kreise ausstechen (etwa 6 cm Durchmesser). Die Backofentemperatur auf 180 °C erhöhen. Den Ziegenkäse in 4 Scheiben schneiden, mit dem Pfeffer und den restlichen Kräutern bestreuen und jeweils zwischen 2 Röstischeiben legen. Die Ziegenkäsetörtchen im Ofen auf der mittleren Schiene 5 bis 8 Minuten backen. Saltimbocca, Ziegenkäsetörtchen und marinierte Bohnenkerne auf Tellern anrichten.

Lammlachs

mit Mangold-Knoblauch-Butter

Zutaten für 4 Personen:
500 g mehligkochende Kartoffeln · Salz
150 g Mangold
4 Knoblauchzehen
½ Bund Thymian
300 g weiche Butter
5 EL Olivenöl
geschroteter Pfeffer
1 TL Worcestersauce
4 Lammlachse (Lammrückenfilets; à ca. 200 g)
100 g Parmesan (am Stück)
200 g Paniermehl
3 EL Sahne · 2 Eier
100 g Mehl
2 EL Öl
250 g Prinzessbohnen
1 Zwiebel
150 g Frühstücksspeck (in Scheiben)
Pfeffer aus der Mühle
120 g Crème double
frisch geriebene Muskatnuss

1 Die Kartoffeln schälen, waschen und in Salzwasser 15 bis 20 Minuten garen. Den Mangold putzen, waschen und die Blätter grob zerkleinern. Den Knoblauch schälen und grob zerkleinern. Den Thymian waschen, trocken schütteln und die Blätter abzupfen.

2 Den Mangold mit 200 g Butter, dem Olivenöl und dem Knoblauch im Küchenmixer fein pürieren. Mit Salz, geschrotetem Pfeffer, Thymian und der Worcestersauce würzen.

3 Die Lammlachse von Fett und Sehnen befreien, jeweils eine Tasche längs in das Fleisch schneiden und mit etwas Mangold-Knoblauch-Butter füllen.

4 Den Parmesan fein reiben und mit dem Paniermehl in einem tiefen Teller mischen. Die Sahne steif schlagen. Die Eier in einem weiteren tiefen Teller verquirlen und die Sahne unterheben. Das Mehl ebenfalls in einen tiefen Teller geben. Die Lammlachse zuerst im Mehl wenden, dann durch die Eier-Sahne-Mischung ziehen und zuletzt mit dem Parmesanmehl panieren. Dabei darauf achten, dass das Fleisch rundum mit der Panade bedeckt ist.

5 Das Öl in einer tiefen Pfanne erhitzen und das Fleisch darin auf beiden Seiten goldbraun anbraten. Die restliche Mangold-Knoblauch-Butter dazugeben und die Lammschnitzel bei schwacher Hitze fertig garen.

6 Inzwischen die Bohnen putzen, waschen und in kochendem Salzwasser bissfest blanchieren. Abgießen, kalt abschrecken und abtropfen lassen. Die Zwiebel schälen und in feine Würfel schneiden. Den Speck in feine Streifen schneiden. 3 EL Butter in einer Pfanne zerlassen, Zwiebelwürfel und Speckstreifen darin anbraten. Die Bohnen dazugeben und in der Speckbutter schwenken. Mit Salz und Pfeffer würzen.

7 Die Kartoffeln abgießen, ausdampfen lassen und durch die Kartoffelpresse drücken. Die restliche weiche Butter und die Crème double unterrühren. Das Kartoffelpüree mit Salz, Pfeffer und Muskatnuss abschmecken und nach Belieben frisch gehackte Kräuter untermischen. Die panierten Lammlachse in Scheiben schneiden und fächerförmig auf den Prinzessbohnen anrichten. Das Kartoffelpüree dazu servieren.

Lammgeschnetzeltes

mit Oliven-Stampfkartoffeln

Zutaten für 4 Personen:

Für das Lammgeschnetzelte:

35 g Ingwer
2 Schalotten
½ rote Chilischote
400 g Lammfleisch (vom Rücken)
5 EL Sojasauce
1 TL Zucker
50 g Zuckerschoten
1 kleiner Spitzkohl (ca. 400 g)
80 g Shiitakepilze
50 g Möhre
1 rote Paprikaschote
1 TL Speisestärke
3 EL Erdnussöl
100 ml Lammfond
Salz · Pfeffer aus der Mühle
Chili aus der Gewürzmühle
1 EL Zitronenthymianblätter

Für die Oliven-Stampfkartoffeln:

500 g mehligkochende Kartoffeln
100 g Sahne
Salz · Pfeffer aus der Mühle
frisch geriebene Muskatnuss
1 EL schwarze Olivenpaste
3 EL Olivenöl
1 EL Schnittlauchröllchen

1 Für das Lammgeschnetzelte den Ingwer und die Schalotten schälen, den Ingwer in feine Würfel, die Schalotten in feine Streifen schneiden. Die Chilischote entkernen, waschen und in feine Würfel schneiden. Das Lammfleisch von Fett und Sehnen befreien und in Streifen schneiden.

2 Das Lammfleisch mit Ingwer, Schalotten, Chili, Sojasauce und Zucker in einer Schüssel gut vermischen, in einen Gefrierbeutel füllen und im Kühlschrank etwa 1 Stunde marinieren.

3 Die Zuckerschoten und den Spitzkohl putzen und waschen. Die Pilze putzen und trocken abreiben. Die Möhre putzen und schälen, die Paprikaschote längs halbieren, entkernen und waschen. Alle Gemüsesorten – bis auf die Zuckerschoten – in feine Streifen schneiden.

4 Für die Oliven-Stampfkartoffeln die Kartoffeln schälen, waschen, vierteln und im Dampfgarer (oder in einem Topf mit passendem Dämpfeinsatz) dämpfen.

5 Die Fleischstreifen aus der Marinade nehmen und mit der Stärke vermischen. 1 EL Öl im Wok oder in einer großen Pfanne erhitzen, die Fleischstreifen darin scharf anbraten und herausnehmen. Dann nach und nach Möhre, Spitzkohl, Paprika, Zuckerschoten und Shiitakepilze im restlichen Öl unter Rühren anbraten und wieder herausnehmen.

6 Den verbliebenen Bratensatz mit der Fleischmarinade ablöschen und den Fond dazugießen. Das Fleisch und das Gemüse wieder dazugeben, nochmals erwärmen und mit Salz, Pfeffer und Chili würzen. Zuletzt den Zitronenthymian waschen, trocken tupfen und unterheben.

7 Die Sahne in einem Topf aufkochen lassen und mit Salz, Pfeffer und Muskatnuss würzen. Die gegarten Kartoffeln in eine Schüssel geben und mit dem Kartoffelstampfer zerdrücken, dabei nach und nach die heiße Sahne dazugießen.

8 Die Olivenpaste, das Öl und die Schnittlauchröllchen unter die Stampfkartoffeln mischen und bei Bedarf nochmals mit Salz und Pfeffer abschmecken. Die Oliven-Stampfkartoffeln mit dem Lammgeschnetzelten auf Tellern anrichten.

Gesottene Lammschulter

mit Brunnenkressestampf und Prinzessbohnen

Zutaten für 4 Portionen:

1 Lammschulter
(ca. 1 kg; ausgelöst)
Salz
1 braune Zwiebel
2 kleine Möhren
¼ Sellerieknolle
6 Knoblauchzehen
1 Kräutersträußchen (Lorbeerblätter, Thymian und Petersilie)
600 g mehligkochende Kartoffeln
200 g Brunnenkresse
2 Schalotten
50 g Butter
50 ml Gemüsebrühe
400 g Prinzessbohnen
12 Cocktailtomaten
1 rote Zwiebel
50 g Frühstücksspeck
2 EL Olivenöl
2 Stiele Bohnenkraut
1 EL Honig
frisch geriebene Muskatnuss
schwarzer Pfeffer aus der Mühle

1 Die Lammschulter mit Küchengarn in Form binden. In einem Topf reichlich Wasser aufkochen und das Fleisch darin 2 Minuten blanchieren, herausnehmen und kalt abschrecken. Die Lammschulter in einen Topf geben und knapp mit Salzwasser bedecken. Langsam aufkochen und 30 Minuten bei mittlerer bis schwacher Hitze zugedeckt garen.

2 Die braune Zwiebel schälen, die Möhren und den Sellerie putzen und schälen. Das Gemüse in Stücke schneiden. 4 Knoblauchzehen ungeschält halbieren. Das Gemüse, den Knoblauch und das gewaschene Kräutersträußchen zum Fleisch geben und weitere 1 bis 2 Stunden garen, bis das Fleisch weich ist. Mit einer Fleischgabel in das Fleisch stechen. Lässt sie sich leicht einstechen und wieder herausziehen, ist das Fleisch gar.

3 Inzwischen den Backofen auf 180 °C vorheizen. Die Kartoffeln gründlich waschen, abtropfen lassen und im Backofen etwa 1 Stunde weich garen. Die Kartoffeln halbieren und das Fruchtfleisch mit einem Löffel aus der Schale lösen, in einen Topf geben und grob zerstampfen.

4 Die Brunnenkresse verlesen, waschen und trocken schleudern. Eine Knoblauchzehe und die Schalotten schälen, in kleine Würfel schneiden und in der Butter andünsten. Mit der Brühe ablöschen und 2 bis 3 Minuten köcheln lassen. Mit Salz, Pfeffer und Muskatnuss würzen. Die Brunnenkresse und den Sud unter die Kartoffeln mischen.

5 Die Bohnen putzen, waschen und in Stücke schneiden. In kochendem Salzwasser etwa 6 Minuten bissfest garen. Die Bohnen in ein Sieb abgießen, kalt abschrecken und gut abtropfen lassen. Die Tomaten waschen und halbieren.

6 Die rote Zwiebel und die übrige Knoblauchzehe schälen, mit dem Speck in kleine Würfel schneiden und im Olivenöl anbraten. Die Bohnen dazugeben und mitbraten. Das Bohnenkraut waschen, trocken tupfen und die Blätter abzupfen. Mit den Tomaten und dem Honig zu den Bohnen geben, untermischen und mit Salz und Pfeffer abschmecken.

7 Die Lammschulter in Scheiben schneiden und mit dem Brunnenkressestampf und den Bohnen auf Tellern anrichten und servieren.

Geflügel & Wild

Maispoulardenbrust

im Speckmantel mit Orangengraupen

Zutaten für 4 Personen:

Für die Orangengraupen:

100 g Graupen
400 ml Orangensaft
2 unbehandelte Orangen
50 g Butter · Salz
Chili aus der Gewürzmühle

Für die Papaya-Tomaten-Salsa:

½ Papaya
3 vollreife Tomaten
1 Limette
10 Stiele Estragon
3 EL Sweet-Chili-Sauce
Salz · Pfeffer aus der Mühle

Für die Maispoulardenbrust:

24 Estragonblätter
4 Maispoulardenbrustfilets (à ca. 200 g; ohne Haut)
4 TL Senf
Salz · Pfeffer aus der Mühle
20 Scheiben durchwachsener Speck
1 Schalotte
1 Zweig Rosmarin
2 Zweige Thymian
3–4 EL Butterschmalz

1 Für die Orangengraupen die Graupen mehrere Stunden in kaltem Wasser einweichen.

2 Für die Papaya-Tomaten-Salsa die Papaya schälen, entkernen und das Fruchtfleisch in kleine Würfel schneiden. Die Tomaten waschen und vierteln, dabei die Stielansätze entfernen. Die Tomatenviertel entkernen und ebenfalls in kleine Würfel schneiden. Beides vermischen.

3 Die Limette auspressen. Den Estragon waschen und trocken schütteln, die Blätter abzupfen. Limettensaft und Estragon zu dem Papaya-Tomaten-Mix geben und die Salsa mit Sweet-Chili-Sauce, Salz und Pfeffer würzen. Kühl stellen.

4 Für die Poulardenbrust die Estragonblätter waschen und trocken tupfen. Die Maispoulardenbrustfilets waschen und trocken tupfen, jeweils eine Tasche in das Fleisch einschneiden und die Filets aufklappen. Mit je 1 TL Senf bestreichen, mit Salz und Pfeffer würzen, jeweils 6 Estragonblätter hineinlegen und die Maispoulardenbrüste wieder zuklappen.

5 Die Graupen durch ein Sieb gießen und in einem Topf im Orangensaft zugedeckt bei schwacher Hitze etwa 30 Minuten bissfest garen. Dabei ab und zu umrühren.

6 Inzwischen 5 Speckscheiben überlappend nebeneinanderlegen, eine Maispoulardenbrust daraufsetzen und in den Speck einrollen. Die restlichen Maispoulardenbrüste ebenso in Speck einwickeln.

7 Die Schalotte schälen und halbieren. Den Rosmarin und den Thymian waschen und trocken schütteln. Das Butterschmalz in einer Pfanne erhitzen und die Poulardenbrüste darin von beiden Seiten anbraten. Die Kräuter und die Schalottenhälften dazugeben und das Fleisch bei mittlerer Hitze fertig garen.

8 Die Orangen heiß waschen, trocken reiben und von der Schale mit dem Zestenreißer feine Streifen abziehen. Die Orangenzesten mit der Butter unter die gegarten Graupen mischen und die Graupen mit Salz und Chili würzen.

9 Die Maispoulardenbrüste in Scheiben schneiden und mit den Orangengraupen und der Papaya-Tomaten-Salsa auf Tellern anrichten.

Speckhähnchen

mit Kartoffelstampf und frischem Krautsalat

Zutaten für 4 Personen:

400 g Weißkohl
Salz
1 Zwiebel
2 EL Öl
2 TL Senf
2 EL Weißweinessig
5 EL Rinderfond
Pfeffer aus der Mühle
Zucker
4 Hähnchenbrustfilets (à 160 g)
1 TL getrockneter Majoran
8 Scheiben durchwachsener Speck
1 EL Olivenöl
600 g mehligkochende Kartoffeln
100 ml heiße Milch
50 g Butter
frisch geriebene Muskatnuss

1 Für den Krautsalat vom Weißkohl die äußeren Blätter entfernen, den Kohl vierteln und den harten Strunk entfernen. Den Kohl in feine Streifen hobeln, mit ½ TL Salz bestreuen, kräftig durchkneten und 10 Minuten ziehen lassen.

2 Die Zwiebel schälen und in feine Würfel schneiden. Das Öl in einer Pfanne erhitzen und die Zwiebel darin andünsten. Den Senf, den Essig, den Fond und 1 TL Zucker hinzufügen und 2 Minuten köcheln lassen. Die Marinade zum Weißkohl geben und alles gut mischen. Den Krautsalat ziehen lassen und vor dem Servieren mit Salz, Pfeffer und Zucker abschmecken.

3 Den Backofen auf 140 °C vorheizen. Die Hähnchenbrustfilets waschen, trocken tupfen und mit Salz, Pfeffer und Majoran würzen. Mit je 2 Speckscheiben umwickeln und mit kleinen Holzspießen feststecken.

4 Das Olivenöl in einer ofenfesten Pfanne erhitzen und die Hähnchenbrüste darin rundum knusprig anbraten. Das Fleisch im Ofen auf der mittleren Schiene etwa 10 Minuten fertig garen.

5 Die Kartoffeln schälen, waschen und grob in Würfel schneiden. In einem Topf in Salzwasser weich garen. Die Kartoffeln in ein Sieb abgießen, kurz ausdampfen lassen und zurück in den Topf geben. Die Milch und die Butter hinzufügen, mit Salz und Muskatnuss würzen und alles mit dem Kartoffelstampfer zerdrücken.

6 Die Hähnchenbrüste halbieren und mit dem Kartoffelstampf auf Tellern anrichten. Den Krautsalat dazu servieren.

Maispoulardenbrust

mit Morchelfüllung auf Schmormöhren

Zutaten für 4 Personen:

10 g getrocknete Morcheln
4 Maispoulardenbrustfilets (à ca. 200 g; ohne Haut)
5 Schalotten
2 Knoblauchzehen
4 Zweige Zitronenthymian
4 EL Olivenöl
1 Brötchen (vom Vortag)
50 ml Milch
1 TL Senf
1 Ei
Salz · Pfeffer aus der Mühle
1 Bund Möhren
1 EL Zucker
200 ml Geflügelfond
½ Bund Petersilie
30 g kalte Butter
20 g Ingwer

1 Den Backofen auf 120 °C vorheizen. Ein Ofengitter auf die mittlere Schiene und darunter ein Abtropfblech schieben. Die Morcheln in einer Schüssel mit lauwarmem Wasser übergießen und 1 Stunde einweichen. Die Maispoulardenbrustfilets waschen und trocken tupfen und jeweils eine Tasche in das Fleisch einschneiden.

2 Zwei Schalotten und 1 Knoblauchzehe schälen und in feine Würfel schneiden. Die Morcheln in ein Sieb abgießen, gut abtropfen lassen und klein schneiden. Den Thymian waschen und trocken schütteln. Von 2 Zweigen die Blättchen abzupfen und fein hacken.

3 In einer Pfanne 2 EL Olivenöl erhitzen, Schalotten, Knoblauch und Morcheln darin andünsten. Das Brötchen in kleine Würfel schneiden und in eine Schüssel geben. Die Milch erhitzen, über die Brotwürfel gießen und 5 Minuten ziehen lassen. Die angedünsteten Pilze, den Zitronenthymian, den Senf und das Ei dazugeben und die Füllung mit Salz und Pfeffer würzen. Alles gut mischen.

4 Die Poulardenbrüste mit der vorbereiteten Masse füllen. Eine Schalotte schälen und halbieren. Das restliche Olivenöl in einer Pfanne erhitzen und die Poulardenbrüste darin rundum anbraten. Die Thymianzweige und die halbierte Schalotte beim Anbraten hinzufügen. Das Fleisch auf dem Gitter im Ofen 10 bis 12 Minuten fertig garen.

5 Die Möhren putzen, schälen und schräg in Stücke schneiden. Die restlichen Schalotten und den restlichen Knoblauch schälen und in feine Würfel schneiden. Den Zucker in einem Topf karamellisieren. Möhren, Schalotten und Knoblauch dazugeben und andünsten. Mit dem Fond ablöschen, mit Salz und Pfeffer würzen. Die Möhren bei mittlerer Hitze weich schmoren. Die Petersilie waschen und trocken schütteln. Die Blätter abzupfen und fein hacken. Die Schmormöhren mit der gehackten Petersilie, der kalten Butter und dem frisch geriebenen Ingwer verfeinern.

6 Die Maispoulardenbrüste in Scheiben schneiden und mit den geschmorten Möhren auf Tellern anrichten.

Salbei-Chili-Hähnchen

mit Möhren und Zuckerschoten

Zutaten für 4 Personen:

4 Hähnchenbrustfilets
(à 150 g; mit Haut)
12 Salbeiblätter
Salz · Pfeffer aus der Mühle
2 kleine rote Chilischoten
3 EL Olivenöl
300 g Baby-Möhren (mit Grün)
300 g Zuckerschoten
1 Stiel Koriander (ersatzweise etwas gemahlener Koriander)
2 EL Butter
Zucker
4 EL Mascarpone
4 EL Sahne
1 EL gehackte Petersilie

1 Die Hähnchenbrustfilets waschen und trocken tupfen. Die Salbeiblätter waschen, trocken tupfen und je 3 Blätter unter die Hähnchenhaut schieben. Die Filets kräftig mit Salz und Pfeffer würzen. Die Chilischoten längs halbieren, entkernen, waschen und in feine Würfel schneiden.

2 Das Olivenöl in einer Pfanne erhitzen und die Hähnchenbrustfilets darin auf der Hautseite scharf anbraten. Dann wenden und das Fleisch bei mittlerer Hitze etwa 7 Minuten weitergaren. Kurz vor Garzeitende die Chiliwürfel dazugeben.

3 Inzwischen die Baby-Möhren waschen und die Zuckerschoten putzen und waschen. Beides in einem Topf in kochendem Salzwasser etwa 5 Minuten bissfest blanchieren. Das Gemüse in ein Sieb abgießen, kalt abschrecken und gut abtropfen lassen.

4 Den Koriander waschen und trocken schütteln, die Blätter abzupfen und fein hacken. Die Butter in einer Pfanne erhitzen und die Möhren und Zuckerschoten darin kurz schwenken. Mit etwas Zucker, Salz und dem Koriander würzen.

5 Den Mascarpone mit der Sahne cremig rühren, mit Salz und Pfeffer würzen und die Petersilie unterrühren. Die Salbei-Chili-Hähnchen in Scheiben schneiden, mit dem Möhren-Zuckerschoten-Gemüse auf Tellern anrichten und die Mascarponecreme dazu servieren. Nach Belieben frisches Baguette dazu reichen.

Kartoffel-Burger

mit Putenmedaillons

Zutaten für 4 Personen:

500 g festkochende Kartoffeln
Salz
2 EL Kartoffelstärke
2 Eigelb
Pfeffer aus der Mühle
frisch geriebene Muskatnuss
6–7 EL Öl
80 g Sahnequark (40 % Fett)
4 EL saure Sahne
2 EL Tomatenmark
1 große Tomate
2 Frühlingszwiebeln
4 Blätter Eissalat
4 kleine Putenschnitzel
(à ca. 80 g)
Mehl zum Wenden
60 g geriebener Käse
(z. B. Emmentaler oder Gouda)

1 Die Kartoffeln waschen und 250 g davon in Salzwasser als Pellkartoffeln garen. Inzwischen die restlichen Kartoffeln schälen, waschen und grob raspeln. Die Raspel in einem Küchentuch gut ausdrücken, dabei den Saft in einer Schüssel auffangen.

2 Die gegarten Kartoffeln abgießen, abdampfen lassen, pellen und durch die Kartoffelpresse in eine Schüssel drücken. Den Kartoffelschnee mit den Raspeln vermischen. Den aufgefangenen Kartoffelsaft vorsichtig abschütten und die auf dem Boden abgesetzte Stärke unter die Kartoffelmasse mischen.

3 Das Kartoffelmehl und die Eigelbe unter die Kartoffelmasse rühren und mit Salz, Pfeffer und Muskatnuss würzen. Aus der Kartoffelmasse 8 Rösti formen und portionsweise in einer großen Pfanne in 4 bis 5 EL Öl von beiden Seiten goldbraun braten. Die Rösti warm stellen.

4 Den Quark, die saure Sahne und das Tomatenmark zu einem Dip verrühren. Mit Salz und Pfeffer abschmecken.

5 Die Tomate waschen und in 4 Scheiben schneiden, dabei den Stielansatz entfernen. Die Frühlingszwiebeln putzen, waschen und schräg in Ringe schneiden. Die Salatblätter waschen und trocken schütteln.

6 Die Putenschnitzel waschen, trocken tupfen und mit Salz und Pfeffer würzen. Die Schnitzel im Mehl wenden und überschüssiges Mehl abklopfen. Das restliche Öl in einer Pfanne erhitzen und die Schnitzel darin von beiden Seiten braten.

7 Vier Rösti mit den Salatblättern belegen, die Tomatenscheiben darauf verteilen und mit der Hälfte des Dips bestreichen. Die Putenschnitzel darauflegen und mit dem restlichen Dip bestreichen. Die Frühlingszwiebeln darüberstreuen und mit den restlichen Kartoffelrösti abdecken. Die Burger mit Käse bestreuen und servieren.

Hühnerbrüstchen

in Sherrysauce

Zutaten für 4 Personen:

600 g Hähnchenbrustfilet
Salz
Mehl zum Wenden
2 EL Olivenöl
Pfeffer aus der Mühle
250 ml Sherry (trocken)
250 ml Geflügelfond
2 Knoblauchzehen
je 1 Zweig Rosmarin
und Thymian

1 Das Hähnchenbrustfilet waschen, trocken tupfen und in etwa 3 cm breite Stücke schneiden. Mit Salz würzen und in Mehl wenden, überschüssiges Mehl abklopfen.

2 Das Olivenöl in einer Pfanne erhitzen und die Hähnchenstücke darin auf beiden Seiten kurz anbraten. Das Fleisch mit wenig Salz und Pfeffer würzen und aus der Pfanne nehmen.

3 Das in der Pfanne verbliebene Öl mit Küchenpapier abtupfen. Den Bratensatz mit Sherry ablöschen und den Fond dazugießen.

4 Den Knoblauch schälen und in feine Würfel schneiden, die Kräuterzweige waschen und trocken tupfen. Knoblauch und Kräuter zur Sauce geben und die Sherrysauce offen auf etwa zwei Drittel einkochen lassen.

5 Die Hähnchenbrustfiletstücke hinzufügen und in der Sauce etwa 10 Minuten ziehen lassen. Auf Tellern anrichten und mit frischem Brot oder Baguette servieren.

Mein Tipp

Die Sherrysauce lässt sich natürlich noch mit Sahne verfeinern. Servieren Sie dazu am besten kleine Rosmarinkartöffelchen.

Scharfes Thai-Huhn

mit gebratenem Pak Choi

Zutaten für 4 Personen:

4 Hähnchenbrustfilets
(à ca. 150 g; ohne Haut)
3 rote Chilischoten
4 Korianderblätter
3 Kaffir-Limettenblätter
3 EL Macadamianüsse
3 Eiweiß
3 EL feines Reismehl
(aus dem Asienladen)
2 EL Kokosraspel
3 EL Speisestärke
5 EL Erdnussöl
4 Mini-Pak-Choi
3 EL Sesamöl
Salz · Pfeffer aus der Mühle
1 unbehandelte Limette
2 EL eingelegter Ingwer
2 EL brauner Zucker
5 EL Reisessig
100 ml helle Sojasauce

1 Die Hähnchenbrustfilets waschen, trocken tupfen und in jeweils 3 gleich große Stücke schneiden. Die Chilischoten längs halbieren, entkernen, waschen und in feine Würfel schneiden. Die Koriander- und Kaffir-Limettenblätter waschen, trocken tupfen und fein hacken. Die Macadamianüsse im Mörser fein zermahlen.

2 Die Eiweiße in einer Schüssel mit dem Schneebesen leicht schaumig aufschlagen. Das Reismehl mit den Kokosraspeln, zwei Dritteln der Chiliwürfel, den Koriander- und Kaffir-Limettenblättern sowie den Nüssen vermischen und unter die Eiweiße rühren.

3 Die Hähnchenstücke in der Speisestärke wenden und durch die Chilipanade ziehen. Das Erdnussöl in einer Pfanne erhitzen, das panierte Hähnchenfleisch darin von beiden Seiten anbraten und bei schwacher Hitze fertig braten.

4 Inzwischen die Pak Choi putzen, waschen und halbieren. Das Sesamöl in einer zweiten Pfanne erhitzen und den Pak Choi darin von allen Seiten bei mittlerer Hitze anbraten. Mit Salz und Pfeffer würzen.

5 Die Limette heiß waschen, trocken reiben und die Schale abreiben. Die Limette auspressen. Den eingelegten Ingwer hacken und mit Limettenschale und -saft, Zucker, Reisessig, Sojasauce und den restlichen Chiliwürfeln zu einer Sauce verrühren.

6 Das Thai-Huhn mit dem gebratenen Pak Choi auf Tellern anrichten und mit etwas Chilisauce beträufeln. Die restliche Sauce dazu servieren. Nach Belieben Reis dazu servieren.

Kräuter-Hähnchenschenkel
mit Büffelmozzarella

Zutaten für 4 Personen:
1 unbehandelte Zitrone
30 g gemischte Kräuterblätter (z. B. Petersilie, Schnittlauch, Rosmarin, Zitronenmelisse)
2 Scheiben Vollkorntoast
3 Knoblauchzehen
7 EL Olivenöl
12 kleine Hähnchenschenkel (à ca. 100 g)
Salz · Pfeffer aus der Mühle
200 g Büffelmozzarella

1 Die Zitrone heiß waschen, trocken reiben und die Schale abreiben. Den Saft auspressen. Die Kräuterblätter waschen und trocken tupfen. Das Toastbrot grob zerkleinern. Den Knoblauch schälen und mit den Kräutern, dem Toastbrot, 5 EL Olivenöl und der Zitronenschale im Küchenmixer oder Mörser fein mahlen.

2 Die Hähnchenschenkel waschen und trocken tupfen. Das restliche Olivenöl in einer Pfanne erhitzen und die Hähnchenschenkel darin rundum knusprig anbraten. Mit Salz und Pfeffer würzen.

3 Den Backofen auf 200 °C vorheizen. Die Schenkel auf ein Backblech legen und mit dem Zitronensaft beträufeln. Den Mozzarella in Scheiben schneiden und das Fleisch damit belegen. Mit der Kräuter-Knoblauch-Mischung bestreuen und alles im Ofen auf der mittleren Schiene 20 bis 25 Minuten überbacken. Die Hähnchenschenkel am besten mit frischem Baguette und Rosmarinkartoffeln servieren.

Gebackenes Stubenküken
auf Kartoffel-Pfifferling-Salat

Zutaten für 4 Personen:

Für den Kartoffel-Pfifferling-Salat:
600 g festkochende Kartoffeln (z. B. Bamberger Hörnchen)
Salz · 3 Schalotten
3 EL Butter
2 EL Speckwürfel (Frühstücksspeck)
4 EL Weißweinessig
150 ml Rinderbrühe
1 EL scharfer Senf
Pfeffer aus der Mühle
4 EL Sonnenblumenöl
6 EL Kürbiskernöl
150 g Pfifferlinge
1 Bund Schnittlauch

Für die Stubenküken:
je 4 Stubenkükenbrustfilets und -keulen (ohne Haut)
Salz · Pfeffer aus der Mühle
3 EL Sahne · 2 Eier
100 g gemahlene Kürbiskerne
50 g Semmelbrösel · 120 g Mehl
250 g Butterschmalz zum Ausbacken

Außerdem:
4 Blattsalatherzen
2 EL Olivenöl
1 EL Balsamico bianco
1 TL Puderzucker
1 unbehandelte Zitrone
1 Bund Petersilie

1 Am Vortag für den Kartoffel-Pfifferling-Salat die Kartoffeln waschen und in Salzwasser etwa 25 Minuten garen. Abgießen und über Nacht auskühlen lassen. Am nächsten Tag die Kartoffeln pellen, in Scheiben schneiden und in eine Schüssel geben.

2 Die Schalotten schälen, in feine Würfel schneiden. 1 EL Butter in einer Pfanne erhitzen und die Schalotten- und Speckwürfel darin anbraten. Mit dem Essig ablöschen, die Brühe angießen und etwas einkochen lassen. Den Senf unterrühren und mit Salz und Pfeffer würzen. Die heiße Marinade und die beiden Ölsorten über die Kartoffelscheiben gießen.

3 Die Pfifferlinge putzen und trocken abreiben. Die restliche Butter in einer Pfanne erhitzen und die Pilze darin anbraten. Mit Salz und Pfeffer würzen und zu den Kartoffeln geben. Alles gut mischen und den Kartoffel-Pfifferling-Salat etwa 30 Minuten ziehen lassen.

4 Für die Stubenküken die Brustfilets und Keulen waschen, trocken tupfen und mit Salz und Pfeffer würzen. Die Sahne steif schlagen. Die Eier in einem tiefen Teller verquirlen, die Sahne unterheben. Mit Salz und Pfeffer würzen. Die Kürbiskerne mit den Semmelbröseln in einem zweiten tiefen Teller mischen, das Mehl in einen weiteren tiefen Teller geben.

5 Die Stubenkükenteile im Mehl wenden, durch die verquirlten Eier ziehen und zuletzt mit den Kürbiskern-Semmelbröseln panieren. Das Butterschmalz in einer tiefen Pfanne erhitzen und die panierten Stubenkükenteile darin goldbraun ausbacken. Auf Küchenpapier abtropfen lassen.

6 Den Salat verlesen, waschen und trocken schleudern. Olivenöl, Essig und Puderzucker verrühren und mit dem Salat mischen. Die Zitrone heiß waschen, trocken reiben und in Scheiben schneiden. Die Petersilie waschen und trocken schütteln, die Blätter abzupfen und fein hacken.

7 Den Schnittlauch waschen, trocken schütteln, in Röllchen schneiden und unter den Kartoffel-Pfifferling-Salat mischen. Die Salatherzen mit dem Kartoffel-Pfifferling-Salat auf Tellern anrichten und jeweils 1 gebackene Stubenkükenkeule und -brust daraufsetzen. Mit der Petersilie und den Zitronenscheiben garniert servieren.

Putengeschnetzeltes

mit Lauch in feiner Rahmsauce

Zutaten für 4 Personen:

250 g Langkornreis · Salz
600 g Putenbrustfilet
200 g Champignons
2 Stangen Lauch
1 EL Öl
2 EL Butter
150 ml trockener Weißwein
Pfeffer aus der Mühle
400 g Sahne
1 Bund Petersilie
1 unbehandelte Zitrone
Zucker
1 kleiner Kopfsalat
2 Frühlingszwiebeln
3 EL Weißweinessig
1 TL Honig
1 TL Senf
1 Bund gemischte Kräuter (z. B. Schnittlauch, Basilikum, Petersilie)
6 EL Olivenöl

1 Den Reis in Salzwasser aufkochen und zugedeckt bei schwacher Hitze etwa 20 Minuten quellen lassen. Das Putenbrustfilet waschen, trocken tupfen und in Streifen schneiden. Die Pilze putzen, trocken abreiben und je nach Größe halbieren. Den Lauch putzen, waschen, abtropfen lassen und in sehr feine Ringe schneiden.

2 In einer Pfanne 1 EL Öl und 1 EL Butter erhitzen und den Lauch darin unter Rühren 1 bis 2 Minuten andünsten. Mit dem Wein ablöschen und mit Salz und Pfeffer würzen. In einer weiteren Pfanne die restliche Butter erhitzen und die Putenbruststreifen darin scharf anbraten, mit Salz und Pfeffer würzen und vom Herd nehmen. Das Fleisch mit dem Bratensaft, den Champignons und der Sahne zum Lauch geben.

3 Die Petersilie waschen und trocken schütteln, die Blätter abzupfen und fein hacken. Drei Viertel der Petersilie ebenfalls zum Lauch geben. Alles zugedeckt bei mittlerer Hitze 5 bis 8 Minuten köcheln lassen. Die Zitrone heiß waschen und trocken reiben. Die Schale abreiben und den Saft auspressen. Das Geschnetzelte mit der Zitronenschale, dem -saft Salz, Pfeffer und 1 Prise Zucker abschmecken.

5 Den Kopfsalat putzen, waschen und trocken schleudern. Die Blätter in mundgerechte Stücke zupfen. Die Frühlingszwiebeln putzen, waschen und in feine Ringe schneiden. Für die Vinaigrette den Essig mit dem Honig und dem Senf verrühren und mit Salz und Pfeffer abschmecken. Die Kräuter waschen und trocken schütteln, die Blätter abzupfen, fein hacken und untermischen. Das Olivenöl unterschlagen. Den Salat und die Frühlingszwiebeln mit der Vinaigrette vermischen.

4 Den Reis in ein Sieb abgießen und abtropfen lassen. Mit dem Sahnegeschnetzelten auf Tellern anrichten und mit der restlichen Petersilie bestreuen. Den Salat dazu servieren.

Hähnchenauflauf
mit Paprika und Cognac

Zutaten für 4 Personen:
je 1 große gelbe, rote und grüne Paprikaschote
1 rote Zwiebel
1–2 Knoblauchzehen
400 g gemischte herzhafte Käsesorten (z. B. Appenzeller, mittelalter Gouda, Gruyère)
4 Hähnchenbrustfilets (à ca. 150 g; ohne Haut)
Salz · Pfeffer aus der Mühle
4 EL Öl · 500 g Sahne
5 EL Tomatenmark
2 cl Cognac
je ½ EL Paprikapulver (edelsüß und rosenscharf) und Chilipulver (mild)

1 Die Paprikaschoten längs halbieren, entkernen, waschen und in feine Streifen schneiden. Die Zwiebel und den Knoblauch schälen, die Zwiebel in feine Würfel, den Knoblauch in feine Scheiben schneiden. Die Käsesorten fein reiben.

2 Die Hähnchenbrustfilets waschen, trocken tupfen und mit Salz und Pfeffer würzen. 2 EL Öl in einer großen Pfanne erhitzen und die Hähnchenbrustfilets darin von beiden Seiten anbraten. Dann aus der Pfanne nehmen und in eine ofenfeste Form legen.

3 Den Backofen auf 220 °C vorheizen. Das restliche Öl in der Pfanne erhitzen, Paprikastreifen, Zwiebelwürfel und Knoblauchscheiben darin 3 bis 4 Minuten dünsten. Die Gemüsemischung auf den Hähnchenbrustfilets verteilen.

4 Die Sahne mit dem Tomatenmark und dem Cognac verrühren, in die Pfanne zu dem Braten-Gemüse-Satz geben und aufkochen lassen. Die Sauce mit Salz, beiden Paprikapulvern und Chili würzen und über den Hähnchenbrustfilets verteilen.

5 Den Hähnchenauflauf mit dem Käse bestreuen und im Backofen auf der mittleren Schiene 20 bis 25 Minuten garen.

Kaninchenrücken

im Parmaschinken-Mantel mit Kartoffelravioli

Zutaten für 4 Personen:

700 g mehligkochende Kartoffeln
3 Eier
50 g Speisestärke
Salz
frisch geriebene Muskatnuss
700 g Kaninchenrücken (ausgelöst)
Pfeffer aus der Mühle
4 Stiele Basilikum
6 Scheiben Parmaschinken
2 EL Olivenöl
2 Stangen Lauch
2 EL Butter
30 g getrocknete Tomaten
100 ml Gemüsebrühe
150 g Sahne
Mehl zum Ausrollen

1 Den Backofen auf 160 °C vorheizen. Die Kartoffeln gründlich waschen und im Ofen auf der mittleren Schiene etwa 45 Minuten garen.

2 Die Kartoffeln herausnehmen, halbieren und nacheinander durch die Kartoffelpresse in eine Schüssel drücken, dabei immer wieder die Schalen aus der Presse entfernen. Zwei Eier trennen. Die Eigelbe und die Speisestärke unter die heiße Kartoffelmasse rühren und mit Salz und frisch geriebener Muskatnuss würzen. Die Masse abkühlen lassen.

3 Die Backofentemperatur auf 120 °C reduzieren. Das Kaninchenrückenfleisch in etwa 10 cm lange Stücke schneiden und mit Salz und Pfeffer würzen. Das Basilikum waschen, trocken schütteln und die Blätter abzupfen. Die Fleischstücke mit dem Basilikum belegen und mit dem Parmaschinken umwickeln. Das Olivenöl in einer ofenfesten Pfanne erhitzen und die Rollen darin rundum anbraten. Das Fleisch im Ofen auf der mittleren Schiene 10 Minuten fertig garen.

4 Den Lauch putzen, waschen und in Ringe schneiden. In einer Pfanne die Butter zerlassen und den Lauch darin andünsten. Die getrockneten Tomaten in kleine Würfel schneiden, dazugeben und kurz mitdünsten. Mit der Brühe und der Sahne ablöschen, 2 bis 3 Minuten köcheln lassen und mit Salz und Pfeffer würzen. Die Hälfte des Lauchs in ein Sieb abgießen und abtropfen lassen, dabei die Sauce in der Pfanne auffangen.

5 Das restliche Ei trennen. Die Kartoffelmasse auf der bemehlten Arbeitsfläche dünn ausrollen und zu Kreisen ausstecken. Jeweils 1 kleine Portion des abgetropften Lauchs daraufgeben, die Ränder mit dem Eigelb bestreichen und zu Halbmonden zusammenklappen.

6 In einem Topf reichlich Salzwasser zum Kochen bringen. Die Kartoffelravioli darin kurz garen. Das Wasser sollte dabei nicht kochen, sondern nur sieden. Die Ravioli mit dem Schaumlöffel herausheben und kurz abtropfen lassen. Die Kaninchenrouladen aus dem Ofen nehmen, in Scheiben schneiden und mit den Ravioli und dem Lauchrahm auf Tellern anrichten.

Glasierte Entenbrust

auf Thymian-Gnocchi und Pfifferlingen

Zutaten für 4 Personen:

4 Entenbrustfilets (à ca. 180 g)
1 Bund Thymian
2 EL Butterschmalz
Salz · Pfeffer aus der Mühle
1 Knoblauchknolle
130 g kalte Butter
400 g mehligkochende Kartoffeln
150 g Ricotta
150 g Mehl
2 Eier
frisch geriebene Muskatnuss
einige Stiele Petersilie
4 EL Semmelbrösel
400 g Pfifferlinge
2 Schalotten
2 EL Olivenöl
50 ml Weinbrand
200 ml Kalbsfond
100 g Sahne
2 EL Feigensenf mit Feigenstücken (z. B. Feigen-Konfitüren-Senf von Johann Lafer)

1 Den Backofen auf 120 °C vorheizen. Ein Backblech mit Alufolie auslegen. Die Entenbrustfilets waschen, trocken tupfen und die Haut mit einem scharfen Messer rautenförmig einschneiden. Den Thymian waschen und trocken schütteln. Das Butterschmalz in einer Pfanne erhitzen und die Entenbrustfilets darin zuerst auf der Hautseite knusprig braten. Mit Salz und Pfeffer würzen. Die ungeschälte Knoblauchknolle quer halbieren und mit 3 Zweigen Thymian zur Entenbrust geben. Die Filets wenden und auf der Fleischseite kurz anbraten. 30 g Butter dazugeben, schmelzen lassen und das Fleisch damit glasieren. Die Entenbrüste mit dem Thymian und dem Knoblauch auf das Blech geben und im Ofen auf der mittleren Schiene 10 bis 15 Minuten garen.

2 Für die Gnocchi die Kartoffeln schälen, waschen und im Dampfgarer oder in einem Topf mit Dämpfeinsatz weich dämpfen. Die Kartoffeln noch warm durch die Kartoffelpresse drücken und mit dem Ricotta mischen. Von 2 Tymianzweigen die Blättchen abzupfen, fein hacken und mit Mehl und Eiern zur Kartoffelmasse geben. Mit Salz, Pfeffer und 1 Prise Muskatnuss würzen und alles zu einem glatten Teig verkneten. Aus dem Teig etwa 2 cm große Kugeln formen und mit einer Gabel flach drücken.

3 In einem Topf Salzwasser zum Kochen bringen, die Gnocchi darin etwa 6 Minuten garen. Sobald sie an die Oberfläche steigen, herausnehmen, kalt abschrecken und abtropfen lassen. Die Petersilie waschen und trocken schütteln, 10 Blätter abzupfen und grob hacken. In einer Pfanne 30 g Butter zerlassen und 2 EL Semmelbrösel dazugeben. Die Gnocchi in den Bröseln wenden, die Petersilie unterrühren.

4 Die Pfifferlinge putzen und trocken abreiben. Die Schalotten schälen und in feine Würfel schneiden. Das Olivenöl in einer Pfanne erhitzen und die Schalotten darin andünsten. Die Pfifferlinge hinzufügen und kurz mitdünsten. Mit dem Weinbrand ablöschen, Fond und Sahne dazugießen. Die Sauce etwas einkochen lassen. Nach und nach 30 g kalte Butter in Würfeln unter die Sauce rühren. Salzen und pfeffern.

5 Die Entenbrust auf der Hautseite mit Feigensenf bestreichen und mit den restlichen Semmelbröseln bestreuen. Die übrige Butter in Flocken darauf verteilen und die Filets im auf 200 °C vorgeheizten Backofen 2 bis 3 Minuten goldbraun überbacken. Die Filets in Scheiben schneiden und mit den Gnocchi und den Pfifferlingen auf Tellern anrichten.

Exotisches »Sommerglück«

mit Cashewkernen und Chili

Zutaten für 4 Personen:

2 Entenbrustfilets (à 350 g)
2 EL Olivenöl
Salz · Pfeffer aus der Mühle
4 EL Sweet-Chili-Sauce
200 g Asia-Bandnudeln
2 rote Paprikaschoten
1 Glas Bambus-Schößlinge (ca. 300 g)
20 g Ingwer
1 Knoblauchzehe
1 rote Chilischote
200 ml Entenfond
3 EL Sojasauce
75 g Cashewkerne
einige Korianderblätter

1 Den Backofen auf 200 °C (Umluft) vorheizen. Die Entenbrustfilets waschen, trocken tupfen und die Haut mit einem scharfen Messer rautenförmig einschneiden. Das Olivenöl in einer Pfanne erhitzen und das Fleisch darin zuerst auf der Hautseite scharf anbraten. Dann wenden und auf der Fleischseite ebenfalls kurz anbraten. Die Filets mit Salz und Pfeffer würzen.

2 Die Filets aus der Pfanne nehmen (die Pfanne beiseitestellen), mit der Hautseite nach oben in die Fettpfanne des Backofens legen und mit 2 EL Sweet-Chili-Sauce bestreichen. Die Entenbrust im Ofen auf der mittleren Schiene etwa 15 Minuten garen. Nach der Hälfte der Garzeit die Backofentemperatur auf 60 °C herunterschalten.

3 Die Nudeln nach Packungsanweisung garen. Die Paprikaschoten längs halbieren, entkernen, waschen und in feine Streifen schneiden. Die Bambus-Schößlinge in ein Sieb abgießen und abtropfen lassen.

4 Den Ingwer und den Knoblauch schälen. Die Chilischote längs halbieren, entkernen und waschen. Ingwer, Knoblauch und Chili fein hacken. Die Paprikastreifen und Bambus-Schößlinge in der Pfanne im verbliebenen Bratfett anbraten. Ingwer, Knoblauch und Chili hinzufügen und mitbraten. Mit dem Fond und der Sojasauce ablöschen. Die Cashewkerne in einer Pfanne ohne Fett goldbraun rösten.

5 Das Fleisch aus dem Ofen nehmen, in feine Streifen schneiden und unter das Gemüse mischen. Die Cashewkerne unterheben und das Entengeschnetzelte mit der restlichen Sweet-Chili-Sauce würzen. Die Nudeln in ein Sieb abgießen, mit dem Geschnetzelten anrichten und mit dem Koriander garnieren.

Gebackene Wachteln

mit Apfel-Risotto

Zutaten für 4 Personen:
1 unbehandelte Zitrone
1 Schalotte
1 Knoblauchzehe
70 g weiche Butter
2 TL gehackter Rosmarin
Salz · Pfeffer aus der Mühle
4 Wachteln (küchenfertig)
8 Scheiben Parmaschinken
Olivenöl zum Bestreichen
2 Äpfel
ca. 1½ l Gemüsebrühe
2 EL Olivenöl
350 g Risottoreis (z. B. Vialone)
5 EL trockener Weißwein
1 EL Worcestersauce
2 EL geriebener Parmesan
½ Bund Petersilie

1 Den Backofen auf 180 °C vorheizen. Die Zitrone heiß waschen und trocken reiben, die Schale mit einem scharfen Messer in dünnen Streifen abziehen und beiseitelegen. Die Zitrone halbieren und den Saft von einer Hälfte auspressen. Die Schalotte und den Knoblauch schälen und in feine Würfel schneiden. 3 EL Butter mit dem Rosmarin sowie den Schalotten- und Knoblauchwürfeln verrühren und die Kräuterbutter mit Salz und Pfeffer würzen.

2 Die Wachteln waschen, trocken tupfen und mit der Kräuterbutter füllen. Je 1 Wachtel mit 2 Scheiben Parmaschinken umwickeln. Die Wachteln auf ein Backblech legen, mit etwas Olivenöl bestreichen und im Ofen auf der mittleren Schiene 30 Minuten garen. Dabei gelegentlich mit dem Bratensaft beträufeln.

3 In einem Topf Wasser zum Kochen bringen. Die Äpfel schälen, vierteln und die Kerngehäuse entfernen. Das Fruchtfleisch in Würfel schneiden. Die Zitronenschalen und die Apfelwürfel ins kochende Wasser geben und 5 Minuten garen. In ein Sieb abgießen, die Zitronenschalen entfernen und die Äpfel mit Küchenpapier trocken tupfen. In einer Pfanne 2 EL Butter erhitzen und die Apfelwürfel darin unter häufigem Rühren 5 Minuten dünsten.

4 Die Brühe erhitzen. Das Olivenöl in einem Topf erhitzen und den Reis darin unter Rühren glasig dünsten. Mit dem Wein ablöschen und einköcheln lassen. Einen Schöpflöffel heiße Brühe zum Reis gießen und unter ständigem Rühren bei schwacher Hitze köcheln lassen, bis der Reis die Flüssigkeit aufgenommen hat. Immer wieder so viel heiße Brühe angießen, dass der Reis gerade bedeckt ist, und unter häufigem Rühren bei schwacher Hitze köcheln lassen. Den Vorgang so lange wiederholen, bis der Reis bissfest gegart ist.

5 Etwa 5 Minuten vor Ende der Garzeit die Worcestersauce, den geriebenen Parmesan, den Zitronensaft und die restliche Butter unter den Risotto rühren. Mit Salz und Pfeffer würzen. Zum Schluss die Apfelwürfel unterheben.

6 Die Petersilie waschen und trocken schütteln, die Blätter abzupfen und grob hacken. Die Wachteln mit dem Risotto anrichten und mit der Petersilie bestreuen.

Kaninchen

mit Calvadossauce à la Nada

Zutaten für 4 Personen:

6 getrocknete Pflaumen (ohne Stein)
3 EL Calvados (franz. Apfelschnaps)
2 Kaninchen (à ca. 1,5 kg; küchenfertig und zerteilt)
Salz · Pfeffer aus der Mühle
3 Zwiebeln
2 EL Öl · 1 EL Tomatenmark
100 ml trockener Weißwein
½ Bund Rosmarin
200 ml Wildfond
3 säuerliche Äpfel (z. B. Granny Smith)
200 g Sahne
1 Bund Petersilie

1 Die getrockneten Pflaumen im Calvados einweichen. Die Kaninchen waschen, trocken tupfen und mit Salz und Pfeffer würzen. Die Zwiebeln schälen und in feine Würfel schneiden.

2 Das Öl in einer großen Pfanne oder in einem Bräter erhitzen und das Kaninchenfleisch darin rundum anbraten. Aus der Pfanne nehmen. Die Zwiebelwürfel im verbliebenen Bratfett andünsten. Das Tomatenmark unterrühren und kurz anrösten. Mit dem Wein ablöschen und die Calvadospflaumen dazugeben. Alles etwas einkochen lassen.

3 Den Rosmarin waschen und trocken schütteln, die Nadeln abzupfen und fein hacken. Mit dem Fond zu den Pflaumen geben und die Sauce mit Salz und Pfeffer abschmecken. Das Kaninchenfleisch wieder hinzufügen und zugedeckt bei schwacher Hitze 25 Minuten garen.

4 Die Äpfel waschen, vierteln und die Kerngehäuse entfernen. Die Apfelviertel in grobe Stücke schneiden, zum Fleisch geben und alles weitere 10 Minuten köcheln lassen.

5 Das Kaninchenfleisch aus der Sauce nehmen und auf einer Platte anrichten. Die Sahne zur Sauce geben, einmal aufkochen lassen und vom Herd nehmen. Nochmals mit Pfeffer abschmecken. Die Petersilie waschen und trocken schütteln, die Blätter abzupfen, fein hacken und zur Sauce geben. Die Kaninchenstücke mit der Sauce servieren. Dazu passen hervorragend Butterspätzle.

Gebratener Fasan

auf Feigen-Sherry-Ragout und Selleriepüree

Zutaten für 4 Personen:

2 Fasane
(à ca. 800 g; küchenfertig)
3 Schalotten
3 Knoblauchzehen
2 EL Butterschmalz
2 Zweige Rosmarin
6 Scheiben durchwachsener Speck (mild geräuchert)
300 g Knollensellerie
300 g mehligkochende Kartoffeln
100 ml Milch
150 g Sahne
80 g Butter · Salz
frisch geriebene Muskatnuss
10 Feigen
20 g Ingwer
50 g Zucker
je 100 ml trockener Rotwein und trockener Sherry
schwarze Pfeffermischung aus der Mühle

1 Den Backofen auf 120 °C vorheizen. Die Fasane waschen, trocken tupfen und die Keulen abtrennen. 2 Schalotten und den Knoblauch schälen und halbieren. Das Butterschmalz in einer ofenfesten Pfanne erhitzen und die Keulen und Brüste darin rundum anbraten. Den Rosmarin waschen, trocken schütteln und mit den Speckscheiben und den halbierten Schalotten und Knoblauchzehen in die Pfanne geben. Die Fasane in der Pfanne im Ofen auf der mittleren Schiene 20 Minuten garen.

2 Den Sellerie putzen und schälen, die Kartoffeln schälen und waschen. Beides in grobe Würfel schneiden. Die Sellerie- und Kartoffelwürfel im Dampfgarer oder in einem Topf mit Dämpfeinsatz 12 bis 15 Minuten weich dämpfen. In einem zweiten Topf die Milch mit der Sahne und 50 g Butter zum Kochen bringen, die Gemüsewürfel hinzufügen und 3 bis 5 Minuten kochen lassen. Alles mit dem Stabmixer fein pürieren. Das Selleriepüree mit Salz und Muskatnuss würzen.

3 Die Feigen waschen und vierteln. Die restliche Schalotte und den Ingwer schälen und in feine Würfel schneiden. Die übrige Butter in einem Topf erhitzen und die Schalotte und den Ingwer darin andünsten. Den Zucker darüberstreuen und karamellisieren. Mit dem Wein und dem Sherry ablöschen. Die Feigen hinzufügen und bei schwacher Hitze sirupartig einkochen lassen. Mit etwas Salz und der Pfeffermischung aus der Mühle würzen.

4 Die Fasanenteile aus dem Ofen nehmen und mit Salz und Pfeffer würzen. Das Selleriepüree auf Teller geben, das Feigen-Sherry-Ragout rundherum verteilen und die Fasanenbrust darauf anrichten. Mit den geschmorten Speckscheiben und dem Rosmarin garnieren.

Rehschnitzel

auf Holunder-Schwarzwurzeln

Zutaten für 4 Personen:
8 dünne Rehschnitzel
(à ca. 80 g; aus der Keule)
Öl für die Folie
Salz · Pfeffer aus der Mühle
60 g Mehl
40 g Macadamianüsse
40 g gemahlene Haselnüsse
40 g Semmelbrösel
50 g Sahne · 2 Eier
Butterschmalz zum Ausbacken
12 Schwarzwurzeln
200 ml Milch
2 Schalotten
1 Knoblauchzehe
2 EL Butter
je 70 ml Geflügelfond und
Holundersaft
½ Bund Petersilie
Chili aus der Gewürzmühle

1 Das Rehfleisch zwischen 2 Lagen geölter Frischhaltefolie dünn klopfen und mit Salz und Pfeffer würzen. Das Mehl in einen tiefen Teller geben. Die Macadamianüsse im Küchenmixer fein mahlen und mit den Haselnüssen und den Semmelbröseln in einem weiteren tiefen Teller mischen. Die Sahne steif schlagen. Die Eier in einem tiefen Teller verquirlen und 1 EL Sahne unterheben.

2 Die Rehschnitzel zuerst im Mehl wenden, dann durch die Eier-Sahne-Mischung ziehen und zuletzt mit der Nussmischung panieren. Das Butterschmalz in einer Pfanne erhitzen und die Rehschnitzel darin schwimmend auf beiden Seiten 1 bis 2 Minuten knusprig und goldbraun ausbacken. Auf Küchenpapier abtropfen lassen und salzen.

3 Die Schwarzwurzeln gründlich abbürsten, schälen, waschen und jeweils sofort in Milch einlegen, damit sie nicht braun werden. Die Wurzeln schräg in dünne Scheiben schneiden. Die Schalotten und den Knoblauch schälen und in feine Würfel schneiden. Die Butter in einer Pfanne erhitzen und Schalotten und Knoblauch darin andünsten. Die Schwarzwurzeln hinzufügen und mitdünsten. Fond und Holundersaft dazugießen und die Schwarzwurzeln darin etwa 5 Minuten bissfest garen. Den Sud etwas einkochen lassen. Mit Salz, Pfeffer und etwas Chili würzen. Die Petersilie waschen und trocken schütteln, die Blätter abzupfen und fein hacken. Unter die Schwarzwurzeln mischen und das Gemüse auf Teller verteilen. Je 2 Schnitzel darauf anrichten.

Weißt du, warum Zwiebeln jetzt Schalotten heißen? Wegen der Emanzipation. Wir hatten vorher die PETERsilie, und dann kam die Schalotte!

Hasenrücken

mit Äpfeln und Kartoffel-Maronen-Püree

Zutaten für 4 Personen:
50 g durchwachsener Speck (am Stück)
100 g Schalotten
je 2 Zweige Rosmarin und Thymian
2 Hasenrücken (à 600 g; küchenfertig)
Salz · Pfeffer aus der Mühle
2 EL Öl
1 EL Dijon-Senf
3 EL Butter
250 g weiße oder rosa Champignons
250 ml Cidre (franz. Apfelwein; ersatzweise deutscher Apfelwein)
4 große Äpfel (z. B. Boskop)
1 kg mehligkochende Kartoffeln
150 ml Milch
50 g Sahne
frisch geriebene Muskatnuss
150 g brauner Zucker
250 g geschälte Maronen (vakuumverpackt)
100 ml frisch gepresster Orangensaft
2 EL trockener Weißwein

1 Den Speck in feine Würfel schneiden. Die Schalotten schälen und ebenfalls in feine Würfel schneiden. Die Kräuter waschen und trocken schütteln, die Nadeln bzw. Blättchen abzupfen und grob hacken. Den Hasenrücken waschen, trocken tupfen und mit Salz und Pfeffer würzen. Das Öl in einem Bräter erhitzen und die Hasenrücken darin auf beiden Seiten scharf anbraten. Das Fleisch wieder herausnehmen und mit Senf bestreichen.

2 Die Kräuter mit dem Speck und den Schalotten im verbliebenen Bratfett andünsten. Das Fleisch wieder hinzufügen, 1 EL Butter dazugeben und zerlassen.

3 Die Champignons putzen, trocken abreiben und vierteln. Sobald die Schalotten goldbraun gedünstet sind, die Champignons zum Fleisch geben und mit dem Cidre ablöschen. Die Hasenrücken im Sud bei mittlerer Hitze zugedeckt 20 Minuten schmoren.

4 Die Äpfel schälen, vierteln und die Kerngehäuse entfernen. Die Apfelviertel nochmals halbieren. Nach der Garzeit zum Hasenrücken geben und weitere 6 Minuten schmoren.

5 Inzwischen die Kartoffeln schälen, waschen und in einem Topf in Salzwasser weich garen. Die Kartoffeln abgießen und sofort durch die Kartoffelpresse drücken oder mit dem Kartoffelstampfer zu Püree zerstampfen. Die Milch erhitzen und mit der Sahne und der übrigen Butter unter die Kartoffelmasse rühren, bis ein cremiges Püree entstanden ist. Mit Salz, Pfeffer und Muskatnuss würzen.

6 Den braunen Zucker in einer Pfanne schmelzen lassen und die Maronen darin kurz karamellisieren. Mit dem Orangensaft ablöschen und die Flüssigkeit fast vollständig einköcheln lassen. Von den karamellisierten Maronen ein Achtel herausnehmen, zerdrücken und unter das Kartoffelpüree heben. Das Püree warm stellen.

7 Die Hasenrücken aus dem Bräter nehmen, in Alufolie wickeln und ebenfalls warm stellen. Den Schmorsud im Bräter noch etwas einkochen lassen und mit dem Wein abschmecken. Die Hasenrücken vom Knochen lösen und auf Tellern auf den Pilzen und Äpfeln anrichten. Das Kartoffelpüree und die restlichen Maronen mit dem Karamell darauf verteilen und mit der Schmorsauce beträufeln.

Strudel vom Damhirschrücken

mit Kohlrabi-Cranberry-Gemüse

Zutaten für 4 Personen:

2 Wacholderbeeren
1 TL schwarze Pfeffermischung
700 g Damhirschrücken (ausgelöst)
2 EL Butterschmalz
12 Scheiben Frühstücksspeck
110 g Butter
6 Strudelteigblätter (ca. 10 x 10 cm; aus dem Kühlregal)
3 Kohlrabi
5 Schalotten
3 cl roter Portwein
200 ml Gemüsebrühe
100 g Sahne
60 g getrocknete Cranberrys
Salz · Pfeffer aus der Mühle
Chili aus der Gewürzmühle
1 TL Speisestärke
2 EL gehackte Petersilie

1 Den Backofen auf 140 °C vorheizen. Ein Backblech mit Backpapier auslegen. Die Wacholderbeeren und die Pfeffermischung im Mörser zerstoßen. Den Hirschrücken waschen und trocken tupfen. Das Butterschmalz in einer Pfanne erhitzen und den Hirschrücken darin rundum anbraten. Dann mit der Gewürzmischung bestreuen.

2 Die Speckscheiben auf der Arbeitsfläche leicht überlappend nebeneinander auslegen und das angebratene Feisch darin einwickeln. In einem Topf 80 g Butter zerlassen. Die Strudelteigblätter dünn mit zerlassener Butter bestreichen und aufeinanderlegen. Den Hirschrücken auf die Strudelblätter legen, einwickeln und rundum mit der restlichen zerlassenen Butter bestreichen. Den Damhirschstrudel auf das Blech legen und im Ofen auf der mittleren Schiene etwa 20 Minuten garen.

3 Die Kohlrabi putzen, schälen und in 1 cm große Würfel schneiden. Die Schalotten schälen und in feine Würfel schneiden. Die restliche Butter in einer Pfanne erhitzen und die Kohlrabi- und Schalottenwürfel darin andünsten. Mit dem Portwein ablöschen, die Brühe und die Sahne dazugießen und die Kohlrabiwürfel darin 3 bis 5 Minuten bissfest garen.

4 Die Cranberrys dazugeben und alles mit Salz, Pfeffer und Chili aus der Mühle würzen. Die Speisestärke mit etwas kaltem Wasser glatt rühren und den Sud damit binden.

5 Die Petersilie unter das Gemüse rühren und das Kohlrabi-Cranberry-Gemüse auf Tellern anrichten. Den Strudel aus dem Ofen nehmen, in 8 Stücke schneiden und je 2 Stücke Strudel auf das Gemüse setzen.

Hirschrücken

im Speckmantel auf glasierten Steckrüben

Zutaten für 4 Personen:

1 TL schwarze Pfeffermischung
8 Wacholderbeeren
1 TL Rosmarinnadeln
4 Hirschrückenmedaillons (à 160 g)
2 EL Olivenöl
4 Scheiben Bauchspeck
2 EL Butterschmalz
Salz · Pfeffer aus der Mühle
200 ml trockener Rotwein
300 ml Wildfond
100 ml roter Portwein
60 g kalte Butter
400 g Steckrüben
50 g Orangenhonig
1 Vanilleschote
2 Sternanis
50 ml weißer Portwein
200 ml Geflügelfond
50 g Sahne
2 EL Schnittlauchröllchen

1 Den Backofen auf 120 °C vorheizen. Das Ofengitter auf die mittlere Schiene und darunter ein Abtropfblech schieben. Die Pfeffermischung und 4 Wacholderbeeren im Mörser zerstoßen. Die Rosmarinnadeln fein hacken. Die Hirschmedaillons waschen, trocken tupfen, mit den Gewürzen einreiben und mit dem Olivenöl beträufeln. Die Medaillons jeweils mit 1 Scheibe Speck umwickeln und mit Küchengarn fixieren.

2 Das Butterschmalz in einer Pfanne erhitzen und die Medaillons darin rundum anbraten. Mit Salz und Pfeffer würzen. Die Medaillons auf das Ofengitter setzen und im Ofen 10 bis 15 Minuten fertig garen.

3 Den Bratensatz in der Pfanne mit dem Rotwein, dem Wildfond und dem roten Portwein ablöschen. Die restlichen Wacholderbeeren dazugeben und alles bei mittlerer Hitze 10 Minuten köcheln lassen. Dann die Hälfte der kalten Butter in Würfeln unterrühren und die Sauce damit binden. Mit Salz und Pfeffer würzen.

4 Die Steckrüben schälen und in einer speziellen Kartoffel-Gemüse-Maschine zu langen Spaghetti drehen (oder mit einem Messer in sehr feine Streifen schneiden). Den Honig in einer Pfanne schmelzen und die Steckrübenspaghetti darin andünsten.

5 Die Vanilleschote der Länge nach aufschneiden und das Mark herauskratzen. Den Sternanis sowie Vanilleschote und -mark zum Gemüse geben und mit dem weißen Portwein ablöschen. Den Geflügelfond und die Sahne dazugießen und die Steckrüben bei mittlerer Hitze 5 Minuten weich garen. Mit Salz und Pfeffer würzen. Die Schnittlauchröllchen und die restliche kalte Butter unterrühren.

6 Die Medaillons aus dem Ofen nehmen und das Küchengarn entfernen. Die Steckrüben auf Tellern anrichten, je 1 Medaillon daraufsetzen und mit der Sauce beträufeln.

Medaillons vom Hasen

mit Kirschsauce und Kartoffelklößen

Zutaten für 4 Personen:

Für die Kartoffelklöße:

500 g mehligkochende Kartoffeln
2 Eigelb
50 g Kartoffelstärke
45 g weiche Butter · Salz
100 g Semmelbrösel
Pfeffer aus der Mühle

Für die Medaillons und die Kirschsauce:

4 Hasenrückenfilets (à ca. 160 g)
2 EL Butterschmalz
je 1 Zweig Rosmarin und Thymian
6 Wacholderbeeren
½ Knoblauchknolle
2 EL Butter
Salz · Pfeffer aus der Mühle
50 g getrocknete Kirschen
150 ml Wildfond
150 ml roter Portwein
1 EL Speisestärke
3 Birnen
80 g Bauchspeck (in Scheiben)
1 Zwiebel

1 Für die Klöße die Kartoffeln schälen, waschen und im Dampfgarer oder in einem Topf mit Dämpfeinsatz weich dämpfen. Anschließend die Kartoffeln zweimal durch die Kartoffelpresse drücken.

2 Die Eigelbe mit einem Kochlöffel unter den Kartoffelschnee mischen. Nach und nach die Kartoffelstärke unterrühren, bis eine homogene Masse entstanden ist. 25 g weiche Butter unterkneten, den Teig mit Salz würzen und etwas ruhen lassen.

3 Inzwischen für die Medaillons den Backofen auf 60 °C vorheizen. Die Hasenrückenfilets waschen und trocken tupfen. Das Butterschmalz in einer Pfanne erhitzen und die Hasenrückenfilets darin auf beiden Seiten anbraten. Die Kräuterzweige waschen, trocken tupfen und mit den Wacholderbeeren und der ungeschälten Knoblauchknolle dazugeben. Die Hasenrückenfilets mit der Butter glasieren und bei schwacher Hitze 8 bis 10 Minuten gar ziehen lassen. Mit Salz und Pfeffer würzen. Die Filets aus der Pfanne nehmen und im Backofen warm halten.

4 Für die Kirschsauce die getrockneten Kirschen im verbliebenen Bratfett andünsten und wieder herausnehmen. Den Bratensatz in der Pfanne mit Fond und Portwein ablöschen, 2 Minuten einkochen lassen und die Sauce durch ein Sieb passieren. Mit Salz und Pfeffer abschmecken. Die Speisestärke mit etwas kaltem Wasser glatt rühren und die Sauce damit binden. Die Kirschen wieder dazugeben.

5 In einem großen Topf reichlich Wasser zum Kochen bringen und leicht salzen. Mithilfe eines Eisportionierers aus dem Kartoffelteig kleine Klöße formen und diese im leicht siedenden Wasser 8 bis 10 Minuten garen. Sie sind fertig, sobald sie an der Oberfläche schwimmen.

6 Die Birnen waschen, vierteln und die Kerngehäuse entfernen. Den Speck in Streifen schneiden. Die Zwiebel schälen und in feine Würfel schneiden. Birnen, Speck und Zwiebel in einer heißen beschichteten Pfanne ohne Fett anbraten.

7 Die restliche Butter in einer Pfanne erhitzen und die Semmelbrösel darin rösten. Die Klöße mit dem Schaumlöffel aus dem Wasser nehmen, in den Butterbröseln wenden und mit Salz und Pfeffer würzen. Die Hasenfilets in Medaillons schneiden und mit den Kartoffelklößen, den Speckbirnen und der Kirschsauce auf Tellern anrichten.

Oldiethek

Desserts

Passionsfrucht-Panna-cotta

mit exotischem Obstsalat

Zutaten für 4 Personen:

1 Vanilleschote
7 Passionsfrüchte (Maracujas)
400 g Sahne
75 ml Milch
160 g weißer Zucker
4 Blatt weiße Gelatine
je 1 Baby-Ananas, Thai-Mango, Papaya, Sternfrucht, Kiwi und Orange
125 g Himbeeren
250 ml Passionsfruchtsaft (Maracujasaft)
2 TL Speisestärke
20 g brauner Zucker

1 Die Vanilleschote der Länge nach aufschneiden und das Mark herauskratzen. 4 Passionsfrüchte halbieren und das Fruchtfleisch mit einem Teelöffel herauskratzen, die Fruchthälften beiseitestellen. (Eventuell den Boden gerade abschneiden, sodass die Hälften sicher stehen.) Das Fruchtmark mit der Sahne, der Milch, der Vanilleschote und dem -mark sowie 60 g Zucker in einen Topf geben und bei mittlerer Hitze etwa 10 Minuten köcheln lassen. Inzwischen die Gelatine in kaltem Wasser einweichen.

2 Die Sahnemischung vom Herd nehmen. Die Gelatine ausdrücken, darin auflösen und die Mischung durch ein Sieb in eine Schüssel streichen. Auf eiskaltem Wasser auskühlen lassen, dabei gelegentlich umrühren. Sobald die Fruchtsahne zu gelieren beginnt, in die Passionsfruchthälften füllen und im Kühlschrank etwa 1½ Stunden fest werden lassen.

3 Die Baby-Ananas putzen, schälen, vierteln und das Fruchtfleisch in Rauten schneiden. Von der Mango das Fruchtfleisch in breiten Streifen vom Stein schneiden, schälen und ebenfalls in Rauten schneiden. Die Papaya halbieren, entkernen und die Hälften schälen. Die Sternfrucht waschen, die Kiwi schälen. Alles in kleine Rauten schneiden. Die Orange so großzügig schälen, dass auch die weiße Haut mit entfernt wird, und die Fruchtfilets aus den Trennhäuten schneiden. Die Himbeeren verlesen, kurz abbrausen und trocken tupfen. Alle Obstsorten vorsichtig in einer Schüssel mischen.

4 Den restlichen Zucker in einem Topf karamellisieren. Mit dem Fruchtsaft ablöschen und zum Kochen bringen. Die restlichen 3 Passionsfrüchte halbieren, das Fruchtfleisch mit einem Löffel herauslösen, zur kochenden Saftmischung geben und einige Minuten weiterkochen lassen. Die Speisestärke mit etwas kaltem Wasser glatt rühren und die Sauce damit binden. Etwas abkühlen lassen und die Sauce über die Früchte geben.

5 Die Panna cotta mit dem braunen Zucker bestreuen und mit dem Flambierbrenner goldbraun karamellisieren. Den Obstsalat und die Passionsfrucht-Panna-cotta auf Desserttellern anrichten und nach Belieben mit Minze und Kokosflocken garnieren.

Apfelkompott
mit Amaretto-Sahne und Knuspermandeln

Zutaten für 4 Personen:
600 g Äpfel (z. B. Braeburn oder Boskop)
1 Nashi-Birne
½ unbehandelte Zitrone
1 Vanilleschote
1 Zimtstange
100 g Zucker
100 ml trockener Weißwein
100 ml Apfelsaft
100 g Butter
120 g Mandelblättchen
4 EL Puderzucker
½ TL Zimtpulver
500 g Sahne
1 Päckchen Vanillezucker
1 Päckchen Sahnefestiger
4 EL Amaretto (ital. Mandellikör)

1 Die Äpfel und die Birne schälen, vierteln und die Kerngehäuse entfernen. Das Fruchtfleisch in kleine Stücke schneiden und in einen Topf geben. Die Zitrone heiß waschen und trocken reiben. Die Schale abreiben und den Saft auspressen. Das Obst mit dem Zitronensaft und der -schale in einem Topf mischen.

2 Die Vanilleschote längs aufschneiden, das Mark herauskratzen und zusammen mit der Schote, der Zimtstange, 80 g Zucker, dem Wein und dem Apfelsaft unter das Obst rühren. Das Ganze zum Kochen bringen und bei mittlerer Hitze zugedeckt etwa 15 Minuten zu einem Kompott garen. Anschließend vom Herd nehmen und abkühlen lassen. Die Vanilleschote und die Zimtstange wieder entfernen.

3 Die Butter in einer Pfanne bei mittlerer Hitze zerlassen und die Mandeln hinzufügen. Den Puderzucker und das Zimtpulver darüberstäuben und unter Rühren goldbraun karamellisieren. Die Knuspermandeln vom Herd nehmen und abkühlen lassen.

4 Die Sahne steif schlagen, dabei den restlichen Zucker, den Vanillezucker und den Sahnefestiger einrieseln lassen. Zum Schluss den Amaretto unterheben.

5 Das Obstkompott auf Dessertgläser verteilen. Die Sahne in einen Spritzbeutel mit großer Lochtülle füllen, auf das Kompott spritzen und mit den karamellisierten Mandeln garnieren.

Sommerfruchtsalat
mit Weinschaum

Zutaten für 4 Personen:

je 100 g Blau-, Him- und Erdbeeren
2 Pfirsiche
1 Birne
1 Apfel
½ Zitrone
80 g Zucker
3 Eigelb
125 ml trockener Weißwein

1 Die Blau- und Himbeeren verlesen, kurz abbrausen und trocken tupfen. Die Erdbeeren waschen, putzen und je nach Größe halbieren oder vierteln. Die Pfirsiche kreuzweise einritzen, überbrühen, kalt abschrecken und häuten. Die Pfirsiche halbieren und entsteinen. Die Birne und den Apfel schälen, vierteln und die Kerngehäuse entfernen. Pfirsichhälften, Birnen- und Apfelviertel in Würfel schneiden.

2 Die Zitronenhälfte auspressen. Das Obst in eine große Schüssel geben, mit dem Zitronensaft und 50 g Zucker vorsichtig mischen und im Kühlschrank etwas ziehen lassen.

3 Inzwischen die Eigelbe und den restlichen Zucker mit dem Schneebesen in einer Metallschüssel cremig schlagen. Die Schüssel auf das heiße Wasserbad stellen, den Wein dazugießen und die Creme schaumig schlagen. Achtung: Die Masse darf dabei nicht kochen! Anschließend die Schüssel in eiskaltes Wasser stellen und so lange rühren, bis der Weinschaum lauwarm ist.

4 Den Fruchtsalat in Schälchen oder auf Tellern anrichten und den Weinschaum darübergeben.

Mein Tipp

Von diesem Fruchtsalat gibt es natürlich auch eine Wintervariante: Dafür einfach die Beeren und die Pfirsiche durch Kapstachelbeeren, Ananas, Mango oder Orange ersetzen und den Salat mit 1 Prise Zimt und gerösteten Mandelblättchen servieren.

Schwarzwaldbecher
mit Mascarpone und Sauerkirschen

Zutaten für 4 Personen:
400 g Sauerkirschen (tiefgekühlt)
100 g Mascarpone
2 EL Bourbon-Vanillezucker
4 cl Kirschwasser
3 Eiweiß
80 g Zucker
je ½ unbehandelte Zitrone und Orange
50 g brauner Zucker
1 Zimtstange
3 Sternanis
1 EL Gewürznelken
1 EL Speisestärke
150 g Schokoladenbiskuitboden (Fertigprodukt; vom Bäcker)
50 g dunkle Schokoladenraspel

1 Die Sauerkirschen auftauen und auf einem Sieb abtropfen lassen, dabei die Flüssigkeit auffangen. Es sollte etwa 400 ml Flüssigkeit ergeben, falls nötig, mit Rotwein auffüllen.

2 Den Mascarpone mit 1 EL Vanillezucker und dem Kirschwasser glatt rühren. Die Eiweiße mit dem Zucker sehr steif schlagen, dann unter die Marcarponemasse heben.

3 Die Zitrone und die Orange heiß waschen, trocken reiben und die Schalen abreiben. Die Früchte auspressen, die Zitronenschale und die Zitrussäfte unter die Mascarponemasse rühren.

4 Den braunen Zucker in einem Topf karamellisieren und mit dem Sauerkirschsaft ablöschen. Die Orangenschale, die Gewürze und den restlichen Vanillezucker dazugeben. Den Saft einkochen lassen und die ganzen Gewürze wieder entfernen.

5 Die Speisestärke mit wenig kaltem Wasser anrühren und die Kirschsauce damit binden. Die Kirschen hinzufügen, einmal aufkochen und dann auskühlen lassen.

6 Den Biskuitboden in grobe Stücke zerbröseln. Die Hälfte der Biskuitstücke auf 4 Gläser verteilen und jeweils die Hälfte des Sauerkirschragouts und der Mascarponecreme daraufschichten. Den Vorgang mit Schokobiskuitbröseln beginnend wiederholen und die Schwarzwaldbecher zuletzt mit den Schokoraspeln bestreuen.

Baiser-Physalis-Törtchen

mit Kokos-Limetten-Eis

Zutaten für 4 Personen:

Für das Eis:
250 g Zucker
250 g Sahne
250 ml Kokosmilch
1 unbehandelte Limette
100 ml Limejuice

Für die Törtchen:
2 Eier
120 g Butter
200 g Mehl
200 g Zucker
Salz
250 g Physalis (Kapstachelbeeren)
1 unbehandelte Zitrone
100 ml Weißwein
½ Vanilleschote
1 EL Speisestärke

Außerdem:
Mehl für die Arbeitsfläche
Butter für die Formen
Hülsenfrüchte zum Blindbacken

1 Für das Eis den Zucker, die Sahne und die Kokosmilch in einem Topf aufkochen. Die Limette heiß waschen und trocken reiben. Die Schale abreiben und den Saft auspressen. Beides mit dem Limejuice unterrühren. Die Masse mit dem Stabmixer aufmixen und in einer Eismaschine cremig gefrieren lassen.

2 Für die Törtchen 1 Ei trennen, das Eiweiß beiseitestellen. Die Butter in Stücke schneiden. Mehl, Butter, 50 g Zucker, das Eigelb und 1 Prise Salz in einer Schüssel zu einem glatten Teig verkneten. In Frischhaltefolie wickeln und 30 Minuten kühl stellen.

3 Den Backofen auf 200 °C vorheizen. Den Teig auf der bemehlten Arbeitsfläche dünn ausrollen und 4 gefettete Tarteförmchen (12 cm Durchmesser) damit auslegen. Mit je 1 Stück Backpapier und Hülsenfrüchten belegen. Die Teigböden im Ofen auf der mittleren Schiene etwa 10 Minuten blindbacken. Herausnehmen, Hülsenfrüchte und Backpapier wieder entfernen. Die Teigböden aus den Formen lösen und abkühlen lassen.

4 Die Physalis putzen, waschen und halbieren. 70 g Zucker in einer Pfanne hell karamellisieren. Die Zitrone halbieren und auspressen, die Vanilleschote der Länge nach aufschneiden und das Mark herauskratzen. Die Physalis, den Zitronensaft und das Vanillemark zum Karamell geben. Mit Wein ablöschen und 1 bis 2 Minuten köcheln lassen. Die Speisestärke mit wenig kaltem Wasser glatt rühren und den Sud damit binden. Die Masse in die vorgebackenen Mürbeteigtartelettes füllen und kühl stellen.

5 Das zweite Ei trennen. Zusammen mit dem vorher beiseitegestellten Eiweiß und 1 Prise Salz steif schlagen. Den restlichen Zucker nach und nach einrieseln lassen und den Schnee cremig steif schlagen. Die Törtchen jeweils mit 1 großzügigen Nocke Eischnee verzieren. Mithilfe eines Flambierbrenners goldbraun abflämmen und zusammen mit dem Eis auf Tellern anrichten.

Aprikosen-Amarettini-Tiramisu

mit gerösteten Macadamianüssen

Zutaten für 4 Personen:
1 Vanilleschote
1 unbehandelte Zitrone
100 g Zucker
2 Sternanis
100 ml trockener Weißwein
150 ml Aprikosensaft
300 g Aprikosen
50 g Macadamianüsse
2 Eier
Salz
250 g Mascarpone
Zimtpulver
100 ml kalter Espresso
2 cl Amaretto
(ital. Mandellikör)
200 g Amarettini
(ital. Mandelkekse)

1 Die Vanilleschote der Länge nach aufschneiden und das Mark herauskratzen. Die Zitrone heiß waschen, trocken reiben und die Schale abreiben. Den Saft auspressen. In einer Pfanne die Hälfte des Zuckers goldbraun karamellisieren. Das Vanillemark, den Sternanis und die Zitronenschale hinzufügen. Mit dem Wein und dem Aprikosensaft ablöschen und sirupartig einkochen lassen.

2 Inzwischen die Aprikosen waschen, halbieren und entsteinen. Die Aprikosenhälften in den Gewürzsud geben und darin 3 Minuten weich garen. Den Sud mit den Aprikosen zum Abkühlen in eine Schüssel füllen. Die Macadamianüsse hacken und in einer Pfanne ohne Fett goldbraun rösten.

3 Die Eier trennen. Die Eiweiße mit 1 Prise Salz zu einem steifen Schnee schlagen. Die Eigelbe mit dem restlichen Zucker in einer Schüssel dickschaumig schlagen. Den Mascarpone unterrühren und die Creme mit dem Zitronensaft und 1 Prise Zimt abschmecken. Zuletzt nach und nach den Eischnee vorsichtig unterheben.

4 Den Espresso mit dem Amaretto mischen. Die Amarettini abwechselnd mit den Aprikosen und der Mascarponecreme in Gläser schichten, die Amarettini dabei jeweils mit der Kaffeemischung tränken. Mit den gerösteten Macadamianüssen bestreuen.

Mein Tipp

Dieses Dessert passt auch sehr gut in die Weihnachtszeit. Dann einfach die frischen durch aufgetaute tiefgekühlte Aprikosen oder eingelegte Aprikosen aus der Dose ersetzen.

Schmandwaffeln

mit Zitronencreme

Zutaten für 4 Personen:
250 g Magerquark (10 % Fett)
225 g Zucker
1 Eigelb
Saft von 1 Zitrone
4 cl Rotwein
250 g Himbeeren
1 cl Himbeergeist
Fett für das Waffeleisen
125 g weiche Butter
Salz · 3 Eier
250 g Mehl
1 TL Backpulver
125 g Schmand
125 ml Milch
Kakaopulver zum Bestäuben

1 Für die Zitronencreme den Quark mit 50 g Zucker, dem Eigelb und der Hälfte des Zitronensafts glatt rühren. Die Masse bei Bedarf mit etwas Sahne verdünnen, sodass sie spritzfähig ist, und kühl stellen.

2 Für die Himbeersauce den Wein mit 75 g Zucker und dem restlichen Zitronensaft erhitzen und wieder abkühlen lassen.

3 Die Himbeeren verlesen, kurz abbrausen und trocken tupfen. Mit dem Stabmixer pürieren und durch ein Sieb streichen. Das Himbeermark mit dem Weinsud und dem Himbeergeist vermischen.

4 Für die Schmandwaffeln das Waffeleisen mit geschlossenem Deckel etwa 10 Minuten vorheizen (nicht beschichtetes Waffeleisen einfetten). Die Butter mit dem restlichen Zucker und 1 Prise Salz cremig schlagen. Die Eier einzeln unterrühren. Das Mehl mit dem Backpulver vermischen. Abwechselnd mit dem Schmand und der Milch unter die Butter-Eier-Masse rühren.

5 Aus dem Teig im Waffeleisen portionsweise 8 Waffeln backen, dabei nach Bedarf das Waffeleisen zwischendurch einfetten.

6 Die Zitronencreme mithilfe eines Spritzbeutels mit großer Lochtülle auf die Hälfte der Waffeln spritzen und jeweils mit einer Waffel bedecken. Die Waffeln leicht mit Kakaopulver bestäuben, mit der Himbeersauce auf Tellern anrichten und nach Belieben mit Himbeeren, Sahnetupfen und Melisseblättern garnieren.

Pfannküchlein
mit Brombeerquark

Zutaten für 4 Personen:
500 g Brombeeren
2 Vanilleschoten
150 g saure Sahne
500 g Speisequark
125 g Zucker
3 EL Butter
2 Eier · 250 g Buttermilch
200 g Mehl
1 TL Backpulver · Salz
3 EL Butterschmalz
Puderzucker zum Bestäuben
1–2 EL Akazienhonig

1 Die Brombeeren verlesen, kurz abbrausen und trocken tupfen. Die Vanilleschoten der Länge nach aufschneiden und das Mark mit einem spitzen Messer herauskratzen. Die saure Sahne, den Quark, das Vanillemark und 80 g Zucker verrühren. Die Brombeeren vorsichtig unter die Quarkmasse heben und kühl stellen.

2 Die Butter in einem Topf zerlassen und abkühlen lassen. Die Eier mit dem restlichen Zucker schaumig schlagen. Die flüssige Butter und die Buttermilch unterrühren. Das Mehl mit dem Backpulver und 1 Prise Salz mischen und unter die Buttermilchmasse rühren.

3 Den Backofen auf 70 °C vorheizen. Das Butterschmalz in einer Pfanne portionsweise erhitzen. Mit einem Löffel kleine Mengen von dem Teig abnehmen und nach und nach etwa 12 kleine Küchlein backen. Die Pfannküchlein gegebenenfalls warm halten.

4 Die warmen Pfannküchlein mit Puderzucker bestäuben und mit dem Akazienhonig beträufeln. Mit dem Brombeerquark servieren.

Mein Tipp

Es müssen nicht unbedingt Brombeeren sein! Auch andere Beeren, Aprikosen, Kirschen oder Nektarinen sind für den Quark bestens geeignet. Eine gute Alternative zum Beträufeln ist Eierlikör.

Orangen-Clafoutis
mit Cassis-Sahne

Zutaten für 4 Personen:

Butter für die Förmchen
4 große Orangen
3 EL Orangenlikör
(z. B. Grand Marnier)
4 Eier
110 g Zucker
2 Vanilleschoten
1 Limette
560 g Sahne · Salz
125 g Mehl
Puderzucker zum Bestäuben
4 cl Crème de Cassis
(schwarzer Johannisbeerlikör)

1 Den Backofen auf 150 °C (Umluft) vorheizen. Vier Souffléförmchen einfetten. Die Orangen so großzügig schälen, dass auch die weiße Haut mit entfernt wird. Die Orangenfilets aus den Trennhäuten schneiden und mit dem Orangenlikör beträufeln.

2 Die Eier trennen. Die Eiweiße steif schlagen, dabei 1 EL Zucker einrieseln lassen. Die Vanilleschoten der Länge nach aufschneiden und das Mark mit einem spitzen Messer herauskratzen. Die Limette halbieren und auspressen.

3 Die Eigelbe mit dem Limettensaft, 60 g Sahne, dem Vanillemark und 1 Prise Salz cremig schlagen. Zuerst das Mehl, dann nach und nach den Eischnee unterheben.

4 Die Masse in die Förmchen füllen, die Orangenfilets gleichmäßig darauf verteilen und die Clafoutis im Backofen auf der mittleren Schiene etwa 20 Minuten backen. Herausnehmen, etwas abkühlen lassen und mit Puderzucker bestäuben.

5 Die restliche Sahne mit dem übrigen Zucker und der Crème de Cassis in den Sahnespender geben, schütteln und die Clafoutis mit der Cassis-Sahne verzieren.

Mandarinenparfait

mit gemischten Beeren

Zutaten für 4 Personen:
4 unbehandelte Mandarinen
3 Eigelb
70 g Zucker
abgeriebene Schale von
2 unbehandelten Mandarinen
2 cl Orangenlikör
(z. B. Grand Marnier)
300 g Sahne
300 g Himbeeren (tiefgekühlt)
100 g Puderzucker
150 g gemischte frische Beeren
(z. B. Erdbeeren, Himbeeren,
Heidelbeeren)
2 Stiele Minze
50 g brauner Zucker
100 ml Vanillesauce

1 Die Mandarinen heiß waschen, trocken reiben und auspressen. Die Mandarinenhälften sauber auskratzen und kühl stellen.

2 Vom Mandarinensaft 150 ml abmessen und in einem Topf auf ein Drittel einkochen lassen. Die Eigelbe mit dem Zucker, dem eingekochten Mandarinensaft und der -schale in einer Metallschüssel über dem heißen Wasserbad dickschaumig aufschlagen. Den Orangenlikör unterrühren, die Schüssel vom Wasserbad nehmen und die Mandarinencreme im eiskalten Wasserbad kalt schlagen.

3 Die Sahne steif schlagen, vorsichtig unterheben und die Mandarinencreme in die vorbereiteten Mandarinenhälften füllen. Das Parfait im Tiefkühlfach 4 bis 5 Stunden gefrieren lassen.

4 Inzwischen die Himbeeren auftauen lassen, durch ein feines Sieb streichen und mit dem Puderzucker verrühren. Die frischen Beeren verlesen, kurz abbrausen und trocken tupfen. Die Erdbeeren waschen und putzen. Die Minze waschen, trocken tupfen und die Blätter abzupfen.

5 Die Mandarinenhälften aus dem Tiefkühlfach nehmen, das Parfait mit dem braunen Zucker gleichmäßig bestreuen und mit dem Flambierbrenner karamellisieren.

6 Das Himbeermark und die Vanillesauce dekorativ auf einer Platte verteilen, die Mandarinenhälften daraufsetzen und mit den Beeren und der Minze garnieren.

Schoko-Orangen-Creme

mit Orangenlikör

Zutaten für 4 Personen:

100 g Bitterschokolade
1 sehr frisches Ei
150 g Sahne
2 EL Zucker
2 EL Orangenlikör
(z. B. Grand Marnier)
4 Orangen
(davon 1 unbehandelt)
2 EL Pistazienkerne
2 EL Mandelblättchen

1 Die Schokolade grob hacken und in einer Metallschüssel über dem heißen Wasserbad schmelzen. Das Ei trennen. Das Eiweiß und die Sahne getrennt steif schlagen.

2 Das Eigelb mit dem Zucker cremig schlagen. Die flüssige Schokolade und den Orangenlikör unterrühren. Die Sahne und den Eischnee nach und nach unter die Schokomasse heben.

3 Die unbehandelte Orange heiß waschen, trocken reiben und mit dem Zestenreißer die Schale dünn abziehen. Die restlichen Orangen so großzügig schälen, dass auch die weiße Haut mit entfernt wird, und die Filets aus den Trennhäuten schneiden.

4 Die Schokocreme schichtweise mit den Orangenfilets, den Pistazien und den Mandelblättchen in Dessertgläser füllen. Die Schoko-Orangen-Creme mit den Orangenzesten garniert servieren.

Mein Tipp

Dieses Dessert wird auch mit weißer Schokolade perfekt! Je nach Jahreszeit kann man die Orangen auch durch rote Beerenfrüchte ersetzen.

Kaffee-Profiteroles

mit Passionsfruchtsahne

Zutaten für 4 Personen:
125 ml Milch
70 g Butter
1 TL Zucker
1 TL Vanillezucker
Salz
100 g Mehl
1 EL Instant-Kaffeepulver
3 Eier
4 Passionsfrüchte (Maracujas)
150 g Sahne
1 EL Gelierzucker
Puderzucker zum Bestäuben

1 Den Backofen auf 200 °C vorheizen. Ein Backblech mit Backpapier auslegen. Die Milch mit der Butter, dem Zucker sowie dem Vanillezucker und 1 Prise Salz in einem Topf aufkochen. Das Mehl und das Kaffeepulver unter ständigem Rühren hinzufügen und die Hitze reduzieren. Die Masse so lange unter Rühren »abbrennen«, bis sich am Topfboden ein weißer Belag bildet. Die Brandmasse etwas abkühlen lassen. Anschließend die Eier einzeln unterrühren, bis sie vollständig von der Masse aufgenommen sind.

2 Von dem Brandteig mit einem Teelöffel kleine Portionen abstechen und auf das Blech setzen. Die Profiteroles im Ofen auf der mittleren Schiene etwa 17 Minuten backen. Herausnehmen, abkühlen lassen und jeweils quer halbieren.

3 Die Passionsfrüchte halbieren und das Fruchtfleisch mit einem Löffel herauslösen. Die Sahne mit dem Gelierzucker steif schlagen, in einen Spritzbeutel mit Sterntülle füllen und auf jeden Profiterole-Boden einen Kreis spritzen. In die Mitte jeweils 1 TL Passionsfruchtmark geben und die »Deckel« daraufsetzen. Die Profiteroles auf Tellern oder einer Platte anrichten, mit Puderzucker bestäuben und mit dem restlichen Passionsfruchtmark garnieren.

Mein Tipp

Die Profiteroles lassen sich sehr gut einfrieren. Backen Sie am besten gleich die doppelte Menge, dann haben Sie immer einen Vorrat im Haus, wenn überraschend Gäste kommen.

Gebackene Birne

mit Rotweinschaum

Zutaten für 4 Personen:

100 g Zucker
500 ml trockener Rotwein
1 Vanilleschote
2 Gewürznelken
1 Zimtstange
5 Eier
200 g süßes Weißbrot
oder Brioche (vom Vortag)
50 g gemahlene Haselnüsse
2 große Birnen
1 Zitrone
50 g Mehl
Öl zum Ausbacken
Puderzucker zum Bestäuben

1 Für den Rotweinschaum den Zucker in einem Topf goldbraun karamellisieren und mit dem Wein ablöschen. Die Vanilleschote der Länge nach aufschneiden und das Mark herauskratzen. Das Vanillemark mit den Nelken und der Zimtstange zum Wein geben und bei milder Hitze auf etwa 200 ml einkochen lassen. Drei Eier trennen.

2 Den Wein durch ein Sieb in eine Metallschüssel gießen und die Eigelbe hinzufügen. Die Schüssel auf das heiße Wasserbad stellen und die Masse mit dem Schneebesen dickschaumig aufschlagen. Die Schüssel aus dem Wasserbad nehmen und 1 bis 2 Minuten weiterschlagen, damit der Schaum nicht gerinnt.

3 Für die gebackenen Birnen das Weißbrot grob in Stücke schneiden und im Küchenmixer fein mahlen. Mit den Haselnüssen mischen und in einen tiefen Teller geben. Die Birnen schälen und links und rechts vom Kerngehäuse in 1 cm dicke Scheiben schneiden. Die Zitrone auspressen und die Birnenscheiben mit dem Saft beträufeln. Die restlichen Eier in einem tiefen Teller verquirlen, das Mehl ebenfalls in einen tiefen Teller geben. Die Birnenscheiben zuerst im Mehl wenden, dann durch die verquirlten Eier ziehen und mit den Bröseln panieren.

4 Reichlich Öl in einer tiefen Pfanne erhitzen und die Birnenscheiben darin portionsweise goldbraun ausbacken. Herausnehmen und auf Küchenpapier abtropfen lassen.

5 Die gebackenen Birnen auf Tellern anrichten, mit etwas Puderzucker bestäuben und zusammen mit dem Rotweinschaum servieren.

Johannisbeer-Tiramisu

mit Schokoladenbiskuit

Zutaten für 4 Personen:

4 Eier · Salz
140 g Zucker
2 Vanilleschoten
80 g Puderzucker
100 g Mehl
25 g Kakaopulver
Puderzucker zum Bestäuben
100 ml Rotwein
(oder Johannisbeersaft)
1 EL Speisestärke
500 g Johannisbeeren
(frisch oder tiefgekühlt)
250 g Mascarpone
3 EL Ahornsirup
250 g Naturjoghurt
4 Johannisbeerrispen
1 unbehandelte Zitrone
Kakaopulver zum Bestäuben
Zucker zum Wälzen

1 Den Backofen auf 180 °C vorheizen. Die Eier trennen. Die Eiweiße mit 1 Prise Salz zu steifem Schnee schlagen. Dabei 40 g Zucker nach und nach einrieseln lassen. Eine Vanilleschote der Länge nach aufschneiden und das Mark herauskratzen. Die Eigelbe mit dem Puderzucker und dem Vanillemark schaumig rühren. Mehl und Kakaopulver mischen und sieben. Den Eischnee abwechselnd mit der Mehlmischung vorsichtig unter die Eigelbmasse heben.

2 Die Biskuitmasse in einen Spritzbeutel mit großer Lochtülle füllen und etwa 6 cm lange Löffelbiskuits auf ein mit Backpapier belegtes Backblech spritzen. Die Biskuits großzügig mit Puderzucker bestäuben und im Ofen auf der mittleren Schiene 12 bis 14 Minuten backen. Herausnehmen und abkühlen lassen.

3 Die andere Vanilleschote der Länge nach aufschneiden und das Mark herauskratzen. Mit dem restlichen Zucker und dem Wein in einem Topf aufkochen und 5 Minuten köcheln lassen. Die Speisestärke mit etwas kaltem Wasser glatt rühren, zum Sud geben und einmal aufkochen lassen. Die Johannisbeeren verlesen, waschen und abtropfen lassen. Die Beeren von den Rispen streifen, in den Sud geben und das Kompott zum Abkühlen in eine Schüssel füllen.

4 Den Mascarpone mit dem Ahornsirup und 1 Prise Salz in einer Schüssel schaumig rühren. Den Joghurt unterrühren. Die Zitrone heiß waschen, trocken reiben und die Schale abreiben. Den Saft auspressen. Beides unter die Mascarponecreme rühren.

5 Die Löffelbiskuits in Dessertgläser schichten und mit dem Johannisbeerkompott beträufeln. Die Mascarponecreme daraufgeben. Je nach Größe der Gläser mit weiteren Schichten fortfahren. Das Tiramisu mit Kakaopulver bestäuben und vor dem Servieren kalt stellen. Die Johannisbeer-Rispen waschen, in Zucker wälzen und als Garnitur auf die Gläser legen.

Schnelle Schokoladenmousse

mit fruchtigem Mangoragout

Zutaten für 4 Personen:

2 Blatt weiße Gelatine
300 g Sahne
80 ml Milch
55 g Zucker
250 g Bitterschokolade
2 Eiweiß
1 Thai-Mango
je 1 unbehandelte Zitrone und Orange
1 Vanilleschote
1 EL Honig

1 Die Gelatine nach Packungsanweisung in kaltem Wasser einweichen. In einem Topf 200 g Sahne mit der Milch und 25 g Zucker aufkochen. Die Schokolade in Stücke brechen und bei schwacher Hitze in der heißen Sahnemischung schmelzen.

2 Die Gelatine ausdrücken und in der warmen Sahne-Schoko-Mischung auflösen. Die Eiweiße mit der restlichen Sahne zu der Masse geben und gut untermischen. Die Schokoladenmasse durch ein feines Sieb streichen und auf Zimmertemperatur abkühlen lassen.

3 Die Schokoladenmasse in den Sahnesiphon füllen, eine Sahnekapsel aufschrauben und das Gerät schütteln, die Sahnekapsel wieder herausdrehen. Die zweite Sahnekapsel aufschrauben (diese Kapsel bleibt im Gerät), das Gerät erneut schütteln und 1 Stunde kühl stellen.

4 Die Mango schälen und das Fruchtfleisch vom Stein schneiden. Drei Viertel des Fruchtfleisches in Rauten schneiden, das restliche Fruchtfleisch pürieren.

5 Die Zitrone und die Orange heiß waschen, trocken reiben und die Schalen abreiben. Die Zitrone auspressen. Die Vanilleschote längs aufschneiden und das Mark mit einem spitzen Messer herauskratzen. Den Honig leicht erwärmen.

6 Das Mangopüree mit dem restlichen Zucker, dem Zitronensaft, den Zitrusschalen, dem Vanillemark und dem lauwarmen Honig vermischen. Die Mangostücke darin marinieren.

7 Die Schokoladenmousse und das Mangoragout abwechselnd in Gläser schichten (hierfür den Siphon senkrecht halten) und nach Belieben mit Minzeblättern und Schokoraspeln garnieren.

Gebrannte Zitronencreme

mit Minzesalat

Zutaten für 4 Personen:

3 unbehandelte Zitronen
2 TL Speisestärke
100 g Zucker
100 g Crème fraîche
8–10 Stiele Minze
1 EL Honig
3 ½ EL Öl
2 EL Balsamico bianco
3 ½ EL brauner Zucker

1 Die Zitronen auspressen; sie sollten 200 ml Saft ergeben. Falls nötig, die Menge noch mit extra gepresstem Saft auffüllen. Die Zitronenhälften mit einem Teelöffel sauber auskratzen und den Boden gerade abschneiden, sodass die Hälften stehen. Kühl stellen.

2 Die Stärke mit 50 ml Zitronensaft glatt rühren. Den restlichen Saft mit dem Zucker in einem Topf aufkochen lassen, die Stärke unterrühren und den Saft unter Rühren 1 Minute kochen lassen. Den dickflüssigen Saft vom Herd nehmen und die Crème fraîche unterrühren.

3 Die Zitronencreme in die ausgehöhlten Zitronenhälften füllen und 2 Stunden kühl stellen.

4 Inzwischen die Minze waschen, trocken schütteln und die Blätter abzupfen. Den Honig leicht erwärmen. Mit dem Öl und dem Essig in einer Schüssel verrühren und die Minzeblätter untermischen.

5 Die Zitronencreme gleichmäßig mit braunem Zucker bestreuen und mit dem Flambierbrenner (oder unter dem heißen Backofengrill) goldbraun karamellisieren. Den Minzesalat dazu servieren.

Süße Cannelloni

mit Holunder-Limetten-Sorbet

Zutaten für 4–6 Personen:

120 g Mehl
250 ml Milch
60 g Sahne
1 Ei
2 Eigelb
20 g zerlassene Butter
Salz
3 EL Butterschmalz
205 g Zucker
50 g gemischte Nüsse (z. B. Hasel-, Pekan-, Wal-, Paranüsse)
1 Vanilleschote
4 unbehandelte Limetten
300 g Schichtkäse
200 g Mascarpone
1 Blatt weiße Gelatine
200 ml trockener Weißwein
200 ml Holunderblütensirup
200 ml ungesüßte Kokosmilch
100 g Bitterschokolade

1 Das Mehl mit der Milch, der Sahne, dem Ei, den Eigelben, der zerlassenen Butter und 1 Prise Salz in einer Schüssel zu einem glatten Teig verrühren. Den Teig zugedeckt 15 Minuten quellen lassen. Das Butterschmalz portionsweise in einer Pfanne erhitzen und aus dem Teig nach und nach 6 dünne Crêpes backen. Die Crêpes auskühlen lassen.

2 In einer weiteren Pfanne 50 g Zucker karamellisieren. Die Nüsse hacken und unter den Karamell rühren. Die Masse auf Backpapier verteilen und abkühlen lassen. Anschließend in der Küchenmaschine oder im Blitzhacker fein mahlen.

3 Die Vanilleschote der Länge nach aufschneiden und das Mark herauskratzen. Die Limetten heiß waschen und trocken reiben. Von 2 Limetten die Schale abreiben und den Saft auspressen. Den Schichtkäse und den Mascarpone in einer Schüssel verrühren. Die Limettenschale und den -saft, das Vanillemark, 75 g Zucker sowie den Nusskaramell untermischen. Die Mascarpone-Nuss-Creme in einen Spritzbeutel mit großer Lochtülle füllen und kühl stellen.

4 Die Gelatine in kaltem Wasser einweichen. Von den restlichen Limetten die Schale mit dem Zestenreißer in feinen Streifen abziehen und den Saft auspressen. In einem Topf 50 ml Wein mit dem übrigen Zucker aufkochen und die Limettenzesten darin 3 Minuten köcheln lassen. Den Sud etwas abkühlen lassen, die Gelatine gut ausdrücken und darin auflösen. Den restlichen Wein, den Sirup und den Limettensaft untermischen und die Holunder-Limetten-Mischung in der Eismaschine cremig gefrieren lassen.

5 Die Kokosmilch in einem Topf erwärmen. Die Schokolade fein hacken und in der warmen Kokosmilch schmelzen. Die Kokos-Schokoladen-Sauce abkühlen lassen.

6 Auf jede Crêpe mittig einen Strang Mascarpone-Nuss-Creme spritzen und die Crêpes zu Cannelloni aufrollen. Die Cannelloni halbieren und auf Tellern anrichten. Mit der Kokos-Schokoladen-Sauce beträufeln und je 1 Kugel Holunder-Limetten-Sorbet dazu servieren. Nach Belieben mit Minzeblättern garnieren.

Mandel-Quarkkeulchen

mit selbstgemachtem Apfelmus

Zutaten für 4 Personen:

500 g mehligkochende Kartoffeln
Salz
1 unbehandelte Zitrone
4 Äpfel (z. B. Boskop, Braeburn oder Elstar)
150 g Zucker
1 ½ EL Vanillezucker
2 Eier
250 g Magerquark
1 TL Backpulver
100 g Mehl
Mehl für die Arbeitsfläche
200 g Mandelblättchen
Butterschmalz zum Ausbacken
1 TL Zimtpulver
Puderzucker zum Bestäuben

1 Am Vortag die Kartoffeln waschen und in der Schale in leicht gesalzenem Wasser 20 bis 25 Minuten garen. In ein Sieb abgießen, ausdampfen lassen und noch heiß pellen. Vollständig auskühlen lassen.

2 Die Zitrone waschen, trocken reiben und die Schale abreiben. Für das Apfelmus den Saft auspressen. Die Äpfel schälen, vierteln und die Kerngehäuse entfernen. Das Apfelfruchtfleisch in kleine Würfel schneiden und mit dem Zitronensaft beträufeln.

3 In einem Topf 70 g Zucker hell karamellisieren. Die Äpfel mit dem Zitronensaft und 1 EL Vanillezucker dazugeben. Die Äpfel zugedeckt 10 Minuten köcheln lassen, kurz mit dem Stabmixer pürieren und das Apfelmus etwas abkühlen lassen.

4 Für die Quarkkeulchen die Kartoffeln fein in eine Schüssel reiben. 50 g Zucker, ½ EL Vanillezucker, die Eier, 1 Prise Salz, 1 TL abgeriebene Zitronenschale, den Quark und das Backpulver dazugeben. Das Mehl hinzufügen und alles zu einem glatten Teig verkneten. Eventuell noch etwas Mehl unterarbeiten, falls der Teig klebt.

5 Die Kartoffelmasse auf der bemehlten Arbeitsfläche zu einer Rolle formen und in 12 gleich große Stücke schneiden. Diese zu Plätzchen formen, in den Mandelblättchen wenden und leicht andrücken.

6 Das Butterschmalz in einer Pfanne erhitzen und die Plätzchen darin auf beiden Seiten goldbraun braten. Anschließend herausnehmen und auf Küchenpapier abtropfen lassen. Den restlichen Zucker mit dem Zimt vermischen und die fertigen Plätzchen damit bestreuen.

7 Die Quarkkeulchen mit dem Apfelmus auf Tellern anrichten, mit etwas Puderzucker bestäuben und servieren.

Quark-Gratin

mit gemischten Beeren

Zutaten für 4 Personen:

1 Vanilleschote
300 g gemischte Beeren (z. B. Erd-, Him- und Heidelbeeren)
125 ml roter Fruchtsaft (z. B. Johannisbeersaft)
4 cl Amaretto (ital. Mandellikör)
1 Spritzer Zitronensaft
1 geh. EL Speisestärke
250 g Speisequark
1 Päckchen Vanillezucker
2 Eiweiß · Salz
30 g Puderzucker
Butter für die Formen

1 Die Vanilleschote der Länge nach aufschneiden und das Mark mit einem spitzen Messer herauskratzen. Die Erdbeeren waschen und putzen. Die restlichen Beeren verlesen, kalt abbrausen und trocken tupfen.

2 Den Fruchtsaft mit dem Likör und dem Vanillemark in einem Topf aufkochen lassen, den Zitronensaft hinzufügen. Die Speisestärke mit 2 EL kaltem Wasser glatt rühren und den Sud damit binden. Die Mischung etwa 2 Minuten köcheln lassen und vom Herd nehmen. Die Beeren hinzufügen und vorsichtig untermischen.

3 Den Quark mit dem Vanillezucker in einer Schüssel glatt rühren. Die Eiweiße mit 1 Prise Salz zu einem steifen Schnee schlagen, dabei nach und nach den Puderzucker einrieseln lassen. Den Eischnee unter die Quarkmasse heben. Den Backofen auf 200 °C vorheizen.

4 Vier ofenfeste Formen einfetten. Die Beeren darin verteilen und die Quarkmasse locker daraufstreichen. Die Quark-Gratins im Ofen auf der mittleren Schiene 8 bis 10 Minuten goldbraun überbacken. Aus dem Ofen nehmen, nach Belieben mit Amarettinis garnieren und warm oder kalt servieren.

Nuss-Schmarren

mit Preiselbeeren

Zutaten für 4 Personen:

½ Vanilleschote
3 Eier · Salz
60 g Zucker
125 g Magerquark
3 EL Milch
60 g Sahne
50 g Mehl
50 g gemahlene Haselnüsse
4 EL Butter
170 g Preiselbeeren
(im Saft; aus dem Glas)
50 g Pistazienkerne
40 g Puderzucker

1 Den Backofen auf 180 °C vorheizen. Die Vanilleschote der Länge nach aufschneiden und das Mark mit einem spitzen Messer herauskratzen. Die Eier trennen. Die Eiweiße mit 1 Prise Salz halb steif schlagen. Den Zucker einrieseln lassen und alles zu steifem Schnee weiterschlagen. Die Eigelbe mit dem Quark, der Milch, der Sahne, dem Mehl und dem Vanillemark gut verrühren.

2 Die Haselnüsse in einer beschichteten Pfanne ohne Fett unter Rühren goldbraun rösten und unter die Quarkmasse mischen. Dann den Eischnee nach und nach unterheben.

3 In einer beschichteten ofenfesten Pfanne 2 EL Butter erhitzen und die Quarkmasse darin bei mittlerer Hitze so lange backen, bis die Unterseite goldbraun ist. Dann den Schmarren in der Pfanne im Backofen auf der mittleren Schiene etwa 20 Minuten fertig backen. Aus dem Ofen nehmen und in der Pfanne mithilfe von zwei Pfannenwendern in mundgerechte Stücke zerteilen.

4 Inzwischen die Preiselbeeren auf einem Sieb abtropfen lassen, dabei den Saft auffangen. Den Saft in einem Topf bei mittlerer Hitze auf die Hälfte einkochen lassen und die Preiselbeeren wieder dazugeben. Die Pistazien fein hacken.

5 Die Pfanne wieder auf den Herd stellen und den Schmarren auf die eine Seite der Pfanne schieben. Die restliche Butter in der anderen Pfannenhälfte bei mittlerer Hitze zerlassen. 20 g Puderzucker auf die Butter sieben und goldgelb karamellisieren. Dann den Schmarren mit dem Karamell gründlich mischen.

6 Den Nuss-Schmarren mit den Preiselbeeren auf Tellern anrichten, mit dem restlichen Puderzucker bestäuben und mit den gehackten Pistazien bestreut garnieren.

Warme Mozartknödel

auf zweierlei Saucen

Zutaten für 4 Personen:

2 Eier
350 g mehligkochende Kartoffeln
1 unbehandelte Zitrone
80 g Butter
150 g Mehl
40 g Hartweizengrieß
½ EL Vanillezucker
Zimtpulver · Salz
60 g gemahlene Pistazienkerne
100 g Puderzucker
150 g Marzipanrohmasse
4 EL Rum
50 g Nougat
50 g Zartbitterkuvertüre
125 g Crème double
150 ml Himbeermark
100 g gemahlene Mandeln
1 EL Zucker
2 cl Granatapfelsirup
12 entsteinte Backpflaumen
Puderzucker zum Bestäuben

1 Den Backofen auf 200 °C vorheizen. Die Kartoffeln waschen und in der Schale im Backofen etwa 45 Minuten weich garen. Die Eier trennen. Die Zitrone heiß waschen und trocken reiben. Die Schale abreiben. Die Kartoffeln pellen, halbieren und durch die Kartoffelpresse in eine Schüssel drücken. 30 g Butter mit dem Mehl, dem Grieß, den Eigelben, Vanillezucker, Zitronenschale und je 1 Prise Zimt und Salz zu einem glatten Teig verarbeiten. Etwa 1 Stunde kühl stellen.

2 Die Pistazien, 80 g Puderzucker, die zerbröckelte Marzipanrohmasse und 1 EL Rum mit den Händen zu einem Teig kneten. Den Teig in Frischhaltefolie wickeln und beiseitestellen.

3 Den Nougat und die Kuvertüre in einer Metallschüssel über dem warmen Wasserbad schmelzen. Die restliche Butter dazugeben und mit dem Schneebesen unterrühren. Die Mischung in eine Schüssel füllen und im Kühlschrank fest werden lassen.

4 Die Crème double mit dem übrigen Rum und dem restlichen Puderzucker glatt rühren und beiseitestellen. Das Himbeermark mit dem Zucker und dem Granatapfelsirup abschmecken und ebenfalls beiseitestellen. Die Mandeln in einer Pfanne ohne Fett goldbraun rösten.

5 Die Nougat-Mischung in 12 gleiche Teile teilen und jedes Stück in eine Backpflaume drücken. Die Marzipanmasse in 12 gleiche Teile teilen und jeweils zwischen 2 Lagen Frischhaltefolie etwa 2 mm dünn ausrollen. Die 12 Nougat-Pflaumenkugeln jeweils mit einer Marzipanschicht umhüllen und zu Knödeln formen. Jeden Knödel mit dem Kartoffelteig umhüllen.

6 Die Knödel im siedenden Salzwasser etwa 10 Minuten gar ziehen lassen. Mit dem Schaumlöffel herausheben und kurz auf Küchenpapier abtropfen lassen. Dann in den gerösteten Mandeln wälzen.

7 Die Fruchtsauce und die Crème-double-Sauce als Streifen (rot-weiß-rot) auf Teller verteilen. Je 2 Knödel auf einem Teller platzieren und mit etwas Puderzucker bestäuben.

Grießstrudel

mit Vanillecreme und Nuss-Nougat-Sauce

Zutaten für 4 Personen:
1 Packung Strudelteig
(120 g; aus dem Kühlregal)
150 g Butter
150 g Zucker
9 Eier
220 g Grieß
400 g Sahne
Salz
1 Vanilleschote
250 ml Milch
50 g Zartbitterschokolade
2 EL Nuss-Nougatcreme
2 EL Puderzucker
1 TL Kakaopulver

1 Den Strudelteig auf einem Küchentuch nach Packungsanweisung verarbeiten. Für die Füllung 100 g Butter zerlassen und mit 50 g Zucker in einer Schüssel verrühren. 5 Eier trennen und die Eigelbe nacheinander unter die Butter-Zucker-Mischung rühren. Dann den Grieß und 250 g Sahne unterrühren. Die Eiweiße mit 1 Prise Salz zu einem steifen Schnee schlagen und unter die Masse heben.

2 Den Backofen auf 170 °C (Umluft) vorheizen. Die restliche Butter in einem Topf zerlassen. Die Grießmasse etwa 2 cm dick auf dem ausgezogenen Strudelteig streichen, die Ränder dabei frei lassen. Die Seitenränder einschlagen, dann den Strudel mit Hilfe des Küchentuches aufrollen und mit der Hälfte der flüssigen Butter bestreichen. Den Strudel auf ein Backblech oder in eine Auflaufform legen und im Ofen auf der mittleren Schiene etwa 30 Minuten goldgelb backen. Herausnehmen und mit der restlichen zerlassenen Butter bestreichen. Den Grießstrudel bis zum Servieren mit einem Küchentuch zugedeckt ruhen lassen.

3 Für die Vanillecreme in einem Topf je 125 g Sahne und Milch zum Kochen bringen. Die Vanilleschote längs aufschneiden und das Mark herauskratzen. Das Vanillemark, die Vanilleschote und 50 g Zucker hinzufügen und etwa 3 Minuten mitköcheln lassen. Die Vanilleschote wieder entfernen. Drei Eier trennen. Die Eigelbe mit dem ganzen Ei und dem restlichen Zucker in einer Metallschüssel aufschlagen. Die Eiermasse auf das heiße Wasserbad setzen und die heiße Vanille-Milch-Mischung langsam unterrühren, bis die Creme dick wird.

4 Die restliche Sahne und die restliche Milch in einem Topf erhitzen. Die Schokolade grob hacken und mit der Nuss-Nougatcreme darin unter Rühren schmelzen. Vom Herd nehmen und abkühlen lassen.

5 Den Strudel schräg in Stücke schneiden. Die Vanillecreme und die Nougatsauce auf Teller verteilen und die Strudelstücke daraufsetzen. Mit Puderzucker und Kakaopulver bestäuben und servieren.

Schokoladen-Macadamia-Küchlein

mit Zitrusfrüchte-Ragout

Zutaten für 4 Personen:

Für die Küchlein:
2 Eier
50 g weiche Butter
40 g Puderzucker
100 g Bitterschokolade
50 g Zucker
50 g Mehl
50 g Macadamianüsse
Butter und Zucker
für die Formen

Für das Ragout:
3 Orangen
1 Grapefruit
3 Limetten
2 Zitronen
70 g Zucker
400 ml Orangensaft
100 g Orangengelee
50 ml Grenadine
(Granatapfelsirup)
2 EL Grand Marnier
(franz. Orangenlikör)
5 Minzeblätter

1 Für die Küchlein den Backofen auf 180°C vorheizen. Die Eier trennen. Die Butter mit dem Puderzucker in einer Schüssel weißschaumig schlagen. Dann nacheinander die Eigelbe hinzufügen und unterrühren.

2 Die Schokolade grob hacken und in einer Metallschüssel über dem heißen Wasserbad unter Rühren schmelzen lassen. Aus dem Wasserbad nehmen und lauwarm abkühlen lassen. Die flüssige Schokolade zur Eigelb-Butter-Masse geben und unterrühren.

3 Die Eiweiße zu einem steifen Schnee schlagen, dabei den Zucker einrieseln lassen. Den Eischnee abwechselnd mit dem Mehl unter die Schokoladenmasse heben. Die Macadamianüsse hacken und ebenfalls unterheben.

4 Vier Tarteletteförmchen (8 cm Durchmesser) einfetten und mit Zucker ausstreuen. Die Schokoladenmasse auf die Förmchen verteilen und im Ofen auf der mittleren Schiene 15 bis 20 Minuten backen.

5 Für das Ragout die Zitrusfrüchte mit einem scharfen Messer so großzügig schälen, dass auch die weiße Haut mit entfernt wird, und die Fruchtfilets aus den Trennhäuten schneiden. Den Zucker in einem Topf karamellisieren und mit dem Orangensaft ablöschen. Das Gelee und den Sirup hinzufügen und alles sirupartig einkochen lassen. Den Likör dazugeben, die Zitrusfruchtfilets untermischen und das Ragout abkühlen lassen.

6 Die Minzeblätter waschen, trocken tupfen und in feine Streifen schneiden. Die Minzestreifen unter das Ragout mischen. Die noch warmen Schokoladen-Macadamia-Küchlein mit dem Zitrusfrüchte-Ragout auf Tellern anrichten.

Mohnhopser

mit Rotweinbirnen und Portweinsahne

Zutaten für 4 Personen:

Butter und Zucker für die Formen
2 Eier
90 g Zucker
1 Vanilleschote
120 g Sahnequark
40 g Mohnsamen
1 Msp. Zimtpulver
500 ml trockener Rotwein
1 Zimtstange
1 Sternanis
4 Birnen
150 g Sahne
1 Päckchen Vanillezucker
2 cl roter Portwein

1 Den Backofen auf 190 °C (Umluft) vorheizen. Vier Souffléförmchen einfetten und mit Zucker ausstreuen. Die Eier trennen. Die Eiweiße zu einem steifen Schnee schlagen, dabei 40 g Zucker einrieseln lassen. Die Vanilleschote der Länge nach aufschneiden und das Mark herauskratzen. Den Quark mit den Eigelben, dem Mohn, dem Zimtpulver und dem Vanillemark in einer Schüssel cremig schlagen. Den Eischnee vorsichtig unterheben und die Soufflémasse etwa drei Viertel hoch in die Förmchen füllen.

2 Die Förmchen in einem tiefen Backblech auf die mittlere Schiene in den Ofen schieben. Das Blech mit heißem Wasser füllen und die Soufflés im Wasserbad etwa 25 Minuten garen. Während der Garzeit die Backofentür nicht öffnen!

3 Inzwischen den Wein mit dem restlichen Zucker, der Zimtstange und dem Sternanis in einer tiefen Pfanne zum Kochen bringen und 10 Minuten köcheln lassen. Die Birnen schälen, halbieren und die Kerngehäuse entfernen. Die Birnenhälften in den Weinsud geben und darin bei mittlerer Hitze 10 bis 15 Minuten garen. Die Birnen dabei gelegentlich wenden.

4 Die Birnen aus der Pfanne nehmen und den Weinsud sirupartig einköcheln lassen. Die Sahne mit dem Vanillezucker steif schlagen, zuletzt den Portwein dazugießen. Die Soufflés aus dem Ofen nehmen, leicht auf die Förmchen klopfen und mit einem Messer vorsichtig am Rand entlangfahren. Die Soufflés auf Teller stürzen, die Rotweinbirnen mit dem Sirup und der Portweinsahne daneben anrichten.

Haselnuss-Savarins

mit Portweinkirschen

Zutaten für 4 Personen:

3 Eier
1 unbehandelte Zitrone
60 g Zucker
Salz
1 EL Mehl
2 EL Speisestärke
70 g gemahlene Haselnüsse
50 g Butter
300 g Kirschen (ersatzweise Schattenmorellen aus dem Glas)
1 Vanilleschote
1 unbehandelte Limette
3 EL Honig
150 ml roter Portwein
150 ml Kirschsaft
100 g Sahne
Puderzucker zum Bestäuben

1 Den Backofen auf 180 °C vorheizen. Die Eier trennen. Die Zitrone heiß waschen, trocken reiben und die Schale abreiben. Die Eigelbe mit der Hälfte des Zuckers und der Zitronenschale in einer Schüssel schaumig schlagen.

2 Die Eiweiße mit 1 Prise Salz zu einem steifen Schnee schlagen, dabei den restlichen Zucker einrieseln lassen. Den Eischnee nach und nach unter die Eigelbmasse heben. Das Mehl und 1 EL Speisestärke darübersieben und ebenso wie die Nüsse unterheben. Die Butter zerlassen und vorsichtig unterrühren. Die Haselnussmasse in den Vertiefungen einer Silikon-Backmatte für Savarins (oder in einzelnen Savarinförmchen mit 7 cm Durchmesser) verteilen und im Ofen auf der mittleren Schiene 7 bis 10 Minuten backen.

3 Die Kirschen waschen, halbieren und entsteinen. Die Vanilleschote der Länge nach aufschneiden und das Mark herauskratzen. Die Limette heiß waschen, trocken reiben und die Schale abreiben. Den Saft auspressen. Den Honig in einer Pfanne aufschäumen, das Vanillemark, die Limettenschale und den -saft dazugeben und alles mit Portwein und Kirschsaft ablöschen. Den Sud 3 bis 5 Minuten köcheln lassen. Die restliche Speisestärke mit etwas kaltem Wasser glatt rühren und den Portweinsud damit binden. Die Kirschen hinzufügen, unterrühren und das Ragout auskühlen lassen.

4 Die Sahne steif schlagen. Die Haselnuss-Savarins aus der Form stürzen und auf Teller geben. Jeweils einige Portweinkirschen in die Mitte setzen. Mit der Sahne und nach Belieben mit Minzeblättern garnieren und mit Puderzucker bestäuben.

Warmer Schokoauflauf
mit Sabayon und Walnusseis

Zutaten für 4 Personen:

Für das Eis und den Auflauf:

150 g Walnüsse
150 g Zucker
6 Eigelb
200 ml Milch
200 g Sahne
3 EL Ahornsirup
200 g Zartbitterkuvertüre
150 g Butter
3 Eiweiß
60 g Puderzucker
5 g frische Hefe
120 g Mehl
Butter für die Formen

Für das Sabayon:

4 Eigelb
4 EL feinster Zucker
120 ml trockener Weißwein

1 Die Walnüsse im Blitzhacker klein hacken. Für das Eis 100 g Walnüsse mit 150 ml Wasser und 40 g Zucker in einem Topf aufkochen und 5 Minuten köcheln lassen.

2 In einer Metallschüssel 3 Eigelbe mit 30 g Zucker und der Milch über dem heißen Wasserbad unter Rühren erwärmen, bis die Masse eingedickt ist (aber nicht kochen lassen!). Die Sahne steif schlagen. Die Eigelbmasse unter die Sahne ziehen, die karamellisierten Walnüsse und den Ahornsirup untermischen und die Masse in der Eismaschine cremig gefrieren lassen.

3 Den Backofen auf 160 °C vorheizen. Die Kuvertüre grob hacken und in einer Metallschüssel über dem heißen Wasserbad unter Rühren schmelzen. Die Butter ebenfalls zerlassen.

4 Die Eiweiße zu einem steifen Schnee schlagen, dabei 60 g Zucker einrieseln lassen. Die restlichen Eigelbe in einer Schüssel mit dem Puderzucker und der Hefe mischen und schaumig schlagen. Den Eischnee unterheben und das Mehl, die Kuvertüre und die zerlassene Butter kräftig unterrühren. Die restlichen gehackten Walnüsse hinzufügen.

5 Vier Souffléförmchen einfetten und mit 20 g Zucker ausstreuen. Die Schoko-Nuss-Masse auf die Förmchen verteilen und im Ofen auf der mittleren Schiene 20 Minuten garen.

6 Inzwischen für das Sabayon die Eigelbe mit dem Zucker und dem Wein in einer Metallschüssel über dem heißen Wasserbad dickschaumig schlagen. Den Schokoladenauflauf aus dem Ofen nehmen und mit dem Sabayon und je 1 Kugel Walnusseis auf Tellern anrichten.

Tarte Tatin

auf klassische Art

Zutaten für 4 Personen:
200 g Tiefkühl-Blätterteig
1 kg säuerliche Äpfel (z. B. Boskop)
2 EL Butter
2 EL Honig
Mehl für die Arbeitsfläche
2 EL Zucker

1 Die Blätterteigplatten nebeneinander auslegen und auftauen lassen. Den Backofen auf 180 °C vorheizen.

2 Die Äpfel schälen, vierteln und die Kerngehäuse entfernen. Die Apfelviertel in grobe Schnitze schneiden.

3 Die Butter in einer großen ofenfesten Pfanne zerlassen und den Honig darin leicht karamellisieren. Die Pfanne vom Herd nehmen und die Apfelschnitze gleichmäßig darin verteilen.

4 Die Blätterteigplatten aufeinanderlegen und auf der bemehlten Arbeitsfläche in der Größe der Pfanne ausrollen. Die Apfelschnitze mit dem Blätterteig bedecken und den Teigrand an der Pfanneninnenseite andrücken. Den Teig mehrmals mit einer Gabel einstechen und mit dem Zucker bestreuen.

5 Die Tarte im Backofen auf der mittleren Schiene etwa 30 Minuten goldbraun backen. Aus dem Ofen nehmen und auf eine Platte oder einen großen Teller stürzen. Die Tarte Tatin nach Belieben mit Puderzucker bestäuben und warm servieren.

Heidelbeerkuchen

mit Baiserhaube

Zutaten für 1 Blech:

Butter für das Blech
1 kg Heidelbeeren
200 g Marzipanrohmasse
2 Vanilleschoten
225 g weiche Butter
375 g Zucker
Salz
10 Eier
375 g Mehl
1 Päckchen Backpulver
3 EL Milch
1 TL Zitronensaft
1 Päckchen Vanillezucker
200 g Sahne

1 Den Backofen auf 175 °C vorheizen. Ein Backblech einfetten. Die Heidelbeeren verlesen, kalt abbrausen und trocken tupfen. Das Marzipan zerkleinern. Die Vanilleschoten der Länge nach aufschneiden und das Mark herauskratzen.

2 Die Butter mit 125 g Zucker, dem Vanillemark, 1 Prise Salz und dem Marzipan in einer Schüssel verrühren. Nach und nach 6 Eier hinzufügen und unterrühren. Das Mehl mit dem Backpulver mischen und mit der Milch unter die Marzipanmasse rühren.

3 Den Teig auf dem Blech verteilen und glatt streichen. Die Heidelbeeren daraufgeben und den Kuchen im Ofen auf der mittleren Schiene 20 bis 25 Minuten backen.

4 Die restlichen Eier trennen. Die Eiweiße mit dem Zitronensaft zu einem steifen Schnee schlagen. Dabei den übrigen Zucker und den Vanillezucker einrieseln lassen. Die Baisermasse in einen Spritzbeutel mit großer Lochtülle füllen.

5 Den Heidelbeerkuchen aus dem Ofen nehmen, die Baisermasse daraufspritzen und den Kuchen weitere 15 Minuten backen, bis das Baiser fest geworden ist.

6 Die Sahne steif schlagen. Den Kuchen aus dem Ofen nehmen, abkühlen lassen und zum Servieren in Stücke schneiden. Nach Belieben mit Puderzucker bestäuben und mit der geschlagenen Sahne servieren.

Mein Tipp

Damit der Eischnee steif wird, sollten Sie darauf achten, dass alle Geräte, wie z. B. Schüssel und Quirle, sauber und fettfrei sind. Außerdem müssen die Eiweiße und Eigelbe sorgfältig getrennt werden, damit ja kein Fett in den Eischnee gelangen kann.

Kleine Sacher-Törtchen

mit Cassis-Buttermilch-Sorbet

Zutaten für 4 Personen:

Für das Sorbet:
2 Blatt Gelatine
250 ml schwarzer Johannisbeersaft
250 g Zucker
1 Zitrone
250 g Buttermilch

Für die Törtchen (12 Stück):
100 g Zartbitterkuvertüre
100 g weiche Butter
40 g Puderzucker
1 EL Vanillezucker
Salz
4 Eier
100 g Mehl
130 g Zucker
Butter und Zucker für die Formen
2 cl Rum
150 g Aprikosenkonfitüre

Für die Glasur:
50 g Zucker
150 g Zartbitterkuvertüre
2 EL Butter
50 g Sahne

1 Für das Sorbet die Gelatine in kaltem Wasser einweichen. Den Johannisbeersaft mit dem Zucker aufkochen und köcheln lassen, bis sich der Zucker gelöst hat. Die Gelatine ausdrücken, im Johannisbeersaft auflösen und alles abkühlen lassen. Die Zitrone auspressen. Den Zitronensaft und die Buttermilch zum Johannisbeersaft geben und gut unterrühren. Die Masse in der Eismaschine cremig gefrieren lassen.

2 Für die Sacher-Törtchen den Backofen auf 180 °C vorheizen. Die Kuvertüre grob hacken und in einer Metallschüssel über dem lauwarmen Wasserbad schmelzen. Die Butter mit 30 g Puderzucker, Vanillezucker und 1 Prise Salz schaumig schlagen. Die Eier trennen und die Eigelbe nach und nach hinzufügen und unterschlagen. Dann die lauwarme Kuvertüre dazugeben und unterrühren.

3 Das Mehl sieben. Die Eiweiße mit 1 Prise Salz steif schlagen. Den Zucker nach und nach einrieseln lassen. Den Eischnee und das Mehl abwechselnd unter die Butter-Schokoladen-Masse heben. Ein Muffin-Blech dünn mit Butter einfetten, mit Zucker ausstreuen und die Masse einfüllen. Die Törtchen im Ofen auf der mittleren Schiene 15 bis 20 Minuten backen, herausnehmen und in der Form abkühlen lassen.

4 Die Küchlein stürzen und einmal waagrecht halbieren. Den Rum mit 1 EL Wasser und dem restlichen Puderzucker in einem Topf erwärmen. In einem zweiten Topf die Aprikosenkonfitüre aufkochen und 2 bis 3 Minuten köcheln lassen. Die Kuchenhälften mit dem Rum-Zucker-Gemisch tränken. Die unteren Hälften mit der Aprikosenkonfitüre bestreichen. Die oberen Hälften wieder daraufsetzen, rundherum mit der Konfitüre bestreichen und kühl stellen.

5 Für die Glasur den Zucker mit 50 ml Wasser aufkochen, bis sich der Zucker gelöst hat. 2 Minuten weiterkochen, vom Herd nehmen und 5 Minuten abkühlen lassen. Die Kuvertüre klein hacken und zusammen mit der Butter und der Sahne unter den leicht abgekühlten Zuckersirup rühren. Den Schokoladenüberzug über die Törtchen gießen und mit einer Palette gleichmäßig verteilen. Die Sacher-Törtchen auf Tellern anrichten und mit je 1 Kugel Sorbet servieren. Nach Belieben mit frischer Minze garnieren.

Butterkuchen vom Blech

mit Sahnekrokant

Zutaten für 4 Personen:

420 g zimmerwarme Butter
360 g Mehl
1 unbehandelte Zitrone
225 g Zucker · 5 Eier
170 g Buttermilch · Salz
2 Päckchen Vanillezucker
1 ½ TL Backpulver
200 g Mandelblättchen
80 g brauner Zucker
1 TL Zimtpulver
250 g Sahne
1 Päckchen Sahnefestiger
2 EL Krokant
4 EL Eierlikör

1 Den Backofen auf 220 °C vorheizen. Ein Backblech mit 2 EL Butter einfetten und mit 3 EL Mehl bestäuben. Die Zitrone heiß waschen, trocken reiben und die Schale abreiben.

2 Den Zucker mit 300 g Butter schaumig rühren. Die Eier nach und nach unterrühren. Die Buttermilch, 1 Prise Salz, die Zitronenschale und 1 Päckchen Vanillezucker hinzufügen. Das Backpulver und das restliche Mehl sieben und ebenfalls nach und nach unterrühren. Den Teig gleichmäßig auf dem Backblech verteilen und glatt streichen.

3 Die Mandelblättchen, den braunen Zucker und den Zimt mischen und über dem Teig verteilen. 100 g Butter in Flöckchen daraufgeben und den Kuchen im Ofen auf der mittleren Schiene etwa 20 Minuten goldgelb backen.

4 Die Sahne mit den Quirlen des Handrührgeräts steif schlagen, dabei den restlichen Vanillezucker und den Sahnefestiger einrieseln lassen. Den noch warmen Butterkuchen in Stücke schneiden und mit der Sahne auf Desserttellern anrichten. Die Sahne mit dem Krokant bestreuen und mit dem Eierlikör beträufeln.

Nusstörtchen
mit Johannisbeeren

Zutaten für 4 Personen:

150 g Mehl
½ TL Backpulver
Salz
75 g Zucker
60 g weiche Butter
1 Ei
100 g Johannisbeeren
200 g Johannisbeerkonfitüre
100 g gemischte Nüsse
1 unbehandelte Orange
1 EL Vanillezucker
Mehl für die Arbeitsfläche
Butter für die Formen
½ Bund Minze
200 g Sahne
50 g Puderzucker

1 Das Mehl mit dem Backpulver, 1 Prise Salz, dem Zucker, der Butter und dem Ei in eine Schüssel geben und mit den Knethaken des Handrührgeräts zu einem glatten Teig verkneten. Den Mürbeteig in Frischhaltefolie wickeln und 30 Minuten kühl stellen.

2 Die Johannisbeeren verlesen, waschen und abtropfen lassen. Die Beeren von den Rispen streifen. Die Nüsse im Blitzhacker grob mahlen und mit der Johannisbeerkonfitüre und den frischen Johannisbeeren mischen. Die Orange heiß waschen und trocken reiben. Die Schale abreiben und mit dem Vanillezucker unter die Johannisbeeren mischen.

3 Den Backofen auf 180 °C vorheizen. Den Teig auf der bemehlten Arbeitsfläche etwa ½ cm dick ausrollen, 4 gefettete Tartelette-Förmchen (8 cm Durchmesser) damit auslegen und mehrmals mit einer Gabel einstechen. Die Johannisbeer-Mischung darauf verteilen und die Törtchen im Ofen auf der mittleren Schiene 20 bis 25 Minuten backen.

4 Inzwischen die Minze waschen und trocken schütteln. Die Blätter abzupfen und fein hacken. Die Sahne steif schlagen. Sobald die Sahne halbsteif ist, den Puderzucker einrieseln lassen. Zum Schluss die Minze untermischen.

5 Die gebackenen Nusstörtchen aus den Formen lösen, auf Tellern anrichten und mit der Minz-Sahne servieren. Nach Belieben mit Puderzucker bestäuben.

Lachs

▸▸▸ HORST LICHTER

Ich heiße Euch herzlich willkommen auf meinen Seiten: www.horst-lichter.de. Schaut Euch einfach mal um, denn hier gibt es immer wieder etwas Neues zu entdecken. Ob aktuelle Infos, Rezepte zum Ausprobieren oder wann mein nächster TV-Auftritt ist.

Oder vielleicht sehen wir uns ja auch demnächst live!? Nach zwei erfolgreichen Live-Programmen (»Sushi ist auch keine Lösung!«, und »Kann denn Butter Sünde sein?«) bin ich ab Herbst 2012 mit meinem dritten Bühnenprogramm »Jetzt kocht er auch noch« auf Tournee. Alles weitere könnt Ihr auch immer wieder aktuell in meinem Newsletter erfahren.

JOHANN LAFER ◂◂◂

Wenn Sie meine Produkte bestellen, Sie sich über etwas Bestimmtes informieren oder mir schreiben möchten, auf meiner Homepage unter www.johannlafer.de finden Sie viele interessante Dinge.

Natürlich würde ich mich sehr freuen, Sie auf meiner Stromburg in 55442 Stromberg am Fuße des Hunsrücks begrüßen zu dürfen. Gerne verwöhnen wir Sie kulinarisch in unserem Gourmetrestaurant »Le Val d'Or« oder unserem »Bistro d'Or«. Wenn Sie einmal Lust auf einen Kochkurs haben, kontaktieren Sie die Kochschule »Table d'Or«, das Forum für Kochkultur und Lebensart in der Hauptstraße 3 in 55452 Guldental.

Lichter's